最初的国会

晚清精英救国之谋1910–1911

李德林◎著

九州出版社
JIUZHOUPRESS
全国百佳图书出版单位

图书在版编目（CIP）数据

最初的国会 : 晚清精英救国之谋 : 1910～1911 / 李德林著. -- 北京 : 九州出版社, 2014.9
ISBN 978-7-5108-3305-2

Ⅰ. ①最… Ⅱ. ①李… Ⅲ. ①中国历史－1910～1911 Ⅳ. ①K252

中国版本图书馆CIP数据核字(2014)第233026号

最初的国会：晚清精英救国之谋1910—1911

作　　者	李德林　著
出版发行	九州出版社
出 版 人	黄宪华
地　　址	北京市西城区阜外大街甲 35 号（100037）
发行电话	(010)68992190/3/5/6
网　　址	www.jiuzhoupress.com
电子信箱	jiuzhou@jiuzhoupress.com
印　　刷	北京毅峰迅捷印刷有限公司
开　　本	710 毫米 ×1000 毫米　16 开
印　　张	19
字　　数	254 千字
版　　次	2015 年 1 月第 1 版
印　　次	2015 年 1 月第 1 次印刷
书　　号	ISBN 978-7-5108-3305-2
定　　价	39.80 元

序言：世间已无老佛爷

慈禧太后内心崩溃的最后一刻，将清朝的权杖交到了年轻的摄政王载沣手上。

慈禧太后将政权交到摄政王手上时，整个国家的经济已经恢复到鸦片战争之前的水平，年均一亿两千万两白银的出超贸易扭转了帝国经济七十年的出口颓势。预备立宪更是慈禧太后留给摄政王消弭国内各派势力分歧的最大政治遗产。

身为皇族宗室，年轻的摄政王是幸运的。但是，他没有多尔衮那样的定夺之功，更无多尔衮那样的开创伟业，清朝的掌权者却在生命的最后一刻将国家托付给了这位毫无尺寸之功的年轻人。

二十五岁的载沣以摄政王执政亮相国际舞台之时，成为当时全球最有权势的“80后”，西方的舆论一片欢腾，将这位年轻人誉为“初升的太阳”，夸赞摄政王身居九重却有着国际视野。没错，在罢黜政治强人袁世凯后，摄政王的执政集团中皇族少壮派成了主角，他们都拥有留洋的背景，他们在政治、军事、财政等诸多方面都有现代化视野。以梁启超为首的改革派对摄政王寄予厚望。

摄政王柄国之初，传统的士大夫已经成功地向现代精英转变，以梁启超为首的改革派在立宪的旗帜下如火如荼地进行改革的顶层设计，北京城的亲贵们奔走于改革派之门。改革的精英们不断地触碰帝国的政治红线，试图通过渗透意识形态进行柔性的政治体制改革。改革犹如一锅煮沸的水，无论是朝堂枢臣，还是贩夫走卒，对摄政王的执政集团充满信心。一度对革命信心满满的孙中山，在一次次城市暴动失败后，面对摄政王执政集团的改革新气象，都只能默默地在美国人的餐厅端盘子。

1911 年 10 月 10 日，武昌城的一声枪响，在美国餐厅里看到报纸的孙中山没有任何的兴奋之感，他领导了太多次这样的城市暴动。在孙中山看来，武昌城的新军暴动很快就会被载沣的新军镇压。孙中山遗忘了一个重要的军事情报，武昌起义的那一天，摄政王直接控制的军队正在北方小镇滦州进行大规模联合军事演习。武昌那个被推为第一位共和国都督的黎元洪，这之前曾率领湖北的两营兵马参加了滦州秋操。

孙中山错了。

武昌城的枪声成了推倒清政权的多米诺骨牌，各路流亡海外的革命党星夜兼程回国，紫禁城的御前会议却在为谁南下平乱争吵不休。摄政王望着慌乱的皇族少壮派长叹不止，狡黠的庆亲王奕劻已经暗中调动北洋新军拱卫自己的宅邸。一夜激烈的争吵过后，由有德国军方势力支持的陆军大臣荫昌乘火车南下武昌，可是在武昌郊外，他就被百多名下地干活的农民给吓得肝胆俱裂，急令火车向北开。

武昌城的硝烟正浓之时，北京城的资政院精英们纷纷登台，谴责铁路国有的罪魁祸首——邮传部大臣盛宣怀。一份开放党禁、赦免政治犯的文件送到了摄政王的手上。可一切都晚了。大思想家严复议员的大清国歌还没有来得及奏响，大清王朝崩溃了。在汉江上远望硝烟滚滚的武昌城，刚刚经过滦州秋操的摄政王军队，他们拥有德国最新的军事装备，却在手持汉阳造的湖北新军面前兵败如山倒。清朝的状元巨商、宪政改革领袖张謇仰天长叹，他脑子里已经有了一篇华丽的清帝逊位诏书。

这是一个不可思议的崩溃。

一个两百多年的王朝，曾经出现过康乾盛世，在鸦片战争之后，也曾经试图通过经济改革来局部推动政治改革，昙花一现的同光中兴令不少的改革派看到了王朝的希望。1900 年八国联军将清朝的最高执政者慈禧太后赶到了西安，预备立宪成了清执政集团重拾帝国荣光的希望。摄政王的皇族少壮派们这一次怎么未能灭掉武昌城的革命之火？谁将清政权推向了死亡的深渊？改革的精英们在政权垮台的前夕到底在干什么？

一连串的问题一直萦绕在我的脑海中。改革在清朝最后的五十年中已经成了主旋律，即便是世人认定最顽固的慈禧太后，无论是经济改革，还是像戊戌变法那样激进的政治改革，没有慈禧太后的首肯是难以推行下去的。慈禧太后在生命的最后一刻，留给摄政王的宪政遗产不仅没能消弭多股政治势力的分歧，相反成了分化摄政王执政集团的催化剂。利益集团丢尽了天朝的脸，让毫无政治智慧的摄政王成了权力的孤儿。

一个时代的终结有千万个理由。我试图通过晚清改革精英们的系列救国韬略入手，洞见清王朝崩溃的根源，资政院成了最佳的视觉切入口。在武昌城枪响的一年之前，来自全国各地的政治精英们在北京资政院济济一堂，他们在北京的预备国会现场紧张地审查政治、军事、财政、意识形态等事关改革顶层设计的方案，在争吵中达成了共识，最终都送到了摄政王的案头，他们希望将慈禧太后的宪政遗产变成现实，让宪政之花在封建的土壤上盛开。

改革就是一场利益的重组，尽管改革精英们的顶层设计犹如一把把钢刀，但既得利益集团们却在用手中的权力捍卫着他们的利益。可是，由德国军械装备起来的摄政王军队难掩王朝的虚弱。摄政王的执政集团内部党阀森森，试图通过军事、经济改革来推动全面立宪改革的摄政王，疲于七党暗斗，被执政集团七党和国际势力搞得内外交困。

世间已无老佛爷。年轻的摄政王无力调和各大政治势力的分歧，无论是纷争不断的资政院，还是明争暗斗的紫禁城，摄政王犹如一具木偶，只是在枢廷之上陪着他的小儿子看令他厌倦的宫廷闹剧。

既得利益集团们拒绝在最后一刻向宪政改革让步。曾经试图通过自上而下进行宪政改革的精英们，最后只能擦干脸上的泪水，投向共和的怀抱。

目　录

天子一号案（上）

1910 年 10 月 4 日下午 1 点 30 分，资政院预备国会第一次议会开场。

落座的议员们发现议长溥伦未到，整个会场开始骚动，议员们交头接耳。身为道光皇帝的曾孙，同治皇帝去世后，溥伦一度是最热门的皇位继承人，但在慈禧太后的操纵下，溥伦与皇位擦肩而过。1907 年，清廷筹备资政院，慈禧太后为弥补溥伦政治上的损失，任命溥伦为资政院总裁。今天是资政院预备国会第一次审议国事，议长岂能缺席？

资政院秘书长金邦平站起来，扫了一圈会场，示意议员们安静：“今日议长赴会议政务处会议要件，以故不能到会。”金邦平的话音未落，会场再次骚动，清廷当前第一要务就是宪政改革，宪政改革的头等大事就是资政院开预备国会，难道还有比预备国会更大的事发生了？在会场旁听的国际观察团瞠目结舌，面对一开场就乱哄哄的清廷预备国会不断摇头。

议员们走进会场之时，遥远的欧洲塔霍河河口叛军如云，里斯本皇宫硝烟四起。10 月 3 日，葡萄牙的两艘巡洋舰在共和党的鼓动下叛变，国王曼努埃尔二世下令里斯本卫戍部队镇压叛变军舰，可卫戍部队拒绝执行国王的命令，反而联合叛变的海军合围里斯本四周。10 月 4 日清晨，叛变的巡洋舰开始炮轰皇宫，国王曼努埃尔二世逃亡英国伦敦。

摄政王载沣第一时间收到了里斯本的情报，对于欧洲老派的彪悍君主王朝的覆灭，清执政精英们颇有兔死狐悲之感。庆亲王奕劻曾当面向慈禧太后提出过警告，宪政是“民之趋向”，“拂民意是舍安而趋危，避福而就祸”。尽管葡萄牙从1820年就开始实行君主立宪制，可在政教合一的政治体制下，国王依然是唯一的主宰，最终连里斯本的卫戍部队都抛弃了国王，站到了叛军一边。

清执政精英们对里斯本的武装起义惶恐不安。里斯本起义前夕，民众纷纷走上街头游行示威，最终在共和党人的煽动下军队叛变。现在的清王朝正在重现葡萄牙的危机。1909年10月14日，大清帝国除新疆之外，全国二十一个行省成立了地方议会机构咨议局，这一天成了各界“为我国人民获得参争权之第一日”，舆论将咨议局看做“否极泰来，上下交通之气象”加以讴歌。整个国家笼罩在立宪派狂热的开国会喧嚣之中。

张謇是地方议会的领袖，这位慈禧太后六十寿辰恩科状元于1909年10月14日当选江苏省咨议局议长。同一天，立宪派狂热分子汤化龙当选为湖北咨议局议长，蒲殿俊当选为四川咨议局议长。一时间，“英才荟萃，海内震动”。清执政精英们万万没有想到，位于帝国东部、中部和西南的三位议长最终成了清政权的掘墓人。张謇在当选议长后，通电全国提议各省咨议局联合起来，要求清政府速开国会。

慈禧太后去世之前已经签署命令，预备立宪以九年为限，1909年召开各省的立宪会议，1910年召开全国立宪会议，1917年召开国会。但各地咨议局的议员们对开国会已经迫不及待，张謇的提议一出，各地纷纷响应，均派出代表到上海共商赴京请愿大计。1909年12月8日，长沙修业学校教员徐特立听闻长沙代表启程赴上海，“乃觅刀自断左手小指，濡血写‘请开国会，断指送行’八字”，并托人将此血书转交代表。

张謇领导的请愿国会代表团谈话会第一次会议于1909年12月18日在上海召开，湖南代表罗杰、刘善渥展示了徐特立的血书，殷赤淋漓，字迹斑斓，与会代表无不感奋。1910年1月16日，请愿国会代表团到达北京，由直隶代表孙洪伊领衔，列队向都察院呈递联名请愿书，要求

“期以一年之内召集国会”。并向一些王公大臣分别呈交请愿书副本，希望能够得到他们的赞助。

1910 年 1 月 20 日，请愿国会代表团的请愿书由都察院呈递到摄政王载沣手上。请愿血书深深地刺激了载沣，全国的民众对宪政的热情犹如岩浆喷薄而出，一旦答应了请愿团提前召开国会的请求，朝廷的威信将受制于民众。更重要的是中央货币、财政改革均未有效推进，一旦国会召开，国家推行君主立宪政体，没有统一的货币和强有力的财政保证，宪政的改革将成为国会各派政治势力的玩偶。

载沣以慈禧太后的命令将开国会的请愿给挡回去了，各地的请愿代表们不断地在北京进行各种各样的集会，试图游说满蒙王公进谏摄政王早开国会。1910 年 1 月 30 日，请愿代表们在北京公开成立了请愿速开国会同志会，凡是在 1909 年各省签名请愿者皆为会员，请愿速开国会同志会章程规定，非国会成立之日，同志会不得解散。令清执政集团恐慌的是同志会还号召会员鼓吹舆论，游说各种社会团体、民间组织，分头请愿。

张謇作为国会请愿运动的发起人，连续在 1910 年 4 月、6 月主持第二次、第三次请愿运动会议。徐特立的血书也被印成红色传单，分送各省流传。各地不断出现血书请愿，将血书“以购国会，国会乎，政党乎！血乎！”邮寄请愿代表。爱新觉罗王朝龙兴之地的东三省请愿团更是泣血高呼：“东三省在帝国主义侵略下，今年疆界日蹙，权利日亡，财力日竭，人心日变的迫切情形，之处九年立宪之期，万难以从容以待。”

东三省请愿团的哭泣令远在柏林的德国皇帝威廉二世都愤愤不平，他怒斥载沣为首的清执政精英“荒唐”，放任日俄两国霸占东三省，“他不知道吗？它是属于他们的，他们皇朝的发祥之地”，威廉二世怒斥日俄在东北的行为简直就是“强盗们的分赃”。威廉二世大骂不赞成中国进行迅速改革的日本“无耻”，日本担心北京国会一开，影响自己在满洲的利益。

皇朝的发祥地都落入日俄之手，满蒙执政集团已经成了国际上的笑料。现在国内的民众在各地咨议局的鼓动下请愿不断，各地咨议局还组织进京请愿团，督请中央早日立宪。清执政精英们发现，士绅精英云集的咨议局正在成为新的权力中心，他们逐步架空了地方督抚们的实权，地方督抚为了自己的利益同咨议局纷争不断，导致民众同政府离心离德，地方督抚为了转移地方矛盾绑架中央，一旦中央不能满足地方的要求，里斯本的悲剧将在北京上演。

1910年10月3日，葡萄牙海军两艘巡洋舰叛变之时，摄政王正在前往资政院的路上。当天上午10点20分，资政院举行开院典礼。摄政王、军机大臣、大学士、各部尚书及一百七十名议员参加开院典礼。开院典礼上宣统皇帝寄语议员们，“上为朝廷竭协赞之忠，下为庶民尽代议之责”，载沣希望议员们“殚竭忠诚，共襄大计”，资政院作为代表舆论之地，希望资政院“扩立宪之功用，树议院之楷模”。

10月4日一早，葡萄牙国内武装起义的消息给摄政王的刺痛还没有平复，一份从广西发来的急电更令载沣汗流浃背。急电是广西咨议局直接发给摄政王的，广西咨议局言辞激烈地批评巡抚张鸣岐“不顾舆论”，“无论何等议案皆可以己意取消”，导致“咨议局权限从此丧失”，“议院基础亦从此动摇”。咨议局在电报中嘲笑清廷的宪政改革简直就是“假立宪之名以行专制之实”。在给摄政王的电报中，广西咨议局的全体议员请辞。

广西咨议局与巡抚的冲突源于北京方面的一纸禁烟令。1908年，美国提议于1909年在上海召开万国禁烟会议，北京为了配合万国禁烟会议的召开，在禁烟会议准备期间下令全国禁烟，广东、广西11省自1909年下半年起全面禁止种植鸦片。广西巡抚张鸣岐向北京方面报告，鸦片税成为地方财政“岁入大宗”，“骤失巨款，财政固形困难”，希望朝廷同意广西能够分区分期禁售鸦片。

1909年2月，美、德、日、法、英、意、中等十三国代表在上海签署禁烟协议，协议明确规定鸦片除作医药外，在会各国，均视为禁物，各国要颁行严密条例，使之逐渐消减。1909 年 10 月 14 日成立的广西咨议局将北京禁烟令、万国禁烟协议当作决议法理，只给广西政府 20 个月的缓冲期，到 1912 年 1 月 19 日必须全面禁绝种植、销售。张鸣岐以禁期不展，地方经济大乱为由拒不执行咨议局的决议。

资政院的开院典礼刚开完，广西咨议局同广西巡抚就水火不容，集体请辞不干了。革命党一直在海外抨击北京的宪政改革，宣称清廷的改革是“假立宪之名行专政之实”的骗人把戏。1909 年春天，日本明治勋臣伊藤博文预言：“中国在三年内将有革命。”这个时候，广西咨议局给北京的电报无疑是证实了这个预言，载沣在国际上树立的改革形象眼看着要毁于一旦，清廷的改革也将失去国际支持。

1910 年 8 月，庆亲王奕劻已经通知美国驻华公使嘉乐恒，中国将派代表参加 1910 年海牙禁烟会。中国作为深受鸦片之害的国家，同列强进行的两次战争均因鸦片而起，岂能第一个违背万国禁烟决议呢？广西地方政府拒绝执行咨议局的禁烟期限决议，意味着中国地方议会的改革只是一个摆设，地方政府在美国主持的第二届禁烟大会前拒绝执行上海禁烟协议，华盛顿将失去对北京方面的信任。

在此之前，摄政王载沣罢黜了亲美的政治强人袁世凯，美国总统罗斯福对载沣管理的北京政府极不信任，在给德国皇帝威廉二世的信中写道：“除了同他们极其慎重地往来以外，很难做其他的事。”奕劻向嘉乐恒通报参加海牙禁烟会实为向华盛顿示好，因为北京方面正在同华盛顿洽谈一笔巨额的贷款，用于货币改革。载沣担心华盛顿方面获悉广西咨议局集体请辞是因为地方政府拒绝执行禁烟令，货币改革贷款极有可能泡汤。

葡萄牙作为欧洲老牌的君主政权在共和党的策动下，国王潜逃他国，政权土崩瓦解。里斯本的情报显示，1891 年开始，葡萄牙国内的共和主义势力抬头，他们主张在天下为公的原则下，废除世袭的君主制，建立公平、公正的共和政体，实现政体的正义。1908 年，葡萄牙总理若 · 弗朗哥下台后，党派林立的葡萄牙议会陷入动荡之中，各党派相互攻讦，一直未能组成一个稳定政府，共和党借机煽动军队叛乱。

葡萄牙的议会最终成了埋葬君主制的坟墓，葡萄牙的君主政权被颠覆前，国内的混乱局面同中国的局面如出一辙。立宪派越来越激进，他们已经不满足于资政院的试点，他们以请愿的名义向朝廷逼宫，朝廷不答应提前召开国会，各地的请愿就不会停止。在请愿的过程中，革命党人推波助澜，各地起义、刺杀不断，同盟会员汪精卫甚至躲在摄政王府外伺机谋杀载沣。

国际国内的局势令清执政集团坐立不安。如果广西咨议局议员们集体请辞，会深深地刺激广西地方精英阶层，他们对政府的改革将失去信心，一旦广西问题传到其他省份，各地咨议局纷纷仿效，地方议会改革将难以继续推进。如此一来，大批激进的地方精英很快就会站到革命党一边。更为要命的是广西地处边陲，革命党易于得到海外的人力、军械的应援，且可进可退，一直都是革命的火药桶，革命党在广西镇南关、钦州一带不断发动武装起义。一旦革命党借机煽动广西民众，广西可能再次爆发武装起义。

摄政王继承的慈禧太后政治遗产就是一个败坏到极点的政府 ：“政府诸臣均不能上体宸衷，振兴庶务，旅进旅退，不痛不痒，使天下万事隳发于冥冥之中。虽朝廷累下督责之诏，人民时闻怨谤之声，而朝廷竟无一人引为己责者。”摄政王召集军政枢臣开御前会议，“每次会议类多依阿唯诺议者，决者恒不过一二人”，文武百官“偏徇人情，公行贿赂，昌言运动，忌惮毫无，其所朦者皇上一人”，“诸王贝勒皆少年寡学，偏树党援，排斥异己，勾通阉寺，广行贿赂”，“亲贵攫取权利，开賁缘之门，手苞苴之馈”。

天朝的脸已经让利益集团丢尽了，清执政集团在民众眼中毫无公信力可言，在国际上更是一个没有信任度的政权。枪杆子已经无法保障清政府的正常运行，宪政改革是爱新觉罗家族完成转型的唯一选择，只有完成政治转型，通过宪政来重塑政府的公信力，将整个社会带入法治的轨道之中。广西咨议局全体议员请辞是一个可怕的信号，一旦宪政改革派同清执政集团内部的政治势力对立，枪杆子是保不住清执政集团的江山的。

更让摄政王载沣担心的是，现在有山东农民杀妻女带领数万农民暴动，一度攻占了县城，更何况有组织的革命党？载沣非常担心广西问题成为动乱的导火索，那样一来广西将成为第二个里斯本。收到广西咨议局请辞电报后，载沣立即召集王公大臣们在政务处开会，共商解决广西问题。身为资政院议长的溥伦一直力主宪政改革，多次游说载沣早开国会。广西的突发事件自然需要资政院拿出一个可行的解决方案。政务处的会议开始之前，溥伦接到了载沣以宣统皇帝发布的命令，下令广西事件作为资政院一号一案进行审议。

10 月 4 日是资政院第一次预备国会议事会议，资政院官报刊登的议案是选举预算、决算、法典、税法公债、陈请、惩戒专任股员。会议一开始，资政院秘书长金邦平宣布溥伦去参加政务处会议，临走之前，溥伦“面嘱”金邦平，广西咨议局集体请辞事件是摄政王以宣统皇帝的名义给资政院下的圣旨，“系紧急事件”，“必应从速开议”。当天，资政院议事日表第一号议案紧急改定为审查广西事件。

天子一号案（下）

“广西咨议局全体请辞即是解散。”会议一开始，议员易宗夔的话犹如一枚炸弹，广西咨议局全体请辞是来自巡抚的压力，按照广西咨议局请辞即解散的逻辑，一旦资政院的议员集体请辞，资政院就自动解散，革命党人就会借机攻击资政院只是皇帝专制的工具。副议长沈家本立即反驳易宗夔：“广西咨议局问题是议员辞职，非解散。”

易宗夔，湖南湘潭人，1898 年在《湘报》上发表《中国宜以弱为强说》，主张“民权与君权两重”。时任湖广总督张之洞阅该文后，斥之为“匪人邪士，倡为乱阶”，咒之为“杂种”。1904 年，易宗夔留学东京法政学堂学习法政，与著名民主革命家宋教仁过从甚密。1909 年当选为资政院议员，是资政院“三杰”之一的宪政改革激进派代表。

沈家本，浙江湖州人，历任副部级的刑部右侍郎、修订法律大臣。沈家本在出任地方官期间，打过国际官司，在创办京师法学堂时研习中外法典，主持修订了民律、商律、刑事诉讼律、民事诉讼律多部大法，建议废止凌迟、枭首、戮尸、刺字等酷刑。沈家本堪称中国近代律法奠基人。现在作为资政院副议长的沈家本深知，议事程序是宪政的生命，议会的成立、解散事关大清宪政改革的成败。

“立法权在议院，庶政归于内阁。”广西咨议局作为资政院的省级议事机构，一旦因为议员的辞职而遭遇解散，势必会动摇资政院的根本。宣统皇帝圣旨紧急调整资政院一号议案，可以想象广西事件背后的复杂。

广西巡抚张鸣岐在给北京的急电中说："明知禁烟乃功令所在，展限为众谤所归，惟事关省市安危，不敢拘泥原案，务虚名而受实祸。"张鸣岐同广西咨议局唱对台戏背后，一场更复杂的政商角力正在上演。

"禁期不展，市面必有危险"，鸦片商人在给张鸣岐的报告中措辞强硬，广西鸦片"运往他区销售，庄口不合，存货难销。且店铺一经关闭，往来账目不能周转，仍与市面无益"。更让张鸣岐紧张的是："七省商店联名具禀佥称大宗货物以烟土为重，商务命脉全赖账目为流通，而普通账目少数归期为年底，烟土店一经歇业，则账项无着，必致摇动全体。"

广西鸦片商的报告令张鸣岐汗流浃背。1910 年 3 月开始，上海爆发了橡胶股票风潮，曾经一度暴涨数倍的橡胶股票价格一落千丈，曾经豪赌橡胶股票的山西、江浙、两广，甚至西南钱庄，顿时出现流动性危机。上海股票危机的影响下，快速引发了全国性的经济危机。广西鸦片商的报告警告张鸣岐，一旦广西采取一刀切的禁烟政策，同鸦片贸易相关的钱庄票号将出现资金断裂的危险，广西将步上海股票危机后尘，出现严重的经济危机。

广西咨议局在给资政院禁烟大臣的电报中戳穿了鸦片商的底牌："桂林烟土商因近日烟土价昂贵数倍，故意居奇，饰词朦禀张抚批准展期。"广西咨议局给在京桂系官员的信函中对鸦片商的狡诈相当不满，广西鸦片贩运之途在 1909 年 6 月就堵塞了，可是鸦片"绕道由湖南入境者尚络绎不绝"，鸦片价格"昂贵数倍于前，大利所在，人必趋之"，"故各烟土商不惜用全力以运动，希冀达其展限之目的，而牵动市面一说遂足以动道听矣"。

张鸣岐在给北京的报告中将鸦片商同其他商人混在一起，以可能导致经济危机来博得北京各个部门的支持。可是广西咨议局的议员们通过调查发现，"各绅士之意均不主张展期"，"如果允许展期，是全省之舆论不敌一二奸商之运动"，广西咨议局在给资政院的电报中痛心疾首地说："似此禁烟之令任意反汗，各属必因而观望，于全省禁烟大受影响，且已公布之议案，亦可变更，恐将来议事全无效力，殊非朝廷设立咨议局之本意也。”

“寻常奏咨属于督抚命令，事件可任督抚变更。此案奏咨属于咨议局法律事件，自不得任督抚变更，若以督抚命令变更法律，则无论何等议案皆可以奏咨取消，朝廷又何必设咨议局？”广西咨议局在给北京的电报中谴责张鸣岐，张鸣岐在回答咨议局问题时，“答文张皇过甚，皆为烟土商辩护”，“现只三数烟土商造谣恐吓，万一得志，则效尤众，而禁烟难行，事关禁烟前途及立法权限”。

张鸣岐以经济危机来为禁烟展期辩护，广西咨议局以维护宪政之精神而反对。

广西咨议局在集体请辞之前，试图希望清执政集团以维护宪政改革之名，约束一下广西巡抚张鸣岐，可是北京的执政者给广西咨议局回复说，“土药税为岁入大宗，明亦知禁售实行，自必失之巨款”，但是“惟大害终久必除，讵恋此止渴须臾之鸩酒？”北京方面模棱两可的回复令张鸣岐肆无忌惮，置议员反对不顾禁烟展期，广西咨议局的议员们只有长叹：“行政长官不顾舆论则无论何等议案皆可以己意取消之，岂立宪时代所宜？”

“今禁烟案不能照限施行，而护抚部院不负责任是咨议局议案之全无效力，广西实开其先例，异日见诸奏咨转恐波及于各省，不特咨议局权限从此丧失，即议院基础亦从此动摇，假立宪之名以行专制之实，其关系于宪政前途甚大。”广西咨议局全体议员在给资政院的辞职电报中相当无奈：“本局全体议员辞职实因禁烟议案实其效力，上无以负朝廷设立咨议局之盛心，下无以慰人民选举议员之本意，愧悚交并，迫而出此。”

禁烟乃国策，爱新觉罗家族的江山败在鸦片，张鸣岐明知会遭致骂名，却仍然不顾议员们的反对，为一二个狡诈的鸦片商反对咨议局的决定。更为要命的是，立宪是清执政集团转型大势所趋，曾经为立宪改革几欲跳湖的慈禧太后在身前都接受宪政改革，光绪皇帝身前通诏全国，大清帝国推行宪政改革，身为地方长官反对咨议局决议，是公然对抗中央改革，张鸣岐独断专行意欲何为？

张鸣岐出生农民家庭，以举人身份在两广总督府给岑春煊当幕僚，从总理两广营务，一步步爬到广西巡抚的高位。同咨议局的议员们争论禁烟问题时，张鸣岐向庆亲王奕劻行贿，正欲谋取两广总督之位。预备立宪期间，清执政集团内部各派势力争夺地方督抚人事大权，在这个人事考察的敏感时期，一旦广西经济出现大乱，奕劻的对手们就会以张鸣岐执政能力问题进行攻击，张鸣岐的两广总督之位将成空。

广西咨议局集体请辞令清执政集团相当紧张，宪政改革之门已开，政治体制改革已经是开弓没有回头箭。以江苏省咨议局局长张謇为首的十四省咨议局代表，从 1909 年 10 月开始谋划赴京请愿速开国会，资政院召开预备国会期间，请愿团已经第三次赴京，立宪派批评清执政集团："筹备宪政之实之所以不举者，皆坐无国会而已。"全国各地咨议局赴京请愿的议员们放出狠话，朝廷再拖延不开国会，"全体议员，同时解职"。甚至有请愿议员宣誓，如果朝廷"不得请，当斧锧死阙下"。

全国立宪派对清执政集团寄予宪政改革厚望，没想到广西咨议局的议员们率先全体请辞了。广西咨议局在给资政院的电报中说，"电呈资政院"的同时，"通告各省咨议局"，"以供天下之研究，事关宪政，自有公论"。第三次请愿团进京之前，各省爆发了数千人规模以上的请愿，绅商学界各团体提出"不开国会，人民不承认新捐税"的口号，如果朝廷不给广西咨议局一个满意答复，清执政集团将失去立宪改革派的支持。

第三次全国咨议局赴京请愿团进京之前，立宪派的意见领袖梁启超警告满清执政集团，"国民所以哀号迫切，再三吁诉者"，说明对朝廷的改革还抱有一线希望，执政集团别辜负了国民的期望，"全国人兵变与全国之民变比起于一二年之间，徒以现今之政治组织循而不改，不及三年，国必大乱，以至于亡"。对于拖延宪政改革，恐怕"宣统八年召集国会，为将来历史上必无之事也"。

汹汹的宪政改革浪潮，清执政集团担心重蹈里斯本的悲剧，自然不希望史书上没有“宣统八年”四个字。沈家本作为预备国会天子一号议案的主持人，相当清楚广西咨议局集体请辞的政治意义，一旦预备国会上将集体请辞定性为咨议局解散，第三次进京请愿的各省咨议局代表会对执政集团失去信心，到时候全国咨议局集体请辞，大清帝国的宪政改革将失败，激进的立宪派投身革命党将是国家的灾难。

一号议案令沈家本高度紧张，作为皇帝下了圣旨的紧急案，沈家本提议为了从速审查，先不要纠缠于事件性质，宜组建特别审查委员会，专门审查广西事件。按照规定，特别审查委员会一般为六名，但是广西咨议局集体请辞“关系于宪政前途”，沈家本提议组建特别审查扩大委员会，规模宜用十八人。沈家本指定了以宗室王公、外藩世爵、各部院衙门官、硕学通儒为主的十八人为特别审查委员会委员。

广西事件特别审查委员会成立后，沈家本提议由秘书官向全体议员朗读一遍广西咨议局电报。秘书官还没有开始朗读，议员们就议论开来，甚至建议取消冗长的朗读，中途有议员鼓掌，导致会场秩序混乱。载沣希望从速审议的广西事件毫无进展，有议员实在看不下去，站起来高声训斥：“如此秩序紊乱，殊不雅观，况外国人在议场参观，若无秩序，未免为外人所讪笑。”

会场的争吵没完没了，一直吵到下午 4 点 10 分，一直没发言的议员雷奋站起来说，“凡开会时，议长宣布之后，诸君可以发言，若未宣布以前，应宜静坐。”清廷“第一次开办资政院，为天下观瞻所系”，沈家本一看场面已然失控，旁听的国际友人如果看猴戏一般，实在是尴尬之极，喧闹之中，沈家本无奈只有宣布广西事件于 10 月 6 日再议。

10 月 6 日下午 1 点 30 分，资政院预备国会议长溥伦亲自主持广西事件审议。溥伦开场说，广西事件摄政王需要给广西咨议局一个满意的答复“甚关紧要，”“请诸君详细斟酌”。朝廷已经掌握情报，第三次进京请愿的代表将要在 10 月 7 日向摄政王递交请愿书，如果广西咨议局请辞事件不能处理妥当，还不知道请愿团将在摄政王府闹出什么动静。

“广西禁烟事小，而咨议局机关甚大，决议之件，南山可动，此议案自不可移。”满汉世爵议员李长禄第一个发言。李长禄之父曾是湘军名将，在湘军集团颇有人望，李长禄本人世袭子爵，曾经在广西出任候补知府，在广西呆了四五年，曾经在厘金局工作过，对广西政局十分熟悉。李长禄觉得广西巡抚张鸣岐在宪政改革的敏感关头，“何得舍大而谋小”？

张鸣岐曾经以鸦片税是广西财政大宗为由，希望北京方面批准禁烟展期，鸦片商作为财税贡献大户，以禁烟可能危机广西经济大局相威胁。李长禄给议员们揭开了另一个秘密，广西“所谓公款者，凡各厘金局所收入，皆存之于大商家生息”，官方的财政款项一样，每年的利息收入归于盈余项下，各局的办事员可以提二厘花红作为奖励。更为夸张的是，“平时官款以一纸空票存店”，政府用钱时向各大商家挪取。

“近日该省官吏多饱私囊，凡遇举办各项新政，即以财政困难为名，甚至借此放弃责任。”李长禄批评广西官场吏治已经坏到极点，现在朝廷明文禁烟，广西官员们“不得不谋对付之策”，“烟土一项，搜刮无遗”，在“一二商人运动”后，张鸣岐“宁敢上违禁烟，不甘坐失利薮”，遂将广西咨议局“议决公布之案倏尔变更”。李长禄义愤填膺，“功令昭垂，公议宣布，岂可任该抚一人意见败坏全局？”

两广总督之位的诱惑真的可以让张鸣岐对抗宪政改革之洪流？议员吴赐龄觉得张鸣岐冒天下之大不韪背后有更大的政治企图，因为“商家习惯账目尽于冬月收清，1909年账目已清，何以今年有许多账目”？广西咨议局年初调查烟土商存货无几，可是张鸣岐电告北京“账目二百余万之多”。广西选出来的这位吴赐龄议员判断，张鸣岐给朝廷汇报说“牵动市面”四字“显系臆造”，“是以财政要挟中央，其毒辣手段即伏于奏陈”。

张鸣岐出生于山东农村，在两广总督岑春煊幕下期间，广西爆发会党起义，张鸣岐随岑春煊入桂平乱，至此开始一步步发迹。广西作为大清帝国经济最糟糕的一个省，在张鸣岐担任巡抚之前毫无工商业可言，张鸣岐在官场上自然毫无地位，在宪政改革中毫无话语权。张鸣岐在主政广西期间大兴铁路、矿业等工业，还创办了广西银行。在广西地方改革过程中颇有政绩的张鸣岐决定为自己谋求更大的政治舞台。

庆亲王奕劻身为首席军机大臣，多年执掌总理衙门、外务部，同欧美各国驻华公使交好，在国内同北洋领袖袁世凯是政治盟友，奕劻曾在御前会议力陈宪政改革大义，最终慈禧太后采信奕劻的建议。奕劻是未来责任内阁首相的热门人选，只要得到奕劻的支持，在未来的宪政时代，一定可以谋得重要的政治地位。张鸣岐重金行贿奕劻，谋得两广总督之位，他在敏感的人事考察期只有稳住广西，才能坐上两广总督的高位。

张鸣岐向民政部禁烟大臣、度支部、资政院发电报，以地方税赋、经济稳定借口，希望北京的各级部门能够支持他禁烟展期的决定，甚至置广西咨议局决议不顾，他非常清楚宪政改革的现实，“盖宪法既立，在外各督抚，在内诸大臣，其权必不如往日之重，其利必不如往日之优”。各地咨议局情愿不断，摄政王载沣拒绝提前召开国会背后，清执政集团内部各派势力没有达成共识，在各派势力冲突不可调和期间，地方督抚只有做大自己，才能在未来的政坛谋得一席之地。

广西鸦片商的一纸警告，成了张鸣岐对抗中央的最好证据。当时上海的橡胶股票风波让摄政王焦头烂额，北京城十三家钱庄同时宣布破产，摄政王载沣通过度支部下令从铁路局抽拨现银五十万拯救京城的金融危机。五十万两实在是太少了，杯水车薪，天津、江浙、广东等地的告急求助信函犹如雪花般飞向紫禁城。一旦激怒鸦片商，广西爆发经济危机，会党势力势必同革命党联手起义。

汹汹的国会请愿团犹如一个火药桶，一旦广西爆发起义，激进的立宪派同革命党联合是摄政王最不希望看到的。张鸣岐牢牢地抓住了对抗中央的经济、心理筹码，他万万没有想到咨议局那一帮耍嘴皮子的书生居然集体请辞，还通电全国咨议局。议员林炳章言辞激烈，“奉明诏督促禁烟，不啻三令五申”，广西鸦片商以维持市面“大题要挟”，政府岂能“以少数奸商压制多数代表之舆论”？

广西咨议局在给资政院的电报中感叹，原以为咨议局设立后地方行政可逐渐改良，没想到对于禁烟极重要的议案，“官厅竟徇三数烟土商之情，准其展期”，简直没有将宪政放在眼里。张鸣岐对抗咨议局的行为令舆论哗然，指责“张鸣岐之摧毁宪政”，“咨议局为一省立法之机关，则其权限自不能任行政官侵夺，虽所立之法为一省之单法，然既经公布即不能以行政官之命令而更改”。

“夫宪法者，国家之根本法也，为君民所共守，自天子以至于庶人，皆当率循，不容逾越。”1908 年，光绪皇帝颁布《钦定宪法大纲》时，非常明确地规定：“宪法一立，全国之人，皆受治于法，无有差别。”在《宪法大纲》序言特别对国家政体和君主权力做了限制：“君主立宪政体，君上有统治国家大权，凡立法，行政，司法皆归总揽，而以议院协赞立法，以政府辅弼行政，以法院遵律司法。”

张鸣岐身为地方行政长官，公然对抗中央，不惜摧毁宪政，令议员们忍无可忍。雷奋议员更向议长溥伦申请到议台发言，诘问张鸣岐“咨议局为何全体请辞”？资政院预备国会没有必要讨论广西禁烟事故，只认定张鸣岐在广西咨议局未进行第二次决议之前，遂公然自行对禁烟展期，是违背法律，侵夺了咨议局的权限。李长禄希望预备国会的议员们对张鸣岐公然藐视宪政进行公决，“以维国纪而顺舆情”。

1910 年 10 月 6 日下午 2 点 30 分左右，溥伦提及资政院预备国会议员对广西事件进行表决，三分之二以上议员赞成决议张鸣岐禁烟展期违法。6 日下午 3 点 30 分，资政院将表决结果向摄政王载沣汇报。载沣以宣统皇帝的名义向广西发出电令，勒令广西巡抚按照咨议局议决办法进行禁烟，广西咨议局迅速召集照章议事。天子一号议案终以议员战胜地方行政长官，议会第一案以法律成功约束地方行政长官的权利。广西咨议局迅速给资政院回电：“阳电计达，现本局蒸日开会。”

再见状元郎

“今人之见夫世界各大国船坚炮利，财富兵雄，以为自强之根本在此矣，而不知实由民德、民智之完备与民力之坚强，万众固结如山岳之不可摇撼，乃为根本中之根本耳。”1910年10月14日下午1点40分，资政院预备国会现场，学部尚书唐景崇站在议台上铿锵有力地向全体议员就教育改革作主旨说明。唐景崇早在江苏学政任上时，向清执政集团奏陈预备立宪时就提出，“必教育普及，而宪法乃有树立之时”。

教育是一个大问题。

摄政王载沣以宣统皇帝之名，紧急调整了资政院预备国会天字一号议案后，学部提交的《地方学务章程》成了预备国会的二号议案。现在宪政改革呼声日隆，速开国会请愿团的激进分子“拔刀剖腹，以明心迹”，清执政集团一身冷汗，“天下之变岌岌哉”。一直通过八股科举选拔人才的执政者发现，八股文士皆“贪微末膏火”之辈，宪政改革谁堪大任？

教育是令中国执政者最头疼的问题。春秋战国百花齐放，三教九流争雄。秦始皇天下一统，焚书坑儒，孔夫子那样招徕三千弟子的盛况一去不复，甚至会被扣上聚众扰乱公共秩序安全的罪名。到了汉代，孔夫子倡兴的儒家学说被推崇为官学文化代表。到了唐朝，儒家学说以“修身、齐家、治国、平天下”为最高理想的科举制成了执政者选拔人才主要渠道，社会精英深陷八股仕途，成为执政者的附庸。

“科场之文，万喙相因，词可猎而取，貌可拟而肖，坊间课本，如山如海。”大清“第一清流”龚自珍曾经在宗人府工作，这位进士出身的文人看惯了清执政集团的腐败，在中进士十年后的四十八岁愤然辞官，对科举制度选拔庸碌人才相当失望：“四书文禄士，五百年矣，士禄于四书文，数万辈亦，既穷既极。”

执政者们为了束缚思想活跃的知识分子，他们将儒家学说忠君思想提到核心高度，通过科举考试的方式给知识分子戴上思想的枷锁。社会精英们一旦接受执政者固化的八股教育，立即产生通向仕途的强烈愿望。进士出身的淮军集团领袖、一直试图通过经济改革来推动局部政治改革的李鸿章，在改革试点过程中发现人才奇缺，寒窗苦读的八股文士只是“小楷试帖，太蹈虚饰”，遍布全国的书院“甚非养人才之道”。

书院一直是科举状元的摇篮，清入关后大兴文字狱，书院早已失去了宋明时代讲学论道的功能，沦为科举的附庸，“所科皆八股试帖之业”，“所延多庸陋之师”，书院的学生唯功名是图。剿灭太平军后，满清江山已是满目疮痍，执政精英们试图通过经济改革来永固江山，以李鸿章为首的改革派提出，“造就人才”“实为中国自强根本”，革新教育，乃“当务之急”。

甲午海战，现代化的北洋舰队毁于一旦，《马关条约》两亿两白银赔款让李鸿章成了千夫所指的对象，民众一度对改革失去了信心。同样进士出身的康有为将李鸿章痛骂一番后，理性地向光绪皇帝进谏，“挽世变在人才”，“泰西之所以富强，不在炮械军兵，而在务理劝学”，“才智之民多则国强，才智之民少则国弱”。在戊戌变法期间，提出教育体制改革，主张废除科举，创办新学。

康有为的主张在百日维新之后成为书院内的笑料。全国各地的书院犹如一张网，那些“庸陋之师”的门生遍布整个大清官场，废科举简直就是断了“庸陋之师”的活路。在“庸陋之师”的眼中，康有为简直就是一个离经叛道之徒，从书院走出来的举人、进士们岂能眼睁睁地看着锻造他们锦绣前程的书院关门？岂能旁观抚育他们走上仕途的恩师失业？

书院一直是清教育改革整顿的对象，可是“庸陋之师”们的关系网令整顿举步维艰。到了1900年，儒家学说未能阻止八国联军攻占北京，光绪皇帝同慈禧太后一路仓皇西逃，清执政集团的精英们真正意识到：“中国不贫于财而贫于人才，不弱于兵而弱于志气。人才之贫，由于见闻不广，学业不实；志气之弱，由于苟安者无履危救亡之远谋，自足者无发愤好学之果力，保邦致治，非人无由。”

1901年1月29日，逃往西安的慈禧太后顿悟，以光绪皇帝之名发布新政上谕：为政之道，首在得人，况值时局艰危，尤应破格求才，以资治理。教育之兴废，为国家强弱所由系，教育之良否，为人民智昧所由分，东西各国莫不注重教育，合力通筹，以立强国智民之本。故“学堂最为新政大端”，清执政集团已经将教育提高到治国、强国之本的高度。

清执政集团最高层的改革上谕令全国欢呼雀跃，甚至流亡日本的戊戌通缉要犯梁启超都兴奋莫名，“言自强于今日，以开民智为第一义”。开民智势必要推广教育，作为儒家学说传播的重要渠道，新式学堂取代传统书院成为必然，清廷下令：“除京师已设大学堂，应行切实整顿外，着各省所有书院，于省城均改设大学堂，各府及直隶州均改设中学堂，各州县均改设小学堂，并多设蒙养学堂。”

教育改革是新政一等要务，管学大臣张百熙主持拟定了学制系统文件共六件，光绪皇帝签署命令后统一以《钦定学堂章程》颁布。学制主系列划分为三段：第一阶段为七年初等教育，宗旨“在授以道德知识及一切有益身体之事”；第二阶段为四年中等教育；第三阶段为高等教育。不算大学院，张百熙制定的整个学制年限长二十年。课程设置方面除了修身、格致，增加了算学、物理、化学、外语等课程。其中传统课程占比为百分之二十五，新学为百分之七十五。

教育新政一出，可怜的中央没有制定教育经费预算，地方督抚们只将书院换了一块招牌，对学堂没有任何实质性的改变，他们向中央的解释是“通省学堂同时并举，财力或有不逮”。当时新任直隶总督的袁世凯是个改革的积极分子，他向北京提交一份开设大学堂的报告，直言“以今日世变之殷，时艰之亟，将欲得人以佐治，必须兴学以培才”，他下令将泺源书院改制为山东大学堂。

书院改制成为大学堂最大的问题是生源、资金、师资问题。袁世凯在山东大学堂搞创新，先办相当于州县之小学堂的备斋和相当于中学堂的正斋，条件成熟后再设专门之学的专斋。各省纷纷仿效袁世凯的改革模式，可是告老还乡的翰林院侍讲王先谦很快发现问题，教育新政未及平民百姓子弟，以致“父兄失教，子弟荒嬉者，殆不可以数计”。王先谦担心教育的不公平将成为“中国之大患”。

清执政集团推行的教育行政目的是开民智，富国强兵，可是各地督抚们以经费问题同中央的改革进行对抗，教育的不公平导致“愚民沉梦之酣”，令执政者“顾此岂岂割心沉痛”。不少改革志士也是相当悲愤：“实行新政要在民气新，民气新必自教育发达始，现于近日俄之胜，是可司教育效果，惜财政困难，学生未能遍布，顽固之民反而震撼之，是尤不可无权变开通之法，以辅学堂之不足。”

王先谦在湘军做幕僚期间考中进士，经常给光绪皇帝讲课，受皇命主持云南、江西、浙江三省乡试，后出任江苏学政，对地方教育颇有研究。面对教育新政出现的问题，王先谦提出地方政府在兴办学堂之时，“用少数之经费，施切实之教法”，“然后推挤各属”，对贫困“凡及岁儿童，皆令便宜就学”，“总期费少效多，大众闻风刑期，以渐达西国所称无人不读书识字之目的”。

王先谦的建议很快得到清执政集团的注意。1905 年 2 月，学部向朝廷陈奏：“考各国学制，大别有二：曰专门。曰普通。而普通尤为各国所注重，普通云者，不在造就少数之人才，而在造就多数之国民。”唐景崇在江苏学政任上给慈禧太后陈奏：“国家者，国民之所积而成也。”国民对于遭受数百年奴役的大清老百姓来说，是一个奢侈而又崇高的称谓，满蒙执政集团能将老百姓待之以国民，普及教育，将是执政集团重塑公信力之良策。

儒家学说成为王道驭人精髓，“忠君”、“尊孔”的儒教已经政教合一，一旦教育核心从求仕主义转向国民主义，推广至所有的国民，士绅精英阶层在社会中的尊崇垄断地位将不复存在。清执政集团的改革派相当清楚，要想国民革士大夫观念，推行新学，没有强有力的行政命令难以执行。光绪皇帝在世时下令将“忠君，尊孔，尚公，尚武，尚实”的钦定教育宗旨“颁示天下”，“悬之京外学堂”，以示朝廷新政图振之决心。

1906 年，清廷派出五大臣出洋考察宪政，宪政考察团回国后汇报，欧美各国之所以“国势隆盛者，无不由于普及教育之功”，“所以上下通信，共图治理者，殆由教育普及”。在王先谦的普及教育建议后，考察团建议清廷在全国推行小学义务教育，学习各国实行强迫教育。政府提出，“设立学堂者，并非专为储才，乃以开通民智为主，使人人获有普及之教育，且有普通之知能”。

张之洞坐镇武汉遥持朝政，在教育改革方面是个典型的激进派。张之洞被清廷召至京城主持教育改革，他主持重新拟定的《奏定学堂章程》规定，蒙养院招收三至七岁幼儿，初等小学堂为强迫教育阶段，儿童七岁进入学龄期后，理应一律进入，“使邑无不学之户，家无不学之童”，“以启其人生应有之知识，立其明伦理爱国家之根基，并调护儿童身体，令其发育为宗旨”。

《奏定学堂章程》将学前幼儿教育写入国家规划，开中国教育之先河。为了避免贫苦老百姓拒绝将幼童送进学堂，张之洞在这部具有法律意义的学制章程中规定：“初等小学堂为养正始基，各国均任为国家之义务教育。东西各国政令，凡小儿及就学之年而不入小学者，罪其父母，名为强迫教育。盖深知立国之本，全在于此。”

张之洞激进地推广强迫教育，让“教育非徒为上等社会而设者，必使负贩之夫，贾竖之子皆系学堂卒业之学生”，真正做到“学校者，陶铸全体国民得实地之生活而设者也”。“强迫教育为各国所公认，良以国民为国家之命脉，舍此即无以自立”。唐景崇在预备国会现场再次强调，“小学之所以最急者，以国家之发达系于国民”，“盖国家者，国民之所积而成也”，大清帝国进行宪政改革，“欲其与列强相抗，无一不须普通必要之道德知识，即无一不须受小学教育”。

清执政集团将普及国民教育当成是一场规模空前的“忠君爱国”运动，宪政改革派将国民教育当成是立宪之基石。可是遭受百年奴役的大清老百姓，在清执政集团的眼中只是会说话的奴才，毫无国民意识。法国政论家约瑟夫·塞亚斯主张的“所谓国民便是生活在同一宪法下作为立法代议机构主权代表的人们共同体”。将奴才改造成国民，“国民普及教育，所以造成立宪资格”。

张之洞推行激进教育，期待的就是宪法“树立之时”。

学部向预备国会提交《地方学务章程》议案时，摄政王已经收到了速开国会请愿团的血书。清执政集团的精英们早意识到，“欲改宪法而无国民参政之知识，则法万不能成立，欲兴实业而无普通必须之科学，则实业万不能完善，欲立地方自制而无东西洋公民之资格，则凡百事业决不能担当责任”，“倘以此无知识之国民强纳”于宪政改革，“纵不丛刖足适履之弊，将难免夏虫语冰之讥”。

革命党一直攻击清廷的宪政改革虚伪，因为中国官本位的精英教育体制导致民众的皇权观根深蒂固，绝大多数国民对公共事务漠不关心，国民没有参政之知识，宪政就成了小众精英阶层新的政治垄断游戏。中央推行系统的教育改革，“教育既遍，国民胥智，政治上之知识，皆磅礴于人人之脑中，而后自治之能力，随在可以发挥，以之充议员之选，闻国家之事，其恢恢乎游刃有余矣”。

光绪皇帝签署预备立宪命令后，为了普及国民的知识，尤其是贫寒及年长之国民的知识，主政学部的唐景崇奏准公布了《简易识字章程》，要求各地在原来各级官立、公立、私立学堂中附设学塾，其基本目标是扫盲，主要对象为“贫寒无力入学之子弟及年长失学之人”，“学生一律不收学费，其毕业年限为三年以下，一年以上，其授课时间定位每日三时或二时”。

议员们对学部推动义务教育很是赞成，不过雷奋议员对初等小学的如何办法提出了质疑。从 1902 年张百熙提出的 7 年制免费义务教育，到 1905 年张之洞提出的小学强迫教育，初等小学的政策看上去总是高瞻远瞩，可是学部对于“各省初等小学如何法办甚少调查”，学部在 1909 年曾派出调查员，“然所派之人寥寥无几”，“终系敷衍了局”。雷奋质问唐景崇，初等小学作为普及国民知识的教育，为何办理中高等考试的官员多于初等小学政务的官员？

在雷奋看来，《地方学务章程》将初等小学作为最急学务，可是学部设置的负责各省师范考试的普通司、调各省高等学堂与实业学堂到京考试的专门司“异常忙冗”。“既然学部所办多系考试，凡学生自初等小学起都无他项思想。”雷奋担心国家大量推广义务教育不是为国民知识普及，而是“其父兄使其子弟读书，其宗旨在毕业后，必须使彼入中等及高等学堂，然后可以达其奖励之目的”。

学部为了鼓励国民放弃官本位的陈腐观念，教师们经常在课堂上宣传：“实业振兴则不必营谋官吏，而足以自立，试观世界富强之国，其实业家之养尊处优，皆有笑傲王侯之概，则求仕主义必轻。”有教师鼓励学生放弃士大夫的出身、官本位思想：“鄙人窃以一言敬告学生曰，既具健全之身体，普通之知识则任选一业，皆足以自立，又何必争此不足轻重之出身。”

口头的奖励不足以令国民迷恋升学考试。学部从 1902 年开始推出了一系列的奖励机制。如中学堂毕业考列最优等、优等、中等者，均准保送升入高等学堂、优级师范学堂、高等实业学堂，以保证为上一级学校提供生源。升入以上三种学堂之中学毕业生，最优等作为拔贡，优等作为优贡，中等作为岁贡等等。优等师范生还可以授予举人，国家统一分配工作，各部司优先录用优等生。

留学生是晚清宪政改革的生力军，同教育新政的奖励有莫大的关系。1908 年 1 月 23 日，宪政编查馆、学部制定的《游学毕业生廷试录用章程》规定：凡在外国高等以上学堂之毕业生，经学部考验合格，奉旨赏给进士、举人出身，然后每年在保和殿举行廷试一次。学部的考试是一种“资格考试”，仅授予出身，不授官职。廷试则为“入官考试”，参加廷试后，即可根据不同的等级授予翰林院编修、检讨、内阁中书、知县等官职。

“如果因学堂有一定奖励，然后使子弟读书，实于国家普及教育之宗旨大相甚远。”雷奋担心，“即或将来可以教育普及，而各人均有希望奖励之心，如此人才亦复有何用处？”不少留学生就是冲着奖励而读书，这种不科学的奖励与追求奖励的冲动后患无穷。有一位留学生归国后感叹：“我们归国所得的待遇，直同被褫夺了国籍的罪犯。上岸之后，即由士兵一队押解入上海县城，安置于一所破旧不堪、久无人踪的书院里，直蛮荒野人之不若。”

教育奖励可以刺激国民的求知欲望，可是清廷的人才思维依然停留在科举时代，对优等生的奖励依然是举人、进士这种科举出身的头衔，相反，对归国的留学生所拥有的海外学位代表着什么，学部没有一个客观的认定标准，更没有一个对应的人才使用出口，导致不少的留学生载誉而归，上岸却成了海归弃儿，造成国家教育资源的极大浪费。更严重的是，不少留学生在海外时，思想逐渐开化，他们对革命党的主张有一个全新的认识，一旦归国得不到妥善安置，留学生很容易成为革命党在国内的新生力量。

清执政集团期冀国民通过教育普及后：“君民一体，爱国即以保家；

正学昌明，冀教乃以扶世。人人有合群之心力，而公德以昭；人人有振武之精神，而自强可恃。各讲求农工商各科实业，物无弃材，地无遗利，期有益于国计民生；庶几风俗淳厚，人才众多，何患不日臻上理。”很显然，在国民对教育的认识、教育奖励的刺激、国家人才分配机制未健全之前，教育的功利性会严重影响教育改革的执行。

在彭占元议员看来，教育新政是宪政之基石，学部在制定《地方学务章程》时过于理想化，“为全国谋普及教育”，章程规定“地方自治公款三年以后再行拨还”给学校。地方自治刚刚开始，地方国民教育本是地方政府分内之事，可是各地官员会以财政紧张为由继续推诿，甚至会以教育的名义“互为支用”。彭占元怀疑的理由是，“学部设立已八年之久，而所办之事，似觉甚难”。除了地方政府对普及教育不积极外，各省师资力量不足，导致学部章程“不过一纸虚文而已”，将来“中国前途何堪设想？”

科举废除之后，举人、进士一类的出身没有了，为了解决师资力量问题，学部再出新招。各省会城市设立师范传习所，明确规定“师范学堂所有各费一律免收”。免费是有代价的，对于初级和优级师范学堂毕业的学生，有义务效力的最低年限，在此年限内“不准私自应聘他往并营谋他事”，如果年限期满后仍愿充当教员，则给予奖励，“如更充当年久，积有资劳者，从优奖励”。

对于地方政府拖欠学务费用问题，汪荣宝议员提出了一个解决办法，“将议决权与执行权分开，所有地方学务均归自治机关议决”，执行权保留在地方政府手上，一旦发生地方政府官员拖延划拨教育经费、教育管理失责，地方自治机构均可以进行弹劾。学部侍郎李家驹无奈地感叹，现在国家在教育方面的法律甚少，“命令的居多”，现在国家“既注重地方教育，即不能不以地方学务章程为要图。盖必养成地方自治之能力，始可达教育普及之目的”。

李家驹希望预备国会能够审议通过《地方学务章程》，将其上升成为一种法律，“则学务应该据此为标准”，才能“随时修改他项之法令”，避免敕令、省令、训令以及各种规章制度“有所违异”。经过长时间的讨论，预备议会最终审议通过了《地方学务章程》。担心学部擅用法规修改之权，陶镕议员警告学部官员，对于法律法规一定要“慎重修订”，“以垂久远”，“万不可朝令夕改，失国民之信用”。

《地方学务章程》作为中国第一部通过预备国会审议的教育法律，标志着教育体制开始由人治管理向法治管理转化。更为重要的是，将孔夫子请下神坛，教育不再是执政者选拔奴才的唯一中介，读书人“皆有笑傲王侯之概”，经世致用的多元化教育成为主流。遗憾的是，宪政没有真正推行之时，执政者掌握着教育的决策权，无论他们推行多么激进的教育改革，维护专制政权的宗法洗脑教育总是占据着教育宗旨的核心地位。

新闻的界限

1910 年 10 月 14 日，下午 4 点，资政院预备国会现场，一场舌战正在上演。

大清帝国宪政改革最高机构宪政编查馆向资政院提交了《大清报律》修正案，资政院三杰之一的易宗夔留日期间研修法政，对 1908 年颁布的《大清报律》限制言论自由的规定早就不满，没想到宪政编查馆提交的修正案进一步规定，“损害他人名誉，不论有无事实，报纸不得登载”，清执政集团打压言论简直到了登峰造极的地步。《大清报律》修正案朗读完毕，会场简直就如一颗手雷爆炸。

《大清报律》于 1908 年初颁布，共计四十五条，规定报章每期出版前须送交地方行政机关或警察机关审查；禁止刊载“诋毁宫廷”、“淆乱政体”、“扰乱公安”的言论，违者“永远禁止发行”；禁止刊载“未经官报、阁钞发布的谕旨章奏”。执政者通过新闻事前审查制度完全掌控舆论，限制了言论自由。更为诡异的是，清执政集团一方面下令进行宪政改革，一方面通过立法以“诋毁宫廷”、“淆乱政体”之名拒绝舆论讨论政治改革，执政集团通过立法的形式垄断着意识形态的解释权。

“扰乱公安”更是一个口袋罪。当时各地民众对宪政改革充满激情，宪政改革激进派警告清执政集团，“朝廷若无雷霆之举动，以昭苏薄海之生机，恐人心一去不复回，国运已倾而莫挽”，各省的请愿团督请清廷执政集团“一年之内，召集国会”。面对宪政改革风潮，执政集团试图通过舆论管控来控制请愿团的影响力，按照《大清报律》的规定，只要报章报道请愿团的任何新闻，执政集团就可以“扰乱公安”之名，抓捕报馆编辑记者。

管控舆论、打压言论自由之后，各级政府官员以新政之名征收苛捐杂税，吏治腐败丛生，忍无可忍的长沙饥民发动暴动，民众高喊“抚台给我饭吃”、“把抚台拖出来杀死”的口号。以孙中山为首的革命党频繁策划刺杀、武装暴动。1910 年春天，同盟会会员熊成基谋刺海军大臣载洵，汪精卫策划炸死摄政王载沣。广西镇南关、云南河口、安庆等地更是起义不断。

饥民暴动、民众起义的信息并没有登载在官报上，民营报章担心各监管衙门扣上“扰乱公安”之罪，对各地的暴动也选择性沉默。偶尔在《国民公报》、《国风报》一类发行量极小的报纸上看到梁启超等人对宪政改革的评论性文章，革命党资助的报纸只能在租界里对宪政改革冷嘲热讽。清政府主办的《政治官报》整天粉饰预备立宪形势一片大好，清执政集团的精英们整天沉溺在官报的歌功颂德之中。

《大清报律》起草阶段，清执政者限制言论自由之目的昭然若揭，“欲以极严酷之手段，虏使人民，以钳制舆论，将使舆论一线方萌之生理，因而摧残消歇。”宪政改革已经成了清执政集团最后的选择，光绪皇帝身前承诺宪政改革将是“大权统于朝廷，庶政公诸舆论”，可是执政者通过《大清报律》掐住了舆论咽喉，“政府之言语行动，可以狂猖自恣，为所欲为，不复有人承议其后，自以为是而后快其私心”。

1910 年 10 月 7 日，也就是《大清报律》修正案审议前一个星期，各省的立宪社团、商会、学会、华侨商学等社会精英阶层，联合各地咨议局代表，集体到北京上访请愿，在没有报章的舆论支持下，请愿团一路散发传单，步行到摄政王府递交请愿书，请愿书措辞激烈：“国家瓜分在即，非速开国会不能挽救。”请愿团警告摄政王载沣，今后的“请愿势不能再如前之和平”。两个请愿代表现场割肉，血洒请愿书。

四天后的1910年10月11日，革命党领袖孙中山支持于右任创办了《民立报》。于右任是个令清执政集团头疼的人，他创办的《民吁日报》整天攻击满清政府，执政集团于1909年11月19日强制查封了《民吁日报》。《民立报》在租界成立后，更是特设立《民贼小传》专栏，专门揭露各级官吏贪劣卖国，抨击清廷是“冥顽不仁之政府”，宪政改革都是骗人的把戏，公开鼓吹“战胜政府”、“改造中国”。

《民报》嘲笑国会请愿团的行动是“死灰复燃的国会热”，对于煌煌请愿潮简直就是火上浇油，清廷担心“各省绅商士庶”干预朝政，“一唱百和，肆意簧鼓”，容易引发内乱。军机大臣、庆亲王奕劻向载沣建议：解散请愿代表团，限制代表团的自由开会演说，禁止报馆刊登请愿的消息和发表评论。报道请愿的报章均以“扰乱公安”之罪严惩，警备京师的步军统领衙门对赴京请愿的代表一律“送回原籍”，“不准在京逗留”。

执政集团管控了报章舆论，民意犹如不放气的高压锅。不召开国会的宪政改革都是耍流氓，民众对执政集团越来越失望，没有舆论支持的请愿行动依然在不断扩大。天津、四川、奉天、福建等地都召开有数千人规模的会议，要求督抚代奏即开国会请愿书。10月14日，审议《大清报律》修正案的当天，河南国会请愿同志会开会，三千人在巡抚总署门前呼吁之声喧天震地，并表示“如果此次请愿无效，群起以死力争”。

愈演愈烈的请愿令清执政集团胆战心惊，清廷下令各省密探侦察代表行动，“稍有可疑，即行密拿请惩”。第一个中招的就是直隶请愿同志会会长温世霖。温世霖遭遇秘密逮捕的第二天，直隶总督陈夔龙密电朝廷，抹黑温世霖“出身微贱”，是“乡里无赖”，“擅捏会名，妄称会长”。陈夔龙提醒清廷，温世霖“遍电各省，广肆要结”，“意图煽动，居心实不可测”。执政者大言不惭，将逮捕温世霖的行为说成是“为地方除害”。

眼睁睁地看着执政者构陷为宪政改革奔走的绅商士庶，报章界却无能为力。奉天爆发两万人大请愿过程中，报章严禁报道、评论请愿行动，一位报纸编辑断指血书大旗，请愿现场哭声震天。《大公报》只能悲伤地感叹，“报界言论自由之灵魂飞散于云霄之外……湛精烂漫之舆论，更刍狗之不若也”，《申报》也只能愤愤然地说一句，“吾国真为无舆论之国”。

1910 年 10 月 14 日，报界对预备国会审议的《大清报律》修正案寄予厚望。宪政编查馆特派员、法律编纂局编修、内阁法制院副使章宗祥向议员们说明了修正案主旨，一方面修订新闻事先审查制度，事后一经检查不守规范，将依律严惩；第二方面，办理报界案件，以前均为报馆所在行政衙门，国家颁布立宪，申明司法独立，报界案件自然归司法衙门办理。

《大清报律》修正案取消了事前审查制度，同时取消了行政部门直接干预报界案件的权力，压缩了公权力管控舆论的权力。议员们对《大清报律》的言论自由管控问题没有得到实质性改变相当失望，请愿一类事关宪政改革的新闻、评论，报章依然严禁刊登，一旦查获违规者，执政者可以以“诋毁宫廷”、“淆乱政体”、“扰乱公安”之名，对办报之人进行严惩。

更令报界失望的是《大清报律》修正案对言论的管控更加严厉。因为修正案第十一条规定，“损害他人名誉，不论有无事实，报纸不得登载”，此规定意味着报章不能刊登批评宫廷、政体的文章，对于批评各级官员的文章也不能刊登。这一条简直就是一个新的口袋罪，以《民立报》为首专门扒粪官员劣迹的报纸，执政者完全可以以此罪打击报馆。

“中国官吏行为之贪污，人民性质之卑下，数年来少有进步，全赖此报纸之监督以救正之。”修正案以维护个人名誉之名，进一步限制了舆论监督，易宗夔抛出了上海道台蔡乃煌挪用公款给钱庄炒股，最终因橡胶股票危机引发全国性恐慌案。易宗夔质问：“若谓关人名誉之事不宜登载，蔡乃煌侵蚀公款牵动全国经济界之恐慌，实在可恶，若禁报纸登载，其何以儆奸慝而伸舆论？”

“费有关于名誉，谁乐为此报纸所载？通盘无关人名誉之事，又焉用此？”议员汪龙光认为报纸就是追逐热点的，如果通篇都是不咸不淡的官样文章，没有人关注的。如果按照修正案第十一条管理，“办报之人日日在监禁之中，时时有罚金之事”，如此一来，报章的舆论监督功能丧失殆尽，“凡报馆言论原以主张公道激浊扬清为天职，若加以如此钳制，则报馆无置喙之地矣”。

章宗祥是日本帝国大学法学高才生，主持立宪相关律法的制定、修订工作，是资政院公认的“四金刚”之一，他介绍说《大清报律》是依据日本报律所修订。罗杰议员立即援引日本报律质问章宗祥：“日本《报律》第二十五条略云，新闻纸记载事项以诽谤控诉者，除涉于私行者外，被告人可免其诽谤之罪，只分别私行、公行，未尝一律禁止。修正案第十一条所指是否分别公行、私行，抑不论公私一律禁止？”

章宗祥的下属、日本法政大学高才生、内阁法制院编纂、宪政编查馆特派员顾鳌接过罗杰议员的话辩解道，“名誉为立身处世之要端，妄加损害，实与伤害生命自由无异”，私事专指个人私行，范围为“以他人不能告发者为限”，如果要刊登，报纸一定要证明其为公益起见。对于他人告发者的限度，顾鳌没有给出一个权威的司法解释，只是说了一句“非本日初读时之所有事”敷衍了事。

顾鳌的解释令议员们相当不满，因为顾鳌在解释的时候还恐吓说，日本《新闻纸法》对修正案第十一条规定的情形可不是《报律》惩处那么简单，只要触及报律中这样的规定，那是要受到《刑法》制裁的，同《大清律》奸发隐私之罪。吴赐龄议员嘲笑顾鳌的解释，“损害名誉不能有物事实，被害人告诉即论罪，则是使报馆立于必败之地”。

宫廷、政府、官员都通过报律完美地保护起来，执政者对言论自由的控制还没有停止。《大清报律》修正案第十二条规定，“谕旨章奏及一切公文电报，关系秘密未经公布者，报纸不得登载”。文龢议员质问顾鳌：“是否凡系未经公布者，皆认为关系秘密，不得登载？抑或凡系未经公布者，虽非认为关系秘密，亦不得登载？”

顾鼇解释说，关系秘密者专就“未经公布以前而又关系秘密者为范围”，至于如何分别已未公布及是关系秘密，则应以现行法令所规定，或各衙门通行惯例为准，“各衙门一切公文或电报，在未经标发以前，即系未经公布，即是应当秘密”。文龢反驳说，此条最终解释权在各衙门，各衙门完全根据自己的需要，“视为秘密者而不秘密，不应视为秘密者而却秘密者，公布与否，无一定准”。

吴赐龄批评宪政编查馆无知：“报馆机关全在访员，而报馆价值全在登载新闻，所以访员能闻人所未闻，方为可贵。至于政府秘密事情，应该自守秘密，不能使报馆不调查。”议员们担心各衙门以泄密罪打压一切不利于政府、官吏的新闻报道，联系到修正案的第十一条，无论是政府，还是个人，只要报道对象控告，无论报道真实性如何，报馆都将受到律法严惩。报馆必将失去舆论监督功能，成为执政者鼓吹的喉舌。

“政府修正本律之主旨，无非为便于实行起见，一面在于限制不正当之言论，一面即在保护正当之言论，而有希望报纸发达之意。”身为内阁法制院的二把手，章宗祥从日本归国后，深受爱新觉罗皇族厚恩，在肃亲王善耆的举荐下，朝廷赐章宗祥“进士出身”，庆亲王奕劻将章宗祥调入宪政编查馆，章宗祥在律法制定方面自然站在清执政集团一边。在国会审议现场，章宗祥“深冀”议员“诸君协赞”《大清报律》修正案，“俾得早日施行”。

吴赐龄批评宪政编查馆拿出的《大清报律》修正案一旦施行，实为“取缔本国报馆，为摧残舆论之计”。吴赐龄痛心疾首地说，“在外国报纸不能取缔”，《大清报律》修正案通过实施只能“令外国报纸日形发达，而中国报纸受多方钳制，令通国舆论机关无以自存，必争设立于各租界而后快”，最终的局面是“中国舆论在境内不可自由，在外国可以自由”。

《大清报律》修正案在10月14日引发的国会辩论一直持续到11月17日。宪政编查馆特派员顾鼇在11月17日国会辩论现场反驳了吴赐龄的说法："诸君之意，颇以为政府限制报馆言论为疑，殊不知限制的要点只有两端，第一是国家政务，第二是个人名誉。"顾鳌特别强调："关于国家政务者，有时应守秘密主义，若报馆于外交、军事有关事件，自由宣泄，毫无限制，与国家安宁秩序有种种之伤害，是以不能不各付以制裁。"

作为执政集团的特派员，顾鳌将言论自由同军事、外交挂钩，自然是一个堵住悠悠众口的最佳理由，凡是有关政务者，各衙门都可以机密管控舆论。易宗夔当即反驳了顾鳌之说："据政府特派员所说，是对于政务上有个限制报馆的意思，但是中国现在有很多的政务上事情，有本国人不知道而外国报馆已登载，如此看来，这个限制无从限制。"

议员雷奋质问顾鳌："试问报馆于国家有什么好处？若于国家有好处，一定要想个法子保护；若于国家有害处，就不必定这个《大清报律》。当初定《大清报律》的时候，一定知道报馆于国家很有利益的，既以为有利益，若是拿监禁处置这一班人，是非常不妥的。"雷奋嘲笑《大清报律》限制报馆种种条文，很显然"国家苟不欲有报馆"，如此一来"禁止之可也，何用《大清报律》"？

宪政改革是清执政集团唯一的选择，报纸是开民智、促发展的舆论媒介，宪政编查馆向摄政王提交的一份报告称："报纸之启迪新机，策励社会，俨握文明进行之枢纽也。"执政集团为了彰显改革信心，各衙门甚至在司法审判、咨议局和资政院会议、军事演习等重要活动都允许记者参加，有些还为记者设有专席。广东巡警总局特邀记者每周一次列席巡官会议，以谋求社会的信任和报界的监督。

出洋考察宪政的执政精英们相当清楚，新闻自由可以推动民主与宪政发展，更是衡量民主与宪政发展程度的重要尺度，革命党一直嘲笑清廷推动的宪政改革是骗人的把戏，可一旦放开报禁，整个社会将失去控制。无论是通过宪政改革完成清执政集团的转型，还是维护清政权的稳定，执政集团都不会粗暴地关闭报馆。将舆论关进权力的笼子里是最佳的选择，律法是最完美的实现通道。

国会现场紧张辩论之时，《国民公报》为首的七家及北京报界代表朱淇的陈情书送抵资政院，对《大清报律》修正案中进一步通过名誉问题限制报馆言论提出抗议。顾鼇态度强硬："报馆固是言论机关，然于私人名誉可以任意损害，究为法律所不许。"尤其是报馆"若借口公益损人名誉，则一般国民之名誉权皆立于危险之地"。

易宗夔赞成"立宪国民对于个人名誉"要"竭力保全"，但是修正案中"损害他人名誉"之语没有标准，"如此规定，将来报纸一句话都不能说"。议员们担心名誉罪成了各衙门官员的护身符，对揭露官吏恶行的报馆进行打击报复。易宗夔提出修正案苛刻限制报馆，"将使全国主持舆论的人都要禁在囹圄之中了"。

经过激烈的交锋，清执政集团同意删掉《大清报律》修正案第十一条中"无论有无事实之语"，对第十二条中"关系秘密"进行司法解释，限定了各衙门关于秘密的范围。对于"淆乱政体"，清执政集团把控了意识形态解释权，宪政编查馆特派员向议员们进行了司法解释，光绪皇帝时期就已经明确大清帝国将推行君主立宪政体，凡是报纸登载主张专制政体、非君主立宪政体之说，都是"淆乱政体"。

报界对修正案依然不满，因为出版、言论、集会三大自由是万国宪法共同遵守的通例。1903 年，慈禧太后下令杖毙泄露外交机密的记者沈荩后，舆论一度风声鹤唳。光绪皇帝签署宪政改革命令后，民众一度寄望执政者依法行政，因为"各国因专制而立宪"，"以报馆监督政府"。无论是《大清报律》，还是现在的修正案，人们看到了"中国反以政府监督报馆"，"因立宪而专制"的宪政画皮。

新闻的自由度是民主与专制的试金石，凡是设定自己是天下苍生的代表和睿智公正化身的统治者，新闻媒体只是政治统治的工具。美国总统杰斐逊认为："我们的第一个目标应该是使所有通往真理的道路为人类开放。迄今为止所找到的最有效的道路就是新闻自由。因此，那些怕自己的行为被调查的人第一件事就是把这条路封起来。”

预备国会现场，宪政编查馆的特派员极力为执政集团寻找各种限制新闻自由的理由，正如马克思嘲笑普鲁士限制言论自由那样：“我是一个幽默家，可是法律却命令我用严肃的笔调。我是一个激情的人，可是法律却指定我用谦逊的风格。没有色彩就是这自由唯一许可的色彩。”已经丧失国家公信力，处于国家政治失控状态的清廷，只能通过舆论控制来掩盖激化的社会矛盾，粉饰脆弱的江山。

预备国会激烈交锋新闻自由背后，是各种政治力量的激烈冲突，正因为这种政治冲突出现的政治裂缝给新闻提供了发展机遇。1911 年 2 月颁布的《钦定报律》中，新闻审查制度依然是报馆头上的一把利剑。历史没有给清廷实现宪政的时间，随后的袁世凯执掌的北洋政府则告诉世人，宪政在中国没有真正实现，统一的强有力国家政权不会给新闻自由任何的发展空间。

议会是江湖

“议长制止议员发言，系剥夺他人言论自由，殊属不合。”1910年10月17日下午，四川省咨议局议会现场，四川官厅议会委员饶凤藻突然站起来打断了咨议局议长蒲殿俊的话，顿时整个会场“声浪大作”，不少议员站起来围观饶凤藻。

饶凤藻，四川总督赵尔巽的心腹幕僚。1910年8月，在宪政编查馆未拟定各省会议厅规划以前，鉴于咨议局弹劾官吏，干涉军政，心怀忌惮的赵尔巽成立了四川官厅会议，自任议长，下设参事、审查二科，提出咨议局的议案，审查咨议局的决议，以提高总督处理政务的独断权力。饶凤藻正是赵尔巽在官厅会议钳制咨议局的干将。

10月17日是咨议局按照正常程序召开年度会议，赵尔巽带领饶凤藻旁听，按照咨议局议事规则，旁听的官厅会议委员无权发言。当第三议案“各议员次第发言之后，议长认为讨论已毕，就宣布停止发言。当时忽有一个议员要求再说，被议长制止，议员都无异议”。饶凤藻“忽于旁坐起立发言”，抨击蒲殿俊剥夺议员言论自由。

蒲殿俊以咨议局议事规则同饶凤藻理论，饶凤藻态度蛮横，扬言是“代表总督发言纠正”。饶凤藻话音未落，议员们愤怒地群起而攻之，斥责饶凤藻“不应干涉议长权限”。饶凤藻毫不收敛，“竟然气势汹汹，大声呵斥议员”。坐在一旁的赵尔巽眼见会场秩序混乱，“一再制止”，希望饶凤藻与议员们克制，沸腾的会场已然失控，“犹复未已”。

咨议局全体议员认为饶凤藻干涉咨议局内部之事，“实属违法越权，侮辱咨议局”。咨议局全体议员当场要求赵尔巽查办饶凤藻。可饶凤藻是官厅会议献策创立者，“敢于狐假虎威，当赵尔巽之面，自称代表总督，纠正议长行动，实欲显示官权压力之大”。赵尔巽一直想用官厅议会压制咨议局，公然袒护饶凤藻，对咨议局的抗议不予理睬。

同时，北京资政院预备国会现场，度支部特派员娄思诰突然冲到议台，高声陈述度支部对河南印花税案的意见。议员们立即指责娄思诰违背资政院议事规则，“不应发言”。没想到在台下的度支部特派员李景铭突然高声朗读《资政院院章》第十九条，批驳议员们的指责，争辩娄思诰的陈述合法。顿时，“议场大哗”。

无独有偶，资政院预备国会现场发生冲突的也是第三议案。

第三议案是核议河南试办印花税案。在资政院的议事日程中，看上去河南印花税案是一个相当普通的议案，却事关财政改革成败。河南印花税案同禁烟有着密切关系，禁烟后鸦片税消失，1909 年春天度支部要求各省汇总禁烟后鸦片税损失，度支部最后统计鸦片税损失二千八百多万两。英国驻华公使朱尔典向伦敦提交的报告估算，“中国每年从洋药中的收入计五百七十一万一千七百十一两，土药则十倍之，是所征收之税约四千五百万两”。

朱尔典提示清执政集团注意鸦片税的财政抵补。礼部副部级侍郎吴郁生提出以印花税收入来抵补鸦片税收：“窃思印花税一法，行于东西各国，凡户婚田土、商民交易之事，皆以此为纳税之总机关。”度支部立即采用了吴郁生的建议，下令各省试办印花税。北京的命令发到各地督抚，“各省阻抗”，“间有奉行，税收亦鲜”。1909 年 6 月，度支部强行推动印花税，印刷了大量的印花票，敕令各省“将印花票陆续领去”。

度支部向各省督抚函电：印花票已经装箱封固，因系有价纸票，未便迳交驿递，除另将票数咨达外，希先由贵省派员到部承领，以期妥速。在给督抚们的函电中，度支部急切之心溢于言表，“飞咨各直省将军、督抚一体钦遵办理”。各省督抚们接到度支部函电后，相互观望，不少地方商会提出“今欲增税印花，必先急减苛细捐”，“明定国家税与地方税之区别，以定蠲除苛杂及重叠之捐税为主”，方能配合印花税的试点。

河南巡抚宝棻，蒙古正蓝旗人，秀才文凭，在北京官场混了二十一年后外放，出任过山西、江苏两省巡抚。1909 年，宝棻开始出任河南巡抚，没想到一到河南就接到了度支部试办印花税的函电。宝棻欲执行度支部之命，正值河南省咨议局第一次议事会，因度支部明文印花税将“以一二成分各省作为行政经费”，河南省咨议局决定审议印花税试办案。

印花税在河南商场官场争议巨大，民众“佥疑此项税则货必有税，物必有捐”，对清执政集团“种种之苛税，索取锱铢”早已不满，印花税试办消息一出，“群肆攻讦”。官场内部也有人质疑，外国客商税费很少，国内商民苛捐杂税多如牛毛，如此“内重外轻，内国工商何自而兴，国家元气因之戕损，国民感情得毋益涣散乎”！

河南省咨议局以“民穷财尽”为由，审议时否决了印花税在河南试办议案。宝棻初到河南，作为清执政集团最信任的疆臣之一，岂能忤逆度支部的命令？宝棻要强行试办印花税，河南咨议局以巡抚侵夺权限，违背法律之名，同宝棻的对抗不断升级。宝棻将情况汇报到度支部，河南咨议局将宝棻告到资政院，希望资政院给出一个公正的答复。

印花税事关大清财税收入，一旦河南咨议局否决河南巡抚试办印花税，各省咨议局会纷纷仿效，拒绝试办印花税。度支部异常紧张，禁烟后大清财政每年少了千万财税，印花税再推行不下去，没钱的宪政改革将寸步难行。而清执政集团的高层精英们更紧张，广西咨议局集体请辞事件之后，各省咨议局动辄以全体请辞相威胁，令摄政王载沣在国际上树立的改革形象尽毁。

更为要命的是河南人民已经行动起来了。在各省咨议局代表组成的国会请愿团进京之际，河南省宪政改革激进分子鼓动各界向巡抚宝棻请愿。10 月 16 日，开封各界群众三千余人开请愿大会，要求河南巡抚宝棻代奏速开国会请愿书。开封请愿团向巡抚递交请愿书后，浩浩荡荡游行至咨议局，警告河南政府当局："此次请愿如仍不得请，学则停课，商则罢市，工则休作，咨议局亦不许开会。"

宝棻将河南请愿情况向北京汇报，现在河南省咨议局正以印花税试办案同巡抚对抗，一旦咨议局议员借机向民众煽动税费问题，河南的工商学政将全面停摆。接到宝棻的电报后，清执政集团将河南印花税试办案升级到广西咨议局集体请辞案的高度，下令资政院从快核议河南印花税试办案。为了确保河南印花税试办案在资政院预备国会审议通过，度支部特派以李景铭为首的一帮法律专家到场答辩。

"看世界大势所趋，我中国印花税将来是应行的，不过就现今时势论，实有不可不从缓者。"议员陈善同担心现在"民、商、登记等法均未订定，税法又不统一，民间财产货物权利之转移"难以调查，这个时候推行印花税，"租税复杂，焉得不扰"？在没有明确的管理方法的情况下，如何确保"商民不漏报，官吏不骚扰"？更为重要的是，各种承揽字据、期票、借款字据，"关涉于贫民小民者，居其大多数"，"河南民穷财尽较各省尤甚"，一旦开征印花税，对于贫苦小民来说将苦不堪言。

议员王佐良对通行各国的印花税并不排斥，可"中国现时税法未定，国家税与地方税并未划分"，各省督抚们"因办新政，今日筹款，明日加捐，激逼民变，层见叠出"。没错，现在民众对新政名目下的苛捐杂税已经忍无可忍，安徽、江苏、山东、湖南等地都发生了万人起义，如果现在"再行印花，难免不又生事端"。王佐良认为，"此事不但河南咨议局不承认"，"即河南巡抚，问心能否自安"？

易宗夔议员实在压不住心中的怒火，批评资政院审议河南印花税简直就是浪费时间，要想解决河南问题，必须"由根本上之解决"，因为印花税不只是河南一省所办的，"是关系全国问题"。问题的关键在资政院预备国会开会半月，"预算案尚未交出，岁入若干，岁出若干，通不得知，何能悬揣印花税之必要"？

咨议局没有权力决议印花税。

易宗夔言论一出，整个会场哗然。“国会未开，人民无直接选举之权。”易宗夔的话令很多议员一头雾水，印花税作为一个新税种，需要立法机关进行决议是全球通行之例，怎么突然扯到选举权上来了？“我们是咨议局间接所选者，不是人民直接所选者，准诸不出代议士不纳租税之通例。”易宗夔从资政院议员的法属权限提出，正式国会没有召开之前，预备国会的议员们“不能代表人民承诺新租税”。

议员们开始围绕印花税的审议权限争论不休，各省试办印花税，意味着各省咨议局有权力按照《咨议局章程》审议本省税法，所以全国各地在印花税试办阶段是“群言庞杂，莫衷一是”。更为糟糕的是，河南印花税案将各地咨议局与资政院推到了对立面，形成了中央议会机构同地方机构打架的局面，作为宪政改革的权威机关，任何一方做出的决议一旦无效，都事关法律的权威与尊严，更关乎宪政改革的命运。

资政院作为议决全国税法机关，对印花税这种全球通行的良税，只有对“窒碍难行之处”提出修正案，绝无否决的理由。一旦资政院预备国会决议河南咨议局的决议无效力，“则咨议局之章程坏矣”；如果河南咨议局的决议有效力，“则资政院之章程又坏矣”。议员们指责河南印花税案根源在制定全国税法机关的度支部，居然连印花税到底是国家税还是地方税都没有划分清楚。

一直没有发言的度支部特派员娄思诰冲到议台上，陈述度支部的意见。资政院预备国会开议以来，从未发生过政府特派员未经议长许可擅自发言的先例。议员们指责政府特派员违背《资政院院章》，不应该擅自发言，学习法律出身的度支部员外郎李景铭不甘示弱，高声朗读《资政院院章》，同议员们争辩，整个“议场大哗”。

议员雷奋实在看不下去，批评李景铭不懂《资政院院章》及《议事细则》，河南印花税案是河南巡抚和咨议局异议，将议案送到资政院核议，这个议案不是政府提出，而政府特派员在未经议长许可的情况下陈明意见，违背了《资政院院章》及《议事细则》。没等雷奋说完，李景铭与娄思诰同时发飙，对雷奋的嘲讽相当愤慨，用《议事细则》同雷奋争辩，整个会场陷入混乱之中。

议长溥伦坐看度支部特派员同议员们争辩到下午六点，双方并没有停下来的意思，溥伦不得不叫停争论，宣布散会。到了 10 月 19 日，资政院预备国会再度开会，资政院收到了各省咨议局陈请速开国会的说贴，资政院作“为议院之基础，必有与议院对待之内阁，而资政院无对待之内阁”，“议院为独立之机关而资政院非独立机关，是不可为基础”。印花税事关民众利益，岂能让不独立的资政院作出决议？

“中国当此危急存亡之秋，除开国会无救亡之法。”一直建议延缓审议河南印花税案的易宗夔痛心疾首，日本侵占朝鲜后，“东亚之风云日恶，政府衮衮诸公尚在醉生梦死中”。易宗夔提议按照《议事规则》改定议事日表，开议速开国会这样的重大问题，对于河南印花税这样的“枝枝节节之问题可以从缓议”。

10 月 19 日主持预备国会的是副议长沈家本，他立即意识到会议一开始已然失控。10 月 7 日，各省赴京国会请愿团到摄政王府递交请愿书，两个宪政激进分子割肉血书，摄政王载沣收下请愿书后，一直没有明确表态。资政院的绝大多数议员都收到了各省代表的陈请书，他们绝大多数都来自于地方咨议局，自然站到请愿团一边，在摄政王、军机大臣们没有意见之前，沈家本立即否决了易宗夔的提议，“事体重大，不能仓促开议”。

议员们对沈家本的坚决态度相当不满，齐声请沈家本命秘书官朗读陈请提议速开国会说贴。沈家本无奈让秘书官朗读说贴，议员们纷纷站起来，整个会场“声浪嘈杂”，议员们“主张即行讨论”。沈家本坚持要将议案登入议事日表后再行讨论。罗杰议员援引《资政院院章》第二十七条反驳沈家本，“资政院于人民陈请事件，若该管各股议员多数认为合例可采者，得将该件提议作议案”，现在的速开国会陈请书得到多数议员认可，“即可作为议案，何必另编议案？”

修订律法大臣出身的沈家本立即抓住罗杰援引的《资政院院章》及《议事细则》，警告议员们，要遵循《资政院院章》及《议事细则》，无论讨论什么议案，绝不能起哄，一定要按照程序规则进行审议，一旦议员们起哄搞得议场声浪大作，“议场秩序总要整顿，以后必须一人发言后他一人再发言，务要分个前后次序，说话之间还须徐言为要”。

沈家本的法律功底是那些留洋海外的法律科班生议员难望其项背的，作为清执政集团钦选的资政院副议长，在没有得到清执政集团明确意思表示前，沈家本用议事规则反击议员的用意相当明确，用议事规则来约束议员们的言论，决不容忍议员们集体逼宫审议速开国会陈请案这样的事情再次出现。沈家本运用规则反击议员同时，试图转移议场争论的焦点，淡化速开国会这一敏感话题，将议事日程拉回到河南印花税案。

资政院议员有民选、各部院衙门官、王公贵胄三类，清执政集团钦定的各部司衙门议员同王公贵胄议员很多时候都站在执政集团的立场，同各省咨议局的民选议员发生立场冲突毫不稀奇，身为主持会议的副议长，沈家本的言论令议员们相当失望。雷奋议员立即跳出来质问沈家本，河南印花税核议案议员与政府特派员辩论本来就有一连串的疑义，现在沈家本突然抛出言辞激烈的限制议员言论自由的言论：“到底是决定前日事还是解释《资政院院章》与《议事细则》？”

沈家本驾轻就熟地开始跟议员们争辩《资政院院章》及《议事细则》，非常明确地告诉罗杰，自己是在通过河南印花税案解释《资政院院章》，河南印花税案属于核议案，“无所谓初读、再度、三读，说明主旨后就可发议，一发议即是讨论。因为当时秘书长说明河南印花税核议案主旨后，诸君就讨论起来”，沈家本质问议员们，“岂能禁政府特派员不许讨论？”沈家本强调，无论是《资政院院章》，还是《议事细则》，对于核议案“政府特派员无论何时均可发议”。

四川咨议局的狗血剧情在资政院上演，整个议场一片混乱。

以易宗夔为首的宪政激进分子一直站在请愿团一边，现在全国上下“人心不能安定”，财政紊乱，“不开国会，何从解决？”天真的民选议员们试图通过资政院预备国会的决议，迫使清执政集团做出速开国会的决议。当情绪激动的议员们纷纷站起来督促沈家本即行讨论速开国会议案，沈家本为了拖延审议速开国会陈请案，用资政院的章程、规则来约束议员们自发的集体逼宫。如此小儿科的转移矛盾的手段居然让议员们方寸大乱，毫无议会经验的议员们很快陷入了规则之争，速开国会这样的大事淹没在规则争辩之中。

沈家本深知议员们在资政院最在意的是言论自由，议员们一定会将整顿议场秩序视为限制言论自由。果然，议员们对沈家本的警告视为对议员言论自由的挑战，“议场秩序务须整齐，各人言论自由，有理仅可辩驳，不能常作叱声，禁人发议”，议员们警告沈家本，“各国无此法，请议长注意”。整个“议场骚然，声浪大作”，有议员嘲讽沈家本，以后资政院预备国会开会，如果议长没有认定可以讨论，“无论何人不能在审查以前说话”。

有议员一直没有说法，终于回过神来。“各位议员因前日之事纠缠章程规则，再四辩驳，喋喋不休，殊属耽搁光阴。”刘泽熙议员毕业于日本法政大学，同四川咨议局议长蒲殿俊是校友，他提议沈家本中止议员们没完没了的辩驳。“速开国会、责任内阁是最重要问题，大家若徒争执此事，将最宝贵之光阴概为虚掷，可惜孰甚！”江苏咨议局总办、二品官议员许鼎霖提议民选议员、钦选议员、政府特派员要和衷共济，“不然一天光阴又轻易过了”。

雷奋对刘泽熙他们的冷静不以为然，速开国会确实事关宪政改革的成败，作为国会基础的资政院如果不能按照律法进行审议议案，未来的国会岂能真正做到民主决议？雷奋希望议员们不要小看《资政院院章》及《议事细则》赋予的法律作用，议员们在审议任何议案，“从法律上着想即至公”，无论是议员、军机大臣、各部行政大臣、政府特派员，

“都要存一个神圣不可侵犯之意思”，对《资政院院章》及《议事细则》“不可不敬谨遵奉”。

“议长为全院之主理，应综筹全局，调和意见，使议员与政府委员结成一体，以便维持危局。”议员陶峻抨击沈家本，“故意袒护政府委员，以致一场骚动，将来议员与政府委员生出意见，民选议员与钦选议员生出意见，彼此冲突，有议论而无成功，谁执其咎？”资政院预备国会作为议决国家大事的法律机关，民主是宪政的基石，陶峻提醒资政院主持会议的议长，“维持大局”一定要以法律为准绳，“勿存私见”。

“今天这件事就是议长一句话引出来的。”议员于邦华对沈家本声东击西，拖延审议速开国会案相当不满，不过议员们在议场规则方面达成了遵循法律的民主共识。沈家本按照《资政院院章》及《议事细则》，宣布继续审议河南印花税案，经过无数次的激烈讨论，预备国会的议员们一致认为，印花税作为国家税，是宪政改革中财政改革至关重要的一个环节，咨议局无权干涉，资政院最终裁定河南咨议局违法。

无论是四川咨议局会场的喧嚣，还是资政院议场的骚然，议员们可以抛却速开国会这样的头等大事，喋喋不休地辩驳《资政院院章》及《议事细则》，将《资政院院章》及《议事细则》视为民主议会的生命，让议会成为约束权力的笼子。晚清的宪政试验田中，从四川到北京，嘈杂的议场现场，就是一个江湖，无论你是王公贵胄，还是政府高官，进入议会现场的那一刻，权力只是至高无上的宪政民主议会的奴仆，必须像遵循江湖规矩那样遵循议会的规则。

泣血的国会（一）

“这位先生谈到了很合理的、很实际的计划，并且显出了很好的眼光及政治手腕，对中国人来说是很好的。”1910 年 10 月 21 日，德国皇帝威廉二世在柏林皇宫向首相柏特曼赞扬清密使梁敦彦。说话期间，威廉二世在一份中德军事合作的报告上不断地批注，脸上流出满意的笑容。

梁敦彦早年跟随晚清重臣李鸿章，也曾做过湖广总督张之洞的幕僚，后成为直隶总督袁世凯在北洋的左膀右臂，1909 年 1 月出任外务部尚书，可惜当月袁世凯遭遇摄政王载沣罢黜。梁敦彦在外务部尚书上坐了八个月，突然请病假回家休养。1910 年年初，梁敦彦以“养病”为名周游欧美列国，事实上梁敦彦是带着结盟德、美的外交密令到欧美“养病”，中国同美、德结盟还有更重要的交易，与美国谈财政借款，与德国谈陆军合作。

摄政王政府现在举步维艰，不得不面对三方面的威胁：国内革命党四处暴动、刺杀，激进的立宪派煽动民众发动全国请愿，逼迫载沣在宪政改革的道路拿出诚意，提前召开国会是最具改革诚意的行动；财政上相当困窘，各地督抚们毫无节制地铸造铜元，整个货币体系一片混乱，地方的士绅们为了保护地方利益，拒绝印花税试点，加之上海大量钱庄倒闭，经济危机蔓延向全国；俄、日两国对满蒙和新疆虎视眈眈，英国更不欢迎有中国军队进驻西藏，列强们在大清瓜分势力范围，大江南北防线均驻有军队跟警察。

国内外的三股威胁无形中联合起来，破坏摄政王政府为巩固执政地位而进行的内政改革和为保持帝国完整所做的最后的努力。载沣派“养病”的梁敦彦充当欧美合纵连横密使，结盟美国和德国，向美国借款以便消减日俄在满洲龙兴之地对货币及工业改革的威胁，同柏林的军事合作可以改组中国的陆军，将汉族武装集团掌握的新军彻底地改组为清执政集团可控的中央军，以维护国家的稳定和主权完整。

梁敦彦欧洲之行前，载沣收到了禁卫军大臣载涛的访德报告。载涛是摄政王的七弟，宣统皇帝的七皇叔，1910 年 6 月在德国考察研究军事制度，受到德国皇帝威廉二世的接见，威廉二世对这位清皇室贵胄相当友好，吩咐德国军方向载涛详细交流了德国陆军经验。载涛给载沣的报告中反复提及柏林对北京的友善。跟随载涛在德国考察过的陆军部大臣荫昌希望得到德国在陆军改革方面的援助，对载涛的报告予以充分的肯定，鼓励了载沣同德国做出更密切的外交决策。

载沣在梁敦彦抵达柏林之前，给德国皇帝威廉二世写了一封亲笔信，说明中国局势的危机，提议德国派遣军事教官到中国协助陆军改革，并请一位德国商业问题专家做北京的顾问。载沣在信中介绍了密使梁敦彦，梁敦彦的柏林之行就是为这个目的服务的。同时，德国驻华公使雷克司向德国皇帝详细介绍了大清密使梁敦彦，形容梁敦彦是一位受过美国教育的、谦虚的、谨严的爱国人士，有无私的性格和明白的政治见识，完全值得柏林信任。

荫昌的陆军部大臣是在德国考察期间任命的，当他回到北京，发现中国军队非常复杂。载沣罢黜袁世凯后，载沣自封“代理统率陆海军大元帅”，成立了陆海军联合机构——军咨处，以控制全国海陆军的调动之权，载沣的两个弟弟载洵、载涛分管海军和军咨府，形成弟兄三人分揽军政大权的局面。同时，荫昌任陆军部大臣；宗室良弼任禁卫军训练大臣。看上去清执政集团掌握了海陆军控制权，可是北洋的袁世凯旧部、南方各省的新军均成为地方督抚们的私人武装，根本不听北京的节制。

袁世凯的北洋势力是一个令载沣极度头疼的问题。载沣在罢黜袁世凯后，于1909年2月，将袁世凯的亲信、邮传部尚书陈壁革职，永不叙用。同时，将袁世凯义结金兰的把兄弟徐世昌内调邮传部尚书，由三朝的蒙古重臣锡良继任东三省总督。锡良到任，立即抓住黑龙江布政使倪嗣冲贪污案，清剿袁世凯在东三省的势力。3月23日，袁世凯亲信、民政部侍郎赵秉钧休致，北京的警权转到清皇室亲贵手中。面对载沣扫荡北洋势力的行动，袁世凯嘲笑载沣“亦乳臭耳，尚能何为”？

北洋集团的军政问题是载沣军事集权最大的障碍，肃亲王善耆同度支部尚书载泽曾经劝诫载沣杀掉袁世凯，“内外军政方面，皆是袁的党羽。从前袁所畏惧的是慈禧太后，太后一死，在袁心目中，已无人可以钳制他了。异日势力养成，消除更为不易，且恐祸在不测。”欧美列强对载沣罢黜袁世凯相当失望，当载涛、载洵赴欧美考察军事时，欧美各国的军政界大员“群口相谓，谓中国至今日奈何尚不用袁世凯”。

载沣一度向张之洞征求处理袁世凯的意见，当时张之洞刚由湖广总督调任军机处，张之洞对杀死袁世凯有唇亡齿寒之悲，他警告载沣：“杀袁世凯不难，不过北洋军如果造起反来怎么办？”张之洞公开以“主少国疑，不可轻戮大臣”为由反对诛杀袁世凯。而袁世凯一手培植的北洋新军高级将领们更是以“士兵有变，致辜天恩”威胁载沣，一旦清执政集团诛杀袁世凯，北洋军队将造反。

1909年10月4日上午，载沣到张之洞府邸探病，张之洞希望摄政王正视危机，采取协商而不是对抗的政策处理政治争端，载沣冷冷地回了一句：“不怕，有兵在。”载沣离开张之洞府邸后，礼学馆总裁陈宝琛问张之洞：“监国之意如何？”张之洞长髯抖动，吃力地挤出一句话：“国运尽矣，概冀一悟而未能也。”这位坐镇武汉，遥持朝政的大佬，在载沣走后很快气绝。远在项城洹上村的袁世凯听闻张之洞去世，怅然泪下。

张之洞死后，北洋集团同清执政集团的对抗逐渐升级成为地方督抚同中央的对抗。1910年春，军咨府通知各省督抚，拟派参谋官到各省督理军事。同时，海军部一改过去由督抚调度指挥兵舰的旧例，规定各兵舰未得海军部命令，不准擅离驻地。北京剥夺地方督抚们的军事指挥权之意昭然若揭，地方督抚们岂能坐失枪杆子?

以袁世凯盟友、两江总督张人骏为首的地方督抚联名致电北京，以兵舰为突破口迫使北京收回成命："督抚不能命令管下的兵舰，何以绥靖地方?"地方督抚们拒绝向清皇室的少壮派们交出军权，他们还嘲笑载沣三兄弟不懂军事，"而欲求全国军事之进步，岂不是南辕北辙，缘木求鱼哉！故政府专筹统一军事以防内乱，实乃春蚕自缚耳。"

北洋新军的兵变威胁与各地督抚的嘲讽令摄政王相当愤怒，他给德国皇帝威廉二世写信图谋同德国结盟，能够借助德国陆军的经验整肃中国新军。中国海军自甲午战争后，一直因为经费紧张，重建海军的行动一直停留在御前会议的讨论阶段，改革军队的重点自然就是全国的陆军。德国皇帝威廉二世对载沣的提议相当感兴趣，自然欢迎密使梁敦彦早日到访柏林。荫昌对载沣派出梁敦彦相当意外，作为袁世凯心腹的梁敦彦去柏林结盟，让德国人来改组北洋新军，北洋新军能改组成中央军?

荫昌鼓动载沣在陆军改革方面同德国合作，一方面是荫昌在多次访问德国期间，同德国陆军建立了密切的关系，一方面是通过改革可以将各派势力掌控的新军改组成听命于北京陆军部的中央军。荫昌明显感觉到依靠摄政王不能够完成陆军改革计划，他在梁敦彦前往欧洲之前，找到雷克司，希望柏林方面要求梁敦彦请载涛和他自己以陆军部大臣身份，提出一项陆军改革节略。如此一来，荫昌就成了北京同柏林合作陆军改革的核心人物。

梁敦彦在柏林期间，德国皇帝威廉二世对摄政王的陆军改革计划相当称赞。不过，柏林如荫昌所请向梁敦彦建议，北京最好由荫昌拟定一个德国协助改革陆军的详细计划让德国皇帝决定，柏林将肯定推荐适当的德国教官。德国皇帝在首相柏特曼提交的这份报告上批注了一个"对"字。为了确保梁敦彦在柏林期间的保密性，德国皇帝威廉二世不要求梁敦彦到宫廷觐见，等梁敦彦同美国谈妥了国际借款再回柏林觐见。

1900年后，德国陆续在胶州湾获得了大量利益后，日俄在满洲地区开始联手阻止德国北上，德国希望通过协助改革中国陆军获得清执政集团军方的支持，在长江流域以及东北地区获得更多的利益。1908年，光绪皇帝下令大清进行宪政改革开始，一直处于日俄控制的东三省开始推行地方自治，全面推行官制、财政、军事方面的改革，作为宪政改革的试点样本。日俄一直干涉东三省的改革，德国却乐见梁敦彦能够从华盛顿取得一笔巨大的东北开发贷款，到时候德国可以同美国财团结盟，以援助中国开发东北之名进入满洲地区。

柏林对梁敦彦的建议令荫昌兴奋不已，他向摄政王提交了一份陆军改革的秘密报告。俄国驻华公使很快就得到了荫昌的秘密报告，荫昌在报告中的“筹办边防”一项建议增加在西藏、伊犁、满洲以及蒙古驻军的人数，同时在蒙古和满洲地区建筑铁路，其目的是军队能够迅速开到俄国边界以保卫国家边境安全。荫昌的秘密报告需要财政支持，俄国财政大臣柯克甫策夫给驻美、法、英大使，训令他们尽一切的力量阻扰美国对华贷款计划，来破坏荫昌的陆军改革计划和东三省开发计划。

军费财政问题已经影响到满蒙执政集团内部团结了。载沣派梁敦彦出使欧美之前，荫昌为首的军方势力向度支部尚书载泽施压。荫昌提出，为了威慑革命党，陆军部需要扩编新军十八镇，度支部需要划拨至少二十一万军队的军费。针对反政府武装的刺杀、暴动越来越频繁，荫昌还提出要扩大军事演习规模，由之前北洋新军独演，扩大到四省联合军演。度支部载泽立即跳出来反对陆军部的提议，拒绝向军方提供军演费用，四省联合军演被迫中途停止。

“军事上各项费用近来颇有不能应手之处，近畿各镇有历两月之久，而度支部应拨之饷项犹未拨发者，虽经陆军部迭次催拨，度支部均以无款应之，即预算案规定之款亦未能照数拨解。”荫昌多次向载泽催拨军费，到1910年端午节前还是没有划拨，陆军部只有“向某官银行借银三万，利息至三分之巨”。荫昌拿着借款合同去度支部报销，面对陆军部的高息贷款，度支部对借款“利息决不承认”。

拿不出钱的度支部与维稳压力越来越大的军方势同水火，载沣担心财政问题将影响到军队的稳定，没钱的宪政改革也恐将难产，清执政集团的执政合法性将彻底丧失。载沣清楚，从剿灭太平军开始，各地督抚“宰制一方、威福由己”，不仅商业税自征自用，连象征国家主权的货币都归督抚们“各自铸造，划疆而行”，甚至关系国际外交的外债都任由督抚们“各自募集，立约自便”。相反，中央遭遇督抚截留大宗财税后，整个中央财政体系早已破产。

载泽曾经向载沣提出一套财政改革的两策：一设各省监理财政官，尽夺藩司之权；一设盐政处于京师，尽夺盐政盐运使之权。载沣签署颁发了《清理财政章程》，中央派专任财政清理官到各省督同清理，各省按季度向中央报本省财政收支。同时，度支部向各省派出会办盐政大臣，将原有盐务各省督抚的用人、理财权力，全部收归中央。度支部的集权完全将各省财政置于中央的监督之下，地方督抚财源立竭。

“督抚对于地方之事，无一不与财政有关系，财政既为中央所干涉，即无事不受中央之干涉。督抚即抱此恶感，于是督抚与中央情意分离。而督抚与督抚，因同病之故，乃相怜相亲焉，盖一人之力不足与中央抗，思互相联合，以为与中央争持之基础也。”各地督抚威胁清执政集团精英们，“督抚之权皆系中央之权”，“若至督抚无权，恐中央亦将无所措手”，地方将“机关窒滞”，庶政将“痿痺不仁、散涣无绝”，“时方多故，独奈何去其手足而自危头目乎？”

地方督抚们联合抵制，载沣恼羞成怒，却不得不宣布地方财政改革计划从缓。国际贷款成了载沣唯一的选择。日、俄不希望清廷通过改革强大，他们向盟国英法游说拒绝给中国贷款。1908 年，慈禧太后去世后，袁世凯派出密使欲与德、美结盟，争取国际势力支持，载沣迅速罢黜了袁世凯，美国总统罗斯福对载沣的行动相当失望。载沣为了获得美国的财政贷款，通过同德国进行军事合作，试图借助德国与美国的盟友关系说服华盛顿支持北京。

梁敦彦在柏林时担心美国因为袁世凯罢黜一事而不再信任北京，跟德国首相柏特曼商议，如果出于意料之外，华盛顿方面不立刻同意北京方面的贷款计划，那么梁敦彦“可以无须怀疑地向美国建议征求柏林意见”。当柏特曼将梁敦彦的意思向德国皇帝威廉二世报告时，威廉二世在报告上批示一个“是”字，同时还让柏特曼转告梁敦彦，“到了那个时候，我们将乐意给美国政府一个答复来支持中国利益”。

德国皇帝威廉二世在柏林宫廷批示梁敦彦的报告时，东西列强在海牙和平会议的一项密议在国内甚嚣尘上，“议对待中国政策三条，其最后为统监财政，前两条盖不忍言。”江苏咨议局议长张謇给北京的一份报告中质问，“瓜分中国之说，二年前曾一见于德报”，“日人之图统监中国，亦见日报”，海牙密议绝非空穴来风。

各地赴京的速开国会请愿团递交给摄政王府的请愿书谴责朝廷长期搞秘密外交，动辄割地、借款，“民众事后得知，无不怨恨已极”。请愿团的民意代表警告摄政王，若不开国会，再等 9 年，再搞 9 年秘密外交，民众的愤怒之火必然会烧入朝堂。请愿团的矛头直指海牙和平会议统监财政之议论，他们万万没有想到梁敦彦正在柏林同德国秘密谈判军事结盟，华盛顿的财政贷款计划已经纳入三国秘密结盟计划之中。

现在掌握了枪杆子的摄政王没有钱袋子，不同美、德秘密结盟，没有财政支持的陆军改革只能是空中楼阁。各地请愿团代表告诫清执政集团，政府已经毫无公信力可言，民众不可能增加负担来缓解不受监督的政府财政之困，人民必须拥有“公举代表与闻政治之权”，“国家乃能加以增重负担、以纾国难之责”。张謇提醒摄政王载沣，“欲求一非枪、非炮、非舰、非雷而可使列强稍稍有所顾忌者，实无其策”，唯一的办法就是速开国会及组织责任内阁，将政府置于国会的监督之下，宪政改革方能推行。

梁敦彦远赴欧洲之时，各地咨议局速开国会赴京请愿团已经第三次进京了，各地的立宪激进分子不断地组织大规模的请愿集会，各地督抚衙门都成了速开国会请愿的主战场，督抚们代奏速开国会的报告犹如雪片般飞抵紫禁城。现在民众对摄政王载沣领导的清执政集团已经彻底失望，“内治之凌杂腐败，外患之迫近鸱张，实有儳焉不能终日之势”，宪政改革一直徘徊在御前会议的讨论阶段，民众对执政集团的改革诚意失去幻想。

载沣一直在国际上树立一个开明、改革的形象，可是执政集团的领导班子门户丛生，皇族党阀森森：载洵总持海军，与军机大臣毓朗合为一党；载涛统军咨府，侵夺陆军部权，与禁卫军训练大臣良弼为一党；肃亲王善耆好结纳勾通报馆，据民政部，领天下警政一党；溥伦为道光皇帝长曾孙，同治初本有青宫之望，阴结议员为一党；隆裕太后以母后之尊，宠任太监张德为一党；度支部尚书载泽与隆裕为姻亲，握财政全权为一党；摄政王福晋瓜尔佳氏雅有才能，颇通贿赂，联络母族为一党。

为了在清廷最高权力中枢谋得绝对的话语权，摄政王新政府的执政精英们明争暗斗，新加坡的报章都公开嘲笑清廷权贵内乱一片狼藉：“奕劻与载沣时相龃龉，则叔侄哄于堂矣；载泽劾洵、涛二竖，则兄弟斗于墙矣；……载涛、毓朗与铁良争，又与良弼争，铁良与良弼争，又与端方争。而善耆也，溥廷也，溥伦也，世续也，那桐也，均同赴于暗斗之旋涡中，相排相挤，相倾相轧，相决相荡，日日胡闹，事事胡闹。”

载沣从慈禧太后手中接过监国权柄时，那些曾经不敢张扬的皇族亲贵开始蠢蠢欲动。载沣既没有慈禧的威望，也不懂得运用慈禧那一套恩威并施的用人手法，皇族内部快速四分五裂，“七党皆专予夺之权，茸阘无耻之徒，趋之若鹜”，不少人还专门“收蓄猖狂少年，造谋生事”，导致整个执政集团“政出多门，相互倾轧”，康乾盛世的天朝颜面被末世轻狂的皇族少壮派丢尽了，载沣努力树立的改革形象尽毁。

当长沙教员徐特立的“断指送行，请开国会”的血书传到北京，深深地刺激了年轻的摄政王载沣。国民救亡之心可昭日月，清执政集团如果继续推迟召开国会，民众会将内忧外患的怨忿记到爱新觉罗皇室的头上，如此一来，皇室会成为国民的公敌。载沣的两位弟弟均出使欧美考察学习过，他们希望爱新觉罗家族向欧洲皇室一样和平转型。载沣多次特召各枢臣密议要政，专门“研究国会缩短期限问题”。

军咨府大臣载涛身为清廷总参谋部首脑，在接见国会请愿代表时表示：“予因人民要求国会，尝细心考察各国国会利害，实无丝毫流弊。”载涛在给载沣的一份报告中陈请速开国会，甚至宣称：“如以臣言为是，则请迅速举行；如以臣言为非，即负欺君之罪，请立予罢斥。”载沣邀请载涛到摄政王府“会商所以实行之法”。在载沣主持的御前会议上，载涛又当众声言：“国会早开一日，则中国早治一日，士民得参政权，担任国债，上下一心，共谋进步，中国之危局可于是挽回。”

载洵更是一个速开国会的激进分子，在出洋考察海军回国途中，就曾“电促明年即开”国会。1911 年召开国会是各地请愿团泣血诉求，身为海军统帅的载洵在归国途中提出如此主张令摄政王诧异。回到北京后，载沣立即召见了载洵，载洵极力主张从速组织阁会，措词极为痛切，“以吾国现情与各国比较，不但陆海军力相去霄壤，关于行政立法等事，亦纷乱异常。美国大统领于谒晤时，力言吾国危状暨各国对待吾国方针，几有不可终日之势，再迟一二年后恐吾国将无以自存”。

1908 年，光绪皇帝签署预备立宪命令后，国民“奔走相庆，破涕为笑”。现在无论是各省督抚联名陈请，还是皇室精英拿爵位相赌，民众们发现开国会犹如“海市蜃楼，倏起倏灭，仿佛似之”。尽管军咨府大臣载涛“往返奔走”，“思联合各亲贵王公大臣联衔请愿”，遗憾的是皇室亲贵大臣中赞成者“甚鲜”，载涛不得不“单衔奏请，以为国民后劲”，甚至不惜向摄政王载沣提出辞职，去“争缩短国会年限”。

资政院预备国会上，议员们对清执政集团拖延开国会相当的不满，“中国当此危机存亡之秋，除开国会无救亡之法”。议员们对“政府衮衮诸公尚在醉生梦死中”很失望。资政院议长溥伦为速开国会奔走各处，游说清执政集团的权贵们，警告执政集团“非于明年召集，必失人心”，一直谋求责任内阁首相之位的首席军机大臣奕劻对溥伦之说大不以为然，与之辩驳，“声色俱厉，至于拍桌震翻茶碗”。

1910年10月21日，德国皇帝威廉二世在德国派军官协助中国陆军改革报告上签字的当天，湖广总督瑞澄在报章上公开发出了“兹事关系全国存亡”之叹，致函各地督抚及京僚各官，“慨然担任领衔”，陈请摄政王同意速开国会。全国二十二个行省中，有十九个行省的督抚迅速响应瑞澄的联名陈请，舆论褒赞瑞澄“诚一时铮铮者”。面对势不可挡的官民之请，资政院决定在1910年10月22日审议陈请速开国会议案。

泣血的国会（二）

“国会速开一事为我国存亡问题。何以言之？外患日迫，非国会担负财政、扩张国防，不足以抵制；内政腐败，非国会与责任内阁对待，不足以促其责任，而发展助长交通诸政。”1910年10月22日下午，资政院预备国会现场，身为速开国会请愿团的一份子，罗杰议员第一个站起来慷慨陈词：“现在国民之断指割臂挖股者相继，皆表示国民以死请愿之决心。”

资政院预备国会审议速开国会陈请案五天前，各省咨议局的请愿书已经送抵资政院。国际局势对大清帝国越来越不利：“日俄缔结新约，英法夙有成言，诸强释嫌，协以谋我。日本遂并吞朝鲜，扼我吭而拊我背；俄汲汲增兵，窥我蒙古；英复以劲旅捣藏边；法铁路直达滇桂；德美旁观，亦思染指。瓜分之祸，昔犹空言，今将实见。”侨寓日本横滨专程回国的请愿代表汤觉顿以日本宪政改革经验提醒清执政集团，曾经遭遇欧美外侵的日本因开国会，“财政始能发达，外交始能平等”。

国际列强的觊觎令清执政集团寝食难安的同时，内乱同样让执政集团苦不堪言，除了革命党的谋杀、暴动外，“各省饥民久思不赡养，铤而走险，土匪乘之，骚乱日告，长沙、莱阳几酿大变，虽幸或裁定，而善后之策一筹莫展，乱源不拔，为祸方滋”。摄政王载沣一度在张之洞临终前对枪杆子信誓旦旦，可是内乱不断，长沙、莱阳的万人暴动都是吏治腐败与财政窘困造成的，现在全国上下“无不嗷鸿遍野，付莽满山”，简直到了“举国偃然，不可终日”的地步。

载沣从慈禧太后手上接过的江山早已是“政事日堕，吏治日疏，权利日失，地方日蔽”的烂摊子，由于满洲八旗入关承接了明王朝的专制政体，为了捍卫君主至尊地位，清执政集团建立了一套森严的等级制度，政府与国民之间，各级官吏横在其间，国民的欲求毫无表达通道，国民对政府的批评意见自然也就无从知晓，身居九重的皇帝最终成了官吏们权杖上镶嵌的珠玉，摆设而已。现在清朝的官员贪污行贿，损公肥私，“国家事事败坏于官吏”。

国民饥不果腹跟官吏中饱私囊有着莫大的关系，载泽主导度支部的财政改革第一步就是清理地方财政，当中央派往各地的监理官到任后发现，地方财政一片混乱，苛捐杂税多如牛毛，大宗的厘金、盐税俨然就是各地督抚们的命根子。速开国会请愿团对清廷现有的监察系统很失望，根本不相信他们能杜绝官吏中饱私囊，“清理者云，不过为整理财政之创始，若日后实行整理，则节目浩繁，万非今日智识有限之监理官所能尽职”。

全国“哀鸿遍野”背后是地方财政早已破产。湖广总督治下的湖北一直是晚清工商业改革的旗舰之地，可是“鄂省度支困竭，供不逮求”，简直到了“罗雀掘鼠”的地步，“每岁计短银二百余万两”；晚清名臣李鸿章的故里安徽更是“岁亏甚巨”，每年的财政赤字高达二百一十万两以上；作为清廷宪政改革试点的东三省财政更是“罗掘几空”，宪政改革的开支毫无着落，只能派出密使到华盛顿借款。当一份份糟糕的财报送抵摄政王的案头，载沣也只能仰天长叹，偌大的帝国已经拿不出一两救济饥民的银子。

面对腐败的执政集团，国民对宪政的渴望早已秋水望穿。

当年，年迈的中国老皇帝乾隆收下了“蕞尔小国”英国人孝敬的礼物后，将英国使团礼送出境。英王使臣马戛尔尼勋爵回国后感叹：“大清帝国是在用一副庞大的僵尸躯体在吓唬世界。”鸦片战争一声炮响，摧毁了天朝的最后一丝尊严。到了同治皇帝年间，被清廷通缉的“红毛状元”王韬就给清执政集团开出宪政药方：“治乱之源，强富之末，不尽在船坚炮利，而在议院上下同心，教养得法。”

清执政集团的精英们在鸦片战争后一直处于焦虑状态。身为皇室的领袖，恭亲王奕䜣一直小心维系“叔嫂共和”局面，期冀以时间换空间，试图通过经济改革来改变帝国贫弱的糟糕局面，奕䜣的政治盟友文祥在临死前向皇帝递交了最后一份密折，大胆地提出了设置议会两院制的宪政改革设想。同治年间，清执政集团的开明派精英们甚至两次派出小规模的考察使团赴欧美考察宪政，一时间被欧洲王室誉为“中国天使”。

“中国天使”们从欧洲带回了议院宪政，在提交给清执政集团的考察报告认为，欧洲那些乡绅平民的下议院议员们拥有立法权、财政和监督权，那些贵族精英们权力相对受到约束，他们只拥有限制级的立法权跟司法权。令考察团惊讶的是，下令向大清帝国开炮的英国君主的权力也会受到约束，无论是外交还是内政，君主都要遵循法度，议会拥有赞成跟否决君主、内阁所有提案的权力，君主必须遵循上议院跟下议院讨论通过重大决策、制度。

清执政集团一度对欧洲的宪政兴趣盎然，欧洲疆域不大，国家众多，即便是比利时、丹麦这样的小国，都有尖端的武器，强悍的军事，先进的技术。欧洲各国强悍的背后，现代工业跟金融推动了政治体制的改革，君主不再是万能的主宰，国家的命运掌握在民主的议会。而中国千年封建皇权至上，皇帝成为唯一的决策者，日本的明治勋臣大久保利通说得没错，明君良辅只是一时之治，欧洲的经验表明，宪政政体是富国强兵的基石。

商业精英是鸦片战争之后新崛起的一个阶层，他们同国际商业势力的交往过程中经常以股权合资的方式依附在洋商名下规避朝廷的苛捐杂税，他们骨子里期望中国实行宪政，确保他们的人身及财产安全。以买办商人郑观应为首的商业精英阶层提出：“中国而终自安卑弱，不欲富国强兵为天下之望国也，则亦已耳，苟欲安内攘外，君国子民持公法以永保太平之局，其必自设立议院始矣”。

“国中偶有动作，必由其国主付上议院议之，所谓谋及卿士也；付下议院议之，所谓谋及庶人也。议之可行则行，否则止，事事必合乎民情而后决然行之。”太平军起义证明国民对清执政集团已经绝望，执政集团已经不能维护皇权万世一统，欧洲风行的两院议会宪政制度是欧洲王室成功转型的保障，是清执政集团转型的范本，文祥在1876年临终前就向光绪皇帝建议，西方国家的宪政政治在中国可以尝试。

文祥死后，慈禧太后在中法战争期间罢黜恭亲王奕䜣，中日甲午战争后更将李鸿章边缘化。两位试图通过经济改革来改变国家命运的温和派被逐出权力中枢后，精英阶层对国家的前途更加焦虑，曾经藐视四夷的天朝如今“为俎上肉久矣，商务之权力握于英，铁路之权力握于俄，边防之权利握于法、日及诸国”，连游学西方的“四大寇”之首的孙文都“上书傅相，一白其胸中之素蕴”。

从鸦片战争开始，中国除了向列强们支付大量的战争赔款，大片的土地为列强侵占，一时间租界如林，国际军队南北交错，海关财税落入列强之手。清执政集团已经没有能力管理好这个千年的帝国，吏治坏到了极点，两广总督岑春煊一上任就拿掉数百名地方官而落得“官屠”的绰号。执政集团的合法性在一次次的起义、暴动中丧失殆尽，以康有为、梁启超为首的士大夫们依然希望清执政集团能够效法欧洲老牌王室的宪政转型。

“窃闻东西各国之强，皆以立宪法开国会之故。国会者，君与国民共议之政法也，盖自三权鼎力之说出，以国会立法，以法官司法，以政府行政，而人主总之，厘定宪法，同受治焉。理性宪法，开国会，以庶政与国民共之，行主权鼎力之制，那么，中国之治强，可计日待也。”康有为一度成为光绪皇帝的宠臣，试图通过变法来改变中国的命运，甚至打算聘请日本明治勋臣伊藤博文为政府顾问，可惜慈禧太后一夜之间摧毁了士大夫们的改革之梦，康有为们的国会之说昙花一现。

1900 年，慈禧太后一度谋划废黜不听话的光绪皇帝，各国驻华公使们很不高兴，警告慈禧太后不要轻言废立皇帝，甚至派出医生到紫禁城给光绪皇帝看病。在清执政集团保守派的鼓噪下，慈禧太后一怒之下向万国宣战，当八国联军的枪炮响彻北京的那一夜，慈禧太后逼着光绪皇帝连夜西逃。在西安担惊受怕的日子里，慈禧太后下令新政，以张謇为首的士大夫们再次点燃了宪政之火，那些苦等宪政的商业精英们再次激情澎湃。

宪政改革之火的燎原同日俄战争有着密切的关系。甲午海战失败后，李鸿章主张联俄抗日，沙皇登基之时，慈禧太后还派遣李鸿章赴俄朝贺，令清执政集团肝胆俱裂的是，一直有“欧洲宪兵”之称的俄国败于蕞尔小国的日本，朝堂江湖才意识到，日本战胜俄国“非小国能胜于大国，实立宪能战胜于专制”，“日本以立宪而胜，俄国以专制而败”。一时间，“上自勋戚大臣，下逮校舍学子，靡不曰立宪立宪，一唱百和，异口同声”，“立宪之声，洋洋遍全国矣”。

“现在国家危险已达极点。”举人出身的民选议员江辛在资政院预备国会上痛心疾首，“救亡问题除速开国会更无别法，如再迟延，则国家前途，本议员就不忍再说了”。宪政改革中开国会、颁宪法、设内阁三项最为大者，莫过于开国会，立宪派认定“国会乃立宪之精神所在”，可是清执政集团中顽固的皇室亲贵们担心“国会一开，民气嚣张”，国民们立即意识到朝廷没有宪政改革的诚意，立宪派的激进分子号召国民“与政府宣战”。

国民们真的失望了。河南印花税案表面上看是咨议局同巡抚的权力之争，议员易宗夔一语中的，资政院的议员们不是人民直选，“不能代表人民承诺新租税”。可是宪政改革的关键在国会监督政府，监督政府重中之重就是财政监督。日本留学归来的贵州咨议局副议长、资政院议员牟琳对国民拒绝向政府缴纳新租税非常担忧，“国家存亡就在财政”，现在度支部每年的预算款项赤字五千万，政府只要一提到加税，“人民多起反对”。

“加税何以如此之难？”牟琳对清执政集团拖延召开国会更是愤慨，没有财政支持的宪政改革都是空中楼阁。“政府所虑，不过说中国人民程度不足”。江辛议员质问清执政集团的权贵们，民智问题事关宪政民主的普及，从1901年的新政开始，教育已经先行，全国推行了义务教育，“各省咨议局开议一年，亦未闻有什么风潮，可为民气并不嚣张”。相反，国民断指割臂请求速开国会，证明国民对国会监督政府充满期待。

清执政集团拖延召开国会的真正目的是担心失去权力。按照宪政游戏规则，内阁对国会负责，开国会就一定要组建责任内阁，以奕劻为首的清皇室亲贵一直图谋执掌责任内阁，可是按照“外国情形，内阁与国会冲突之时，第一次国会可以解散，第二次内阁必须解职”。皇室亲贵们突然发现，责任内阁跟只对皇帝负责的军机处完全是两回事，即便皇室亲贵垄断了责任内阁，只要跟国会发生两次冲突，他们将失去辛苦争夺来的内阁席位。

权位是清执政集团皇室亲贵们心中的痛。汉族武装集团在剿灭太平军的过程中崛起，地方督抚半数均出至于湘、淮两大汉族武装集团，改写了满蒙亲贵垄断天下权力的格局，清皇族精英们一直在想方设法削弱汉人势力，令汉人督抚们相当不满。1900年，八国联军进兵北京，光绪皇帝和慈禧太后一路西逃，地方督抚们通电“东南互保”，对摇摇欲坠的逃跑朝廷袖手旁观。同时，结盟的地方督抚们抓住机会不断向朝廷施压，陈请立宪，试图通过宪政改革来约束清皇族的权力，以获得更大的地方自治之权。

光绪皇帝在1908年宣布预备立宪后，以袁世凯为首的汉族势力加速争夺宪政改革主导权，宪政改革试点的东三省督抚被北洋集团垄断，两广、湖广、两江、直隶四大总督均为汉人。皇族亲贵们拖延召开国会背后，国会对应的责任内阁一直是权贵们夺权的焦点，为此皇族七党们相互拆台，度支部的载泽一党交通隆裕太后一党，遏制掌握兵权的载沣三兄弟；载涛、载洵两兄弟试图通过国会来谋求军费，保住皇族枪杆子；议员犹如一把锋利的刀，身为议长的溥伦可将国会之刀高悬在曾经夺去他皇权的皇族们头上。

宪政改革成了一场新的权力瓜分游戏，与国民毫不相干，国民们发现“立宪之事，不可倚赖政府”。一直鼓动民众请愿的士绅们相当焦虑，各地咨议局的议员们曾经是体制外的基层精英，在宪政改革的浪潮中逐渐进入基层权力中心，他们能够弹劾官吏，纠察财政，决策地方自治的基础源于民众，一旦民众对肮脏的权力之争失去耐心，宪政改革将错失良机，士绅们也将失去在民众心中的尊崇地位。

“国会者，与全体国民有直接之关系者也，何谓国会？即国民参政权荟萃之中心点也”，“今之所谈政治者率多倚赖政府之心，日注意于国民所以被治之涂，而不从事国民所以自治之道”，立宪激进分子提出，“今国民欲解决政治上之问题，则当从国会着手，庶不致蹈枝枝节节而为之弊矣”。各地进入基层权力阶层的士绅精英们鼓动民众不惜割肉血书向政府施压，只有构建一个国民意愿的国会，扩大国民在国会中的权力，国会才不会成为清执政集团统治的宪政工具，国会做出的决议才更符合国民的意思，才能真正维护国民的利益。

“今日，本议员对于众议员、军机大臣、各部行政大臣、政府特派员先行叩一个头。”1910 年 10 月 22 日的资政院预备国会现场，于邦华议员的叩头震惊了全场。这是一个值得纪念的日子，国民的不断请愿终于得到了资政院的支持，这一天，军机大臣、各部尚书均出席资政院预备国会，旁听议员们审议速开国会请愿陈请案。于邦华议员呼吁当场的诸君：“当今时局正在危急存亡，今日同堂研究，可先把一切自私自利心肠一齐抹去。”

于邦华的话音未落，整个预备国会现场“掌声如雷”。“中国时局日变，前半年一种模样，后半年又是一种模样，请问诸君，除却开国会以外，还有何项方法可以救亡？”于邦华眼含热泪，“国会譬如人心，人心若死，手足安能灵便？”于邦华谴责将各省咨议局与督抚冲突事件上升到民气嚣张的高度，更不能“归咎于各省咨议局”，“实缘议决之事，各省督抚不去执行，所办之事又不能洽于民心，心之不平，其气亦不可遏”。

一等秀才出身的于邦华是直隶省咨议局的明星议员，在议场内外痛陈时政积弊，被互选为资政院议员，在资政院依然言辞犀利。各省咨议局同督抚的冲突成了权贵们谴责民气嚣张的借口，于邦华一语道破民气嚣张之说的玄机：“我国行政机关有种种牵掣，况近日民间搜刮殆尽，财政无着，又有中央集权之说，使督抚不能办事，是以对于决议之事，往往不能执行，甘受人民唾骂。”

署理两广总督袁树勋与云贵总督李经羲就联合批评皇族亲贵们利用预备立宪削弱地方督抚的权力以收归中央，关键是皇族亲贵们“不辨明政务之统系，而欲以中央之权力，支配各地方之官吏”，两大总督感叹：“在督抚固窃议其侵权，在中央亦实力有未逮。”地方督抚们消极对抗皇族亲贵们的集权，以致舆论都开始同情地方督抚：“国是之纷纭、政令之错杂，一切措施动皆责成于督抚，而督抚之权日见削夺，动则掣肘，不足以举职而图功。”

整个国家官吏们都忙于争权，毫不顾忌“哀鸿遍野”。“督抚自有督抚的难处，然则过在中央各部大臣？”于邦华理性地指出，现在国家行政效率低下，主要原因是中央没有统一机关，“各部各自为谋，此部有钱或用不得宜，彼部钱无则事不能办，彼此各不相顾，以致事出两歧，重重困难因之而生，凡此皆系国会未开之故”。议员们都坚信，只有通过国会来监督政府，让整个国家的预算、决算纳入决策体系，整个国家行政体系运作效力才会提高。

当陆军部大臣荫昌拿着银行的借款合同去度支部报账时，度支部大臣载泽拒绝报销利息时，他当时是多么期望国会能够议决度支部支付陆军部军费。当派驻各地的财政监理官遭遇督抚们冷眼时，载泽多么希望国会能议决印花税征收案，中央财政有钱了就可少受督抚们的挤兑。可是“人民以为国家的用款我们都不知悉”，担心腐败的官吏们“将人民脂膏饱其私囊”，“所以人民有不肯纳租税，遂起而反对”。议员们警告皇族亲贵们，只有速开国会，“人民才能负担租税，国家就可以生存”。

“凡事无论如何，必有反对者，独今日发言表意，无一反对之人，此可见一般之心理。盖全国上下无不愿速开国会，且不但中国如此，即海外诸友邦亦甚望我国为完全立宪国。”议员陶镕心情“欢喜无量”，因为资政院由王公世爵、各部院衙门官、民选三类议员组成，每次审议提案时议员们争辩激烈，这一次在速开国会问题上议员们意见一致。轮到陶镕发言时，他提议：“现在既无反对，已表示全体一致之可决，请议长急性宣布表决，毋庸讨论。”

议场会议主持副议长沈家本宣布用起立法对速开国会案进行表决，话音一落，“全体议员应声矗立，鼓掌如雷”，整个会场齐呼“大清帝国万岁！大清帝国皇帝陛下万岁！大清帝国立宪政体万岁！”，掌声、呼喊声不断，“全场震动”。面对全体赞成速开国会，议员们“想政府一定欢迎，皇上及摄政王一定许可”，提出让度支部拿出预算案，让度支部大臣载泽到资政院预备国会现场说明预算案之大旨，因为“预算可以察看一国大政之方针”。

泣血的国会（三）

“东方古国从此亡矣。麦秀黍离之感，长蛇封豕之忧，不禁交集于心。”日本“联邦合并”朝鲜后，“势必席卷而西，踞吉奉以窥顺直”，摄政王载沣紧急召东三省总督锡良进京陛见，锡良进京后同侍读学士恽毓鼎秉烛夜谈，谈到朝鲜灭国与中国官场“文饰承平”之状，两人不禁“忧闷悲愤，不可言状”，“相向叹息，几至泪下”。

朝鲜曾经是中国的藩属国，日本灭朝鲜，“东三省已无可设防，京师亦难安枕”。“当此唇亡齿寒之时，已无曲突徙薪之暇”，载沣召集军机大臣那桐、毓朗“密议对待之策”，军机大臣与各部参预政务王大臣连日召开联席会议商洽应对之策。载沣屡次告诫枢臣，“以后办理外交益须谨慎，内政尤宜极力整理”，尤其是“民心不可使之涣散”。事实上，清执政集团高度紧张的真正原因是，朝鲜的灭国根源是预备立宪的失败。

李鸿章在春帆楼签下屈辱的《马关条约》时，朝鲜国王李熙“誓庙告天，宣言预备立宪”。朝鲜在预备立宪期间设责任内阁，“颁大诰十二条”，同光绪皇帝于1908年颁布的《钦定宪法大纲》相类，可是朝鲜的宪政改革“徒以无国会之故，监督机关不立，凡百新政，皆有名无实，利不及弊，坐是鱼烂，以底于亡”。1910年10月22日，资政院审议速开国会陈情案当天，请愿团提醒清执政集团，朝鲜“殷鉴不远”。

朝鲜灭国犹如一根毒针：“自朝鲜灭亡后，我国人民罔不悚然警惕，而益冀国会之速开。今闻政府诸公亦有缩短国会期限之说，其亦鉴于朝鲜而蹙然动其救亡之意乎？果若是，则召集国会之期，其将不远矣。”资政院于1910年10月22日全体决议通过速开国会陈情案后，何时才算速开国会成了最大的悬念，立宪激进分子以朝鲜的灭国之祸警告执政集团，“朝廷迟一日立宪，中国早一日丧亡”。

10月25日，东三省总督锡良、湖广总督瑞澄、两广总督袁树勋、云贵总督李经羲、伊犁将军广福、察哈尔都统溥良、吉林巡抚陈昭常、黑龙江巡抚周树模、江苏巡抚程德全、安徽巡抚朱家宝、山东巡抚孙宝琦、山西巡抚丁宝铨、河南巡抚宝棻、新疆巡抚联魁、浙江巡抚增韫、江西巡抚冯汝骙、湖南巡抚杨文鼎、广西巡抚张鸣岐、贵州巡抚庞鸿书联衔电请军机处代奏，主张责任内阁与国会同时并进。

督抚将军们在联名电报中强调，宪政改革需要内阁与国会同步设立，“舍此则主脑不立，宪政别无着手之方；缺一则辅车无依，阁会均有踰辙之害”，因而恳请“立即组织内阁”和“明年开设国会”。锡良苦口婆心劝告载沣：“欲实行立宪，无贵贱上下，胥当受制于法律，先革其自私自利之心，若败坏纪纲，蔑弃公理，政治日弛，人心日漓，虽九年立宪，终为波斯、土耳其、越南、朝鲜之续，庸有幸乎！此宪法不可不实行也。”

湖广总督瑞澄进京陛见期间，摄政王载沣问策瑞澄。瑞澄从日俄联盟到日本吞并朝鲜威胁满洲龙兴之地，谈到“国内而政府，外而督抚，犹互相推诿敷衍”，提醒载沣“用人行政，急从根本上解决，以救时艰”。瑞澄给载沣献策：“宪政固宜急办，然当先择其切要者行之，不可但抄写外国宪法成文，徒滋扰乱，不求实际。且中国现在所以不亡者，只有民心不失可恃，欲固结民心，当速开国会。”

十九位督抚、将军联名通电一出，国民欢腾。很快，立宪精英们发现晚清的权贵大臣们内部分裂严重，天下总督之首的直隶、富甲天下的两江两大总督为南北洋两大领袖，他们拥有晚清工商业改革的主导权，在政治、经济改革中拥有举足轻重的地位。陕甘总督长庚同样没有出现在联名通电上，这位满洲正黄旗权贵平定过西藏暴乱，出任过伊犁将军，官至晚清兵部尚书，现在节制西北各路兵马，扼守帝国西北大门，在军事上拥有相当的话语权。

“自改变新法以来，民气嚣然不靖。立宪之说一行，其势更剧。近则又有要求国会之说，起于上海，各省风靡。”宪政改革风潮日烈，两江总督张人俊深闭固拒，在给家人的书信中将宪政改革说成了乱世之源，无不心痛地叹息，“刺无可刺，非无可非。禁之不可，止之不能。祸恐不远”。张人俊提醒摄政王载沣，既不能开国会，也不能设责任内阁，“操切急进，仆蹶堪虞”，“饬吏治，兴实业”乃当务之急。

面对各省督抚联名电奏速开国会，直隶总督陈夔龙与陕甘总督长庚的代表、陕西巡抚恩寿，进京秘密谒见庆亲王奕劻。奕劻迅速召集心腹朋党在府邸开小圈子会议，在讨论国会问题时，奕劻说：“看你大家的意思。”国会问题势必讨论新内阁，当在场者有提起总理大臣之时，奕劻突然脸色大变：“我已老了，什么新内阁？什么内阁总理大臣？我不明白如何做得。”陈夔龙、恩寿终于明白奕劻“希冀内阁总理大臣之职”，不急于召开国会。

晚清政权已经是“吏残于上，民怨于下，譬犹厝火积薪，不可终日危亡之势”，身为天下总督之首的直隶总督陈夔龙，为了执行奕劻的意思，高调为自己的保守自得：“所可以自慰者，厥有三端，一不联络新学家，二不敷衍留学生，三不延纳假名士”，“不赞成并时之号为时髦督抚一流，争籍所谓新政以出风头者也。”面对宪政改革大潮，陈夔龙不咸不淡地说，“立法未尝不善，奈一般急进派嫌其过迟，訾议政府有意延宕阻挠宪政”，他故作尊长般地担心立宪热潮“终日纷扰，举国若狂”。

长庚向摄政王发电报阻开国会内阁，说了一大堆“祖宗成法，万不可废”的陈词滥调。其下属恩寿是个典型的保守派，在江苏巡抚任上镇压爱国运动，事后海捕《苏报》撰稿人，制造国际轰动的《苏报》案。恩寿自然站到上司长庚一边，执行奕劻的政治之谋，对召开国会很是消极。从北京回到西安巡抚衙门后，恩寿单独向载沣提议，“责任内阁尤急于开国会之先”，“若阁会并举，窃虞缓急无方，先后失序”。

10 月 26 日，吉林巡抚陈昭常读到直隶总督陈夔龙“欲先立内阁，缓开国会”的电奏后立即通电各省督抚，对陈夔龙的言论批驳得体无完肤。陈昭常希望云贵总督李经羲主笔，各省督抚再次联名电奏摄政王，坚持“国会一日不开，内阁仍一日不固”，对资政院预备国会已经议决的速开国会陈请案“不必缓期”，速开国会。李经羲将陈昭常的电报内容“略加润色，急电枢府，请其抉择主持”。

李经羲电告东三省总督锡良，让锡良领衔“主稿联奏”。李经羲为首的地方督抚们希望扩大联名电奏阵营，他们邀约第一次没有联名的闽浙总督松寿、四川总督赵尔巽。当天，侍读学士恽毓鼎向摄政王载沣具鸱，力挺联名督抚，建议开国会、设内阁并举，“内阁制成，则合全国政事于一阁而共为谋”，“事有统属，责有攸归”。

当天，资政院预备国会的议员们听闻陈夔龙他们的言论后相当愤慨。汪荣宝议员第一个发言，他谴责顽固派的食古不化，现在全国上下“既然知道立宪政体可以救亡，何必一定要待到三五年之后”？“民心难得而易失，事机一去而不还，现在已经到了十分危险的时候，若从此赶紧设立，还可以巩固国家的大局，不然就有难言之隐”。汪荣宝提议资政院议长溥伦，“务求皇上毅然独断，把上下议院提前设立”。

现在各省咨议局、各省人民代表、各华侨代表对速开国会的热诚都感动了洋人，在资政院预备国会现场旁听的“外国人因议决请求速开国会当时之，或拍掌或摘帽欢忻”，李榘议员希望能在皇上及摄政王前可以进言的溥伦议长将民众对宪政之热诚上达天听。于邦华议员提出现在全国一动一静皆在皇上，一旦皇帝答应速开国会，民众对朝廷“更加亲密”，“民心为之一振”，从此朝廷同民众的“隔阂之病”可消除。议员们希望“朝廷以民心为心”，速开国会方为“国家万年无疆之基”。

资政院的议员们激情四溢地热议速开国会之时，御史胡思敬在一

“巨公授意”下，正在撰写一份长篇报告，提出三策：上策为取消九年预备立宪清单，停办新政，明谕申饬不得请开国会；中策为停办新政，徇资政院之请明年九月召集国会，两年后国会无弊再设内阁，如无补于国计民生则遣散闭会；下策为改正筹备立宪清单，缩短立宪期限约二三年，以塞资政院之口。10 月 27 日，向摄政王递交反对开国会的报告，斥责“立宪为倒行逆施之道”。

10 月 28 日，资政院正、副议长溥伦、沈家本将资政院预备国会决议速开国会陈请案向摄政王载沣具奏，提出“提前设立上下议院”的主张，强调“宪政必有国会与责任内阁，责任内阁是宪政的根本，国会又是根本的根本”。载沣问溥伦：“情势如此，期限不能不缩，然则一年可乎？”溥伦摇摇头说：“不可。”载沣又问：“二年可乎？”溥伦还是摇摇头：“不可，大抵至少之非缩短三年，不足以餍天下之望。”载沣听了溥伦缩短三年之说后“默然”。

载沣问策溥伦之前，皇族内部的权力之争已经白热化。毓朗、溥伦为首的皇室亲贵主张“裁撤旧军机，速设责任内阁”，奕劻面对以载沣三兄弟为首迅速崛起的皇族少壮派深表担忧，在角逐新的内阁总理大臣职位时，自己未必是皇族少壮派的对手。当时军机处中奕劻、那桐、徐世昌均为袁世凯的政治盟友，毓朗是摄政王楔入军机处的一枚钉子，奕劻为了保住军机处和政务处的权力，提出在保持两大机构的前提下设立责任内阁。毓朗坚决反对奕劻的权力构架设计：“国是要题不可私断，既有责任内阁，即不能再有多数同一性质之衙门。”

10 月 30 日，军机大臣与政务处大臣召开联席会议，首席军机大臣奕劻主持会议。会议一开始就将资政院请开国会原奏及直隶总督陈夔龙等电奏稿发给参会的亲贵大臣们参阅，摄政王载沣期冀联席会议拿出一个设内阁、开国会的决议，没想到亲贵大臣们“彼此研究良久，大抵语多骑墙，无一决断之词”。军机大臣毓朗提议：“若不稍微缩短年限，难餍众望；若径予允许，又恐民气愈张。”奕劻突然冒出一句话：“人民程度太浅，速开恐致召乱。”

毓朗同奕劻在军机处的关系相当紧张，“每次奏对彼此意见相反之处甚多”。有载沣三兄弟撑腰的毓朗甚至欲干预政务处事务，奕劻时常恼怒。为了保住军机处对抗皇族少壮派，奕劻自然要阻挠速开国会。毓朗态度决绝：“国会不开，一切新政决办不下去。”两人“争论甚为激烈”，军机大臣徐世昌“从中调停，始不欢而罢”。最后，毓朗提出：“拟为调停之计，改为宣统三年设立内阁，宣统五年召集国会。”

10月31日，军机大臣毓朗、那桐、徐世昌三人到资政院预备国会现场演说宪政改革的大政方针。毓朗第一个演讲，他赞扬资政院为“上下两议院之基础，为中国数千年未有之盛举”，希望资政院的会议要“揆诸时势”，在议决提案时面对“不得不量为变通者”，可“随时具奏”。毓朗鼓励议员们：“方今时艰日棘，正危急存亡之秋，无论如何为难，总当淬历精神，迅速前进，俾宪政早日观成。”毓朗深知宪政改革成功，“尚冀朝野一心，共图补救，上赞盛世维新之化，下慰薄海望治之心”。

易宗夔议员打断了毓朗的演讲，希望军机大臣“当场宣示对国会之意见”。毓朗显得很尴尬，“国会的事情，朝廷亦深知最为重要，但是万几决于公论，方能筹策完全”，各省督抚及各省人民速开国会之电奏、陈请，“先后均经上达天听”，但是国会召开时间“须询谋佥同”，“方能定夺”。毓朗告知全体议员，摄政王已经下令，将资政院速开国会的报告“发交政务处公同阅看”，“不日开御前会议，妥商办法”。

于邦华议员情绪激动，不到一年时间，日俄同盟共侵满洲龙兴之地，日本吞并朝鲜有图谋京畿津要之野心，“现在各国对于中国，大有一日千里之势”，皆因“国会没有解决”。于邦华批驳那些“无识者”的“民气嚣张”之论，希望军机大臣看在“国家全体之生命”、“祖宗创业之艰难”、“皇上望治之殷勤”、“全国人民盼望国会之迫切”，竭力主持早日成全“速开国会”。于邦华深知资政院议员“不能办一切事”，面对国民“盼望之切”，议员“惟有对军机大臣叩头而已”。说完，于邦华“咚咚”

地朝毓朗们磕头。

于邦华的举动立即引发议场骚动。罗杰议员在速开国会请愿团进京期间，曾经谒见毓朗，当时毓朗还是军咨处总理，尽管极力许可早开国会，可当时他在决策层毫无影响力。毓朗进入军机处后“公忠体国，海内钦仰”，罗杰希望毓朗“坚请即开”国会，“俾国家转危为安”。汪龙光议员觉得现在筹备国会清单中，军机大臣需要草宪法、选举法、议院法，由于清廷宪政改革政治体制是君主立宪，所以三部法律数月内可订定，国会无多延缓一年之理由。

“观二十二省人民代表请愿书，各省咨议局的请愿书，海外华侨的请愿书，都说得沉痛悲切，无不愿意早开国会。”许鼎霖议员激情四溢，“外国立宪都是由人民要求的，不知费多少笔墨多少唇舌甚至流血然后始能立宪”，晚清的宪政改革是由慈禧太后、光绪皇帝特召颁行，现在“惟有革命党、哥老会、土匪不愿意开国会”。许鼎霖谴责那些反对者不过是“顽固党”，“无甚主张，被一种赃官污吏蛊惑，恐怕速开国会即难自私自利”。

许鼎霖将阻挠速开国会的顽固党同革命党、土匪等同。革命党鼓噪民众向腐败无能的政府宣战，一旦国会一开，政府置于国民监督之下，政府效率提高，腐败在阳光之下遁迹，革命党提出的革命主张再无市场。同样，那些赃官污吏在阳光的宪政政府之中，再无贪赃枉法的机会，他们与革命党、土匪一样担心失去自己生存的土壤。许鼎霖长叹一声，现在四万万国民都希望速开国会：“可惜此等顽固督抚未能亲到会场听大家讨论，苟能听至大家讨论，何至犯天下之大不韪！”

作为民选议员的许鼎霖拥有举人文凭，同立宪领袖张謇合办过公司，是张謇在宪政改革中的盟友。许鼎霖还担任过清朝驻秘鲁领事，深谙国际外交之道，资政院议决速开国会陈请案的当天，许鼎霖到六国饭店摸底各国驻华公使、国际舆论对清廷速开国会的反映。许鼎霖发现“外国人当晚即发电报六十七件”，皆说“以后同中国的交情应当愈密”，“到中国通商亦可以放心”，“因为有国会则有监督财政的机关，中国前途实有莫大之希望”。

议员们反复告诫军机大臣们，现在“中国之最可宝贵、最可凭恃者，惟此民气”，如果国民速开国会的请愿不准，“人民爱国之气，稍一冷淡，则中国真亡矣”。议员们“请军机大臣要利用现在之民气，赶速扶植之，以救我中国于不亡”。毓朗很遗憾地说：“今日，本大臣以法人的资格到院，所以，所说的话不能越法人资格的范围。”对于开国会的时间表，毓朗强调：“凡事都要决诸公论，始能面面周到，现在朝廷既未决定，本大臣所以不能宣布。”

毓朗一行离开资政院回到军机处，向首席军机大臣奕劻汇报资政院演说情况。毓朗报告说：“民气如此强盛，国会万不可不速开。”奕劻的政治盟友那桐、徐世昌只能随声附和，奕劻连称：“不错，不错。俟御前会议再说罢。”11 月 1 日，负责预备立宪事宜的政务处王大臣再次召开联席会议，商讨国会期限事。宪政编查馆提出选举法的编制“决非仓促所能蒇事”，1911 年“恐赶办不及”。最终联席会议“因枢府有赞成宣统五年者”，“各部大臣亦多主此说，于是便议决宣统五年成立国会”。联席会议同时提出了先设立内阁的主张。

东三省总督锡良当天掌握了政务处王大臣的联席会议情报，会列各督抚衔连夜加急再次电请军机处代奏，批驳了“先立内阁，迟至宣统五年乃行召集国会”的主张，仍然坚持“内阁、国会同时并举”。锡良的联名电奏规模进一步扩大，闽浙总督松寿、四川总督赵尔巽争取到了速开国会阵营，在联名电奏上署名。陈夔龙则高调反击锡良的联名电奏：“国会与内阁双方并进，虽有辅车相依之势，然事有先后，必宜循序渐进，非可一蹴而成。”陈夔龙明确主张宣统三年设立责任内阁，宣统五年召开国会。

各省督抚同政务处王大臣联席会议的冲突令摄政王载沣手足无措，舆论哗然：“近日请速开国会之声浪如潮涌、如雷震，凡诸反对亦阳表同情，只暗中阻挠，如鼠居穴，进寸一惊，立即退尺。故连日政府秘密聚议，凡中立与反对者，悉曰从众。中有一二亲贵真表同情，则主立允民请，准于来年九月召集；而一班圆滑者，则曰办不及，酌定为宣统五年召集。监国本主急进一派，而老成人均云，来年召集，恐办不及，因此颇觉为难，亦无主意云。”

泣血的国会（四）

1910年11月3日，载沣召见军机大臣、政务处王大臣等开御前会议。

御前会议之前，隆裕太后已经开始怀疑摄政王载沣的执政能力，她厉声质问载沣："究竟有人能将国会速开之得失及利弊关系断决否？若仍似是而非，怀挟私见，须当早自定见，切勿为浮言所挠。"隆裕太后以皇权捍卫者的身份训斥摄政王，尽管载沣是宣统皇帝的亲爹，可是他的身份是执政监国，只是政府的最高管理者。载沣随即将隆裕太后的懿旨传达军机大臣，"并饬速电各省督抚及各部大臣，将缩短国会期限问题详细解释"。

经过了军机处、政务处王大臣、各部大臣、驻外使节、各地督抚将军激烈的交锋后，载沣决定通过御前会议来公决国会召开期。御前会议一开始，毓朗第一个发言说："时事危迫，国会诚不可不速开，然不明定国是，则政府与国民遇事争执，必不免纷扰。故必先设新内阁，及确定海陆军进行政策，再开国会，庶君权不至为民权所抑。"

一直饱受财政改革困扰的度支部大臣载泽进而说："现在国税地方税未分，遽开国会，恐人民争执。且朝廷注重国防，人民注重实业，目下采访舆论，已多主张裁减海陆军费，甚有主张停办海军者。故必先立新内阁，明定国是，然后再开国会，方免一切纷扰。为今之计，应明定宣统五年召集国会，既不阻绝人民之请愿，而乘此二年工夫，可以确定各项要政办法，并须立降明谕，成立新内阁。”

在御前会议召开前，各省督抚、将军们的联名电奏令镇国公、度支部大臣载泽相当高兴，他在同美国驻华公使谈话时称赞速开国会，那将是“作为足以整理帝国财政的一个步骤”。载泽在美国人面前谴责民族主义者，因为北京为了宪政改革不得不大量举借外债，这势必会“遭到一切民族主义者的咒骂，在议会问题上已经责问政府的正是这个集团”。在1910年10月28日，载泽同华盛顿的财政借款谈判成功，同美国银行签订了借款草约。

载泽在同美国银行签约之前，对资政院那一帮民族主义者进行了一番安慰，在资政院就财政问题进行了慷慨陈词的演讲。现在国防、教育、司法、实业、民政、交通诸事，“无一件不关紧要，无一件不需巨款”，可是“财政困难以达极点”，现在度支部“不能专用积极主义置财力于不顾，又不能反用消极主义碍宪政之进行”，现在度支部只能“就节流的办法，会商各省督抚，会同筹度”，至于“朝廷大政”，“惟有盼望将来国会一开”，“实本大臣之幸也”。载泽的一番话令资政院的议员们热血沸腾，均赞镇国公大义。

华盛顿方面同样对北京的改革持乐观态度，为了确保美国在对华借款方面占据主导地位，载泽答应让摄政王载沣颁发一道谕旨，由外务部向华盛顿背书。美国驻华公使嘉乐恒在发给华盛顿的电报中称，载泽向美国人承诺，“可以随意有多少同伙，但是他将只同美国人签订最后的合同，并指望他们拥有大多数的债券以便控制发行”。毓朗一行在资政院演说时，华盛顿通知驻柏林、伦敦、巴黎、圣彼得堡以及东京的大使，中美借款合同已经签字。

美国银行家同北京签订借款合同，他们认为爱新觉罗皇室的理想是建立“一个强有力的、统一的和开明的中国”。美国在照会英国、日本时特意强调，中美借款合同已经为中国“有关当局”所批准，华盛顿方面在照会中隐匿了借款用于发展满洲实业的部分。摄政王载沣对中美签署借款合同非常满意，梁敦彦的秘密出访获得了空前的成功，无论是同德国的军事合作，还是同美国的财政合作，看来许鼎霖议员所言非虚，列强们对同北京的合作更有信心。

毓朗、载泽两人的主张，载沣深以为然，御前会议最终议决国会定限缩短三年，并于1911年设立责任内阁。11月4日，清廷颁布上谕："著缩改于宣统五年，实行开设议院。先将官制厘定，提前颁布试办，预即组织内阁。"载沣为了彰显公决之意，在上谕中特别强调："此次缩定期限，系采取各督抚等奏章，又由王公大臣等悉心谋议，请旨定夺，洵属斟酌妥协，折衷至当。缓之固无可缓，急亦无可再急，应即作为确定年限。一经宣布，万不能再议更张。"

清廷的上谕明确规定，各省速开国会请愿团不准再请愿，否则按法惩办。军机处还下令民政部和各省督抚晓谕请愿代表即日散归。清廷颁发上谕后，外务部马上函告驻京各国公使。各国公使纷纷函复祝贺，各使馆并升旗三日表示庆贺和友好，英国、美国、德国和意大利等国政府还向外务部发来了贺电。国内只有江苏咨议局、江苏教育总会等少数团体致电资政院，对于"国会请愿有效"表示感谢"天恩高厚"。

没人搞庆祝喝彩，军机处恼羞成怒，下令民政部通饬京城内外城巡警总厅，传知所有商号、住户等统统悬挂国徽，庆祝五天。同时命京师总商会分电各省各埠商会开会庆祝，并谢政府主持之力。很快，京城内外各店铺民户顿时张灯结彩，龙旗飘扬，商学各界组织提灯会，学部组织学生从"酉初刻至戌正"，"一人持一红纸灯笼，张旗鸣鼓"，在大清门外高喊立宪万岁的口号，唱《立宪歌》。

"宣统二年明诏颁，宣统五年开议会，猗欤休哉，开设议会。君臣同心，上下一体，国势益光昌，皇祚益久长，尧舜禹汤古帝王，今日立宪同争光。立宪万岁！帝国万岁！二十二省三雄藩，薄海同钦开议会，猗欤休哉，开设议会。百度维新，三权鼎立，政治日辉光，邦家日富强，欧美日本相颉颃，中国立宪皇祚长。"学部组织的大游行队伍高唱《立宪歌》时，瓢泼大雨倾天而降，庆祝盛典在慌乱中收场。

知识分子是令清执政集团最头疼的一个群体，尤其是很多报馆的编辑记者，他们固执高傲，拒绝执行巡警厅印刷红报、报道庆贺的消息，他们公开在报纸上模仿响彻京城的《立宪歌》歌词，嘲讽朝廷的决策："立宪万岁！帝国万岁！宣统二年明诏颁，宣统五年开议会。迂矣缓哉，开设议会。国民离心，志士解体，民困何由苏，外患无时无。天下之事尚可图，迟我三年胡为乎？"

同样，在京的请愿代表"闻此乱命，亦极愤怒"，在《通告各省同志书》中揭露："夫我皇上冲龄践祚，监国摄政王负斧扆而朝，内处深宫，日月固有遗照之明。今兹主谋，度必有一二昏耄老臣势居要津，阳为老成持重之言，而阴以遂其敷衍苟且窃踞朝柄之私心。而新进得幸之臣，又甚虑国会一开，人才勃兴，或至摇撼其禄位。坐是遏抑挠阻，力主五年之说，相与扬波而助焰。是举各督抚与人民之所要求明年速开者，率皆一不审谛，徒取决于少数之廷臣。而廷臣仰承风旨唯诺者十九，草具说帖，不敢有异论，相率画诺，遂为定议。"

报章甚至揭露，清廷的上谕是"徐相（徐世昌）在那相（那桐）宅与那相共同商议，令军机章京、政治官报局总理华世奎执笔拟定而后成稿者"。龙兴之地的东三省民众愤怒了，国家生死存亡之大计，岂能密室操纵？1910年12月2日，奉天省城学生数十人前往省咨议局面见议长和副议长，当场割指刺股写血书，要求进行第四次请愿活动。

奉天学生血书请愿的当天，圣彼得堡召开了一次非常内阁会议，外交部、财政部、陆军部、海军部、商务部多个部门的大臣参加，讨论俄国驻华公使沙查诺夫向圣彼得堡提交的关于美国向北京提供开发满洲的报告。沙查诺夫建议圣彼得堡联手巴黎、东京、伦敦阻挠美国的借款计划，因为美国同德国人将利用同中国的财政、军事合作在满洲等区域获取更大的利益。沙查诺夫询问圣彼得堡是否可以在军事和财政上支持自己，甚至必要时在俄国远东军可以满洲地区进行军事示威。

俄国人抓住了中国的死穴，德国人希望同英国人在中国门户开放政策方面进行合作，因为英国人经营中国数年，具有相当的地缘政治优势。但是英国是日本的盟友，也是巴黎和圣彼得堡的亲密朋友，法俄同样是盟友，华盛顿要给北京的宪政改革撑腰，一定会联盟柏林和伦敦，圣彼得堡只要能将借款联盟之外的东京排除，或者在借款中地位并不重要的巴黎分裂出借款同盟，北京在财政方面将陷入破产的窘境，摄政王载沣维持的威信和集权都将灰飞烟灭。

俄国陆军部大臣在非常会议上说，他的情报经统帅远东陆军司令部的达尼罗夫将军调查，俄国在满洲的地位非常危险，东京正在采取公开措施在南满建立一个战略地位来占有它，而北京已经开始按照陆军部大臣荫昌的建议，由东三省总督锡良主导改组在满洲的军事力量，指望在俄国能够迅速调集中东铁路沿线的部队来保护铁路之前切断它。现在的事实是，俄国远东军只能在兴安岭以西集结，为了抵达满洲战场只能越过困难极大的兴安岭。俄国商务大臣担心一旦调兵，满洲地区将有一场大战。

圣彼得堡的非常会议最后一致同意，为了确保俄国在满洲的利益，将来的事态发展也许需要并吞北满，甚至进一步吞并满洲，如果必要，应准许使用武力。俄国外交大臣同日本驻圣彼得堡大使进行了会晤，俄国在保障日本在朝鲜的利益的前提下，日本承诺俄国有权采取任何必要措施以实现其在中国的利益。柏林因为载泽只同美国人签约，又在伦敦和巴黎的鼓噪下，执意要同中国签订四国协议，摄政王载沣苦心经营的美德中三国同盟在圣彼得堡的搅局下濒临破产，日俄的军事危险反而进一步加剧。

紧张的满洲局势令东三省民众对北京相当失望。

1910 年 12 月 6 日，奉天全省八个团体四十六个州县的工、商、学各界群众万余人游行，血书旗字，齐赴东三省总督府。东三省总督锡良立即向北京汇报，言辞急切，东三省形势“迫不容待”，速开国会为救亡之良药，“早服一日即早救一日之亡”。摄政王载沣接到锡良报告震怒，斥责锡良：“缩改开议院年限，前经廷议详酌，已降旨明白宣示，不应再奏，东三省地方重要，该督有治事安民之责，值此时限，尤应力任其难，毋许藉词诿卸，致负委任。”

北京的反感和不耐烦进一步刺激了奉天各界民众，跪在东三省总督府前的请愿民众不愿离去，各界推选出赴京的全省人民代表董之威、刘焕文、舒继祖等十五人，希望人民代表赴京请愿，向皇族亲贵们力陈东三省之危，速开国会以救危亡。12 月 10 日，奉天各界公饯赴京请愿代表。12 月 11 日，在吉林、黑龙江两省代表还未赶到奉天的情况下，奉天的 15 人请愿代表迫不及待启程赴京。

12 月 15 日，奉天请愿代表一行在天津下车，与各省在天津的学生共开茶话会，希望同学组织全国学生请愿同志会，作为东三省的后援。全国学界同志会很快在天津成立，学生们公推温世霖出任会长。拥有秀才文凭的温世霖曾在直隶总督府出任幕僚，在官场拥有相当多的人脉。12 月 20 日，温世霖和直隶咨议局议长阎凤阁等带领各校学生三千八百余人，打着各色旗帜，高举着“立宪救国”、“速开国会”等标语，呼喊着“誓死请愿”等口号，强烈要求直隶总督陈夔龙代奏。

1910 年 12 月 21 日，奉天、直隶的请愿代表到资政院呈递了请愿书。22 日，请愿代表们谒见了奕劻、那桐，希望两位军机大臣能够将请愿书面呈摄政王载沣。没想到清执政集团暴怒，清廷于 24 日颁布上谕，训斥请愿代表：“开设议院缩改于宣统五年，乃系廷臣协议请旨定夺，并申明一经宣示万不能再议更张。诚以事繁期迫，一切均须提前筹备，已不免种种为难，各省督抚陈奏，亦多见及于此，乃无识之徒，不察此意，仍肆要求，往往聚集多人，挟制官长。”

清廷在上谕中点名批评了东三省的请愿代表：“今又有以东三省代表名词来京递呈，一再渎扰，实属不成事体，著民政部、步军统领衙门立即派员将此项人等迅速送回原籍，各安生业，不准在京逗留。各省如再有聚众滋闹情事，即非安分良民，查拿严办，毋稍纵容，以安民而防隐患。”当天晚上，肃亲王、民政部大臣善耆亲自带着军警，将东三省请愿代表董之威一干人强行架至车上，押回奉天，部分代表坚决不走，被拘留警厅，旋亦被劝回。

温世霖领导的天津全国学界国会请愿同志会通电各省，速起以为后援，号召全国学生罢课。直隶总督陈夔龙早在21日晚就得到朝廷密令，民众请愿不准再联名要求渎奏，对于请愿领导人要秘密侦查，“稍有可疑，即行密拿请惩”。陈夔龙贴出告示，宣称倘再聚众要求，就是意存扰乱，定当严拿惩办。没想到温世霖发动罢课来支援赴京请愿代表，陈夔龙闻讯大怒，诬陷学生“意存叵测”，“大干法纪”，立派军警前往镇压。

1911年1月2日，清执政集团害怕罢课风潮蔓延全国，严令各省督抚“随时弹压”，“从严惩办”。陈夔龙立即饬令解散学界国会同志会，禁止报馆“危言耸听”，严令商界不准附和，命令军警持枪巡逻，随时驱散聚集的群众。陈夔龙调兵包围学堂，勒令开课。保定学生闻悉，以罢课的实际行动表示对天津学生的支持和对陈夔龙的抗议。陈夔龙急调陆军和警兵将各学堂包围，“不准学生自由出入，往来函件必须拆视”，“昼夜巡防，不稍松懈”。

陈夔龙在奕劻的暗示下，决定拿温世霖开刀，以警告立宪激进分子。1911年1月7日晚，陈夔龙下令将温世霖逮捕。第二天，陈夔龙给北京密电，诬指温世霖为“乡里无赖”，“结众敛钱”，“有害地方”，“擅捏会名，妄称会长，遍电各省，广肆要结，尤为意图煽动，居心实不可测”。在未经司法审判的情况下，陈夔龙将温世霖抹黑成为一个无赖，意图从道德上将请愿领导人拉下马。

温世霖被秘密逮捕的第二天，天津各界知名人士集会共商营救之策，教育家张伯苓等二十六人联名质问陈夔龙逮捕温世霖的理由。1911年1月9日，张伯苓一行赴直隶总督府，陈夔龙只接见了张伯苓一人，进一步抹黑温世霖，大骂“温世霖出身微贱，胆大妄为”，辩称自己“此次执法，实为地方除害”。张伯苓当晚召集天津县四十多名乡议事员准备向咨议局陈请，为温世霖辩护。

张伯苓一行开会之时，陈夔龙接到了北京的密令：“温世霖着即发往新疆，交地方官严加管束，以遏乱萌，而弭隐患。”同时，摄政王载沣向各省发出命令，痛批请愿学生“年幼无知，血气未定，往往被其愚弄”，警告各地官员，一定要重视学生这种“无端荒弃正业，奔走呼号”的现象，“日久恐酿生他变，贻害民生”。载沣下令各省督抚对请愿学生“再行剀切晓谕，随时弹压”，如果再发生奉天、天津的情况，“立即从严惩办，并将办学人员一并重处，以儆其余”。

陈夔龙拿到北京方面的尚方宝剑，对天津各界的营救置若罔闻，当晚密令军警将温世霖押赴新疆。天津咨议局致电摄政王，全体议员愿保温世霖，然已无及。陈夔龙对温世霖的抹黑适得其反，温世霖立即成了立宪的英雄。押送温世霖的消息泄露之后，天津各界募资相送，行至河南更有千余民众欢迎。因为温世霖眼疾未愈，押解巡警对其极为关照，甚至在西安请假度春节，温世霖再次受到英雄般的隆重欢迎招待。

温世霖押赴新疆后，直隶各界士绅对陈夔龙的野蛮愤懑不已，陈夔龙“诚恐因之暴动”，严令军警监视各学堂，同时发布告示继续抹黑说：“温世霖假名结会，遍电各省，胁令罢课，要结挟制”，“此等不安本分，借端滋扰之徒，自难稍事姑容”。陈夔龙恐吓民众：“倘有混徒造谣生事，扰害治安，定即严拿惩办，决不稍贷。”清执政集团“诚恐各省公愤，大起风潮”，特电各省“严加防范”。

温世霖一案彻底激怒了民众，清廷的维稳之策失效。成都各学堂通电全国：“东省危急，蜀学全体罢课，筹对付，请即开国会，望转各界，誓死同行。”湖北学生代表彭康年、邱崇等发动学生实行罢课，定于1911年1月15日在黄鹤楼召开签名大会，湖广总督瑞徵会前将彭、邱两人“驱逐出境”。随后江西、吉林等地发动请愿，北京方面都下令各地督抚对请愿领导人进行秘密侦查，身高、体重、家世均被详细掌握，一旦有变立即弹压，严惩请愿领导人以儆效尤。

国民泣血只求速开国会，拯救危亡，温世霖案一出，“一般舆论谓政府此举，为揭出假立宪面具之一铁证也。不然际预备立宪之时，何以政府作为竟与立宪原理相背驰若此，岂非一面以立宪餂国民，一面又以专制压抑国民乎”？舆论对执政集团的宪政改革相当失望，“今日政府所作为，无一不与立宪相背驰，观其严厉之手段，将有出于梅特涅之上者”。舆论警告清执政集团：“民不畏死，奈何以死吓之，愿政府诸公毋以此面具吓人也。”

辫子里的刀（上）

“世界各国没有带辫发者，独中国留此野蛮制度，甚不雅观。”1910年11月25日，下午2点30分，资政院预备国会现场，议员易宗夔突然向议会提交了一份《剪除辫发改良礼服》的剪辫易服议案，整个会场大哗。

易宗夔的议案真正的提出者是湖南宁乡县人周震鳞。易宗夔将周震鳞的说贴提交给资政院陈请股审查，陈请股拒绝以议案的名义提交议会审查。倔强的易宗夔坚持要将周震鳞的剪辫易服说贴提交议会审查。易宗夔提议资政院预备国会议决剪辫易服案时，议员罗杰也向资政院秘书厅提交了内容一样的《剪辫易服与世大同》的议案。

辫子问题已经成了一个国际笑话。大清帝国派出的外交使节们经常出席重大盛典，按照国际惯例外交官们进场都是骑马，惟有中国的外交官因辫子礼服不便，只能提出坐马车，他国均不在会场提供马车。他国外交官骑马进场时，中国外交官只能随后步行，出场时亦然，犹如一跟班小厮。罗杰在提交的议案中写道，“外交官在外边很受气”，“成何国体”？

“剪发易服非惟无益于中国，反使权利外溢，是我们议员替外国人办了事啦。”议员杨锡田对剪辫易服的提案很是诧异，清朝八旗入关后颁布了“剃发令”，三百年来一直是不可触碰的政治红线，现在罗杰同易宗夔的提案是“变改祖宗的制度”，简直就是“丧失自己的廉耻”。杨锡田的话音未落，整个议场哄乱一片，发辫不剪，何以谈宪政改革？议员们鄙视举人出身的杨锡田，议员们对杨锡田的话除了嘲笑，简直就“无可驳之价值”。

周震鳞的身份挑动了剪辫易服敏感的政治神经。

剪辫易服一直是革命党推翻清执政集团的政治口号，他们宣扬辫子是清朝奴役中华的百年耻辱，鼓动民众恢复大汉发束衣冠与清廷决裂。周震鳞在两湖书院与革命党领袖黄兴同窗五年，1903 年 11 月 4 日在长沙与黄兴、章士钊、宋教仁等十一人创立“华兴会”。1905 年，孙中山与黄兴两人同作周震鳞的介绍人加入同盟会，并委任为湖南支部负责人。1906 年 6 月，孙中山密使赴武汉同周震鳞会晤，被清廷密探窃听遭遇通缉，当年辗转流亡日本，同宫崎寅藏和犬养毅为首的一帮日本政客结为朋友。

1907 年，革命党徐锡麟在安庆起义前，周震鳞回国在安徽暗中襄助，两江总督端方密派水师捉拿周震鳞，周震鳞在友人帮助下逃回长沙。返回长沙的途中，周震鳞得知同盟会从日本派出百名留学生打入清廷的文教宣传机构，制造革命舆论。周震鳞深知北京文恬武嬉，犹如汪洋大海，决定冒险北上。周震鳞抵京后，在京师大学堂谋得了教习一职，向学生们鼓吹革命理念。同时，周震鳞还成为《帝国日报》、《顺天时报》的撰稿人，专门撰文鼓吹革命。

光绪皇帝和慈禧太后相继去世，宣统皇帝溥仪登基，年轻的醇亲王载沣总摄朝政，民众多宪政改革呼声日隆，革命党担心清廷的宪政改革一旦成功，革命失去了基础。周震鳞经常到预备国会现场旁听，有一次旁听时高呼反对口号，投掷座椅，会场大乱，周震鳞当场被警察逮捕，经过革命党的多方营救获释。剪辫易服的说贴正是在释放后提交给资政院的。

周震鳞提交的剪辫易服说贴极尽嘲讽之能事，咒骂爱新觉罗家族一度认为最帅的“金钱鼠尾”辫子简直是野蛮耻辱之极。清廷已经于 1910

年 11 月 4 日宣布宣统五年召开国会，让革命党武装推翻清政权的暴力主张再无市场。现在清执政集团忙于厘定官制，组织内阁，杨锡田深度怀疑周震鳞的动机，在敏感时期提交剪辫易服说贴有分化瓦解清执政集团之意，真实目的是将宪政改革推入泥沼。

载沣总摄朝政后，清执政集团内部党派林立，年轻的摄政王在国际上树立的改革形象不断地被谋取私利的皇亲贵胄们抹黑，辫子是爱新觉罗家族征服中原的政治符号，更是利益集团垄断国家资源的心理筹码。周震鳞的说贴意在刺激爱新觉罗家族最敏感的政治神经，庆亲王、首席军机大臣奕劻派军机大臣、政治盟友那桐密会东三省总督锡良、湖广总督瑞澄，这两位正是载沣推动宪政改革的地方实力派支持者，奕劻试图以三百年的祖宗制度劝谏摄政王载沣毋剪辫易服。

发束衣冠事关祖宗家法，剃刀口的血染红了爱新觉罗的江山。

1644 年，清朝第一位摄政王多尔衮率领大军打进北京城。仰仗汉人文臣武将鼎定中原的多尔衮采取怀柔政策，将朝贺时分成满汉两班，满洲官员剃发留辫，身着满装；大明降臣博冠大秀，束发冠带而朝。有一个奇葩降臣孙之獬毫无士大夫廉耻心，主动剃发穿满装，站到满洲官员之列，满洲官员以“非我族类，其心必异”驱之出列。这位大明朝的进士再回汉班，大明降臣们以其满装而不纳。

孙之獬恼羞成怒，给顺治皇帝上折奏请改制：“陛下平定中国，万事鼎新。而衣冠束发之制，独存汉旧。此乃陛下从中国，非中国从陛下也。”顺治皇帝还是个七岁的毛孩子，摄政王多尔衮被孙之獬的话震惊。1645 年 6 月，多尔衮以皇帝之名颁布了《剃发令》，“自今布告之后，京城内外，限旬日，直隶各省地方，自部文到日，亦限旬日，尽令剃发，遵依者为我国之民，迟疑者同逆命之寇，必置重罪”。

发束衣冠很快就上升到政治高度。清廷在广州颁行的《易服剃发令》中说：“金钱鼠尾，乃新朝之雅政；峨冠博带，实亡国之陋规。”武装部队不断地在各地巡逻，凡是没有按照朝廷之令剃发者，一律就地正法。

深受多尔衮信任的汉臣陈名夏私下议论，“只须留头发、复衣冠，天下即太平矣”，多尔衮接到弹劾陈名夏的奏折，立即下令将陈名夏绞死。在剃发令的高压之下，“闾左无一免者，金钱鼠尾，几成遍地腥膻”。

剃发成了衡量民众效忠朝廷的政治尺度，清执政集团严令："若规避惜发，巧辞争辩者，决不轻贷。”各地官府令剃匠负担于市，强行剃发，“汉人薙发，违者杀无赦”。浒墅关民丁泉因“周环仅剃少许，留顶甚大”，江苏巡抚以“本犯即无奸宄之心，甘违同风之化，法无可贷”为由向皇帝报告，结果皇帝亲自朱批处斩，县官也以失察罪“从重议处，家长、地邻即应拟罪”。

“身体发肤，受之父母，不得毁伤”，千年的汉儒发式和盛唐袍服是华夏民族文化传统的象征，对于汉族士大夫来说如同己命，发束衣冠的改变实质上是对汉族文化习俗的割裂。民众对孙之獬献策剃发的汉奸行为恨之入骨。1667 年，山东义民谢迁攻入淄川，杀了孙之獬全家，“首将之獬一家杀死。孙男四人、孙女孙妇三人，皆备极淫惨以毙。而之獬独缚至十余日，五毒备下，缝口支解”。

孙之獬将发束衣冠上升到一个国家统治的政治高度，成为爱新觉罗家族制造心理恐惧的筹码。民众逮住了这位祸首岂能不消遣一番？杀了孙之獬一家后，民众将孙之獬捆成了粽子，十多天时间用尽消遣之术。孙之獬曾是大明王朝的进士，一度官至侍讲，口才了得，民众不想听孙之獬巧舌如簧的求饶，用针线缝上孙之獬的嘴，用钝刀一片片地将其脔割而死。民众泄愤孙之獬的同时，意在儆戒他人。

满洲八旗入关之时昭告天下，明亡于流寇，发束衣冠给汉族士庶脸上蒙了一层“遮羞布”。孙之獬的剃发之策如同宣布士庶就是“亡国奴”，为了剃掉士庶心中之发束，历代执政者捍卫的儒家圣贤孔子都必须剃发。没错，孔子的塑像都必须剃成“金钱鼠尾”。孔子的二十六代孙、陕西河西道孔闻謤实在忍不住，给摄政王多尔衮上了一道折子，“礼之大者，莫要于冠服。自汉至明，制度虽有损益，独臣家服制，三千年来未之或改。今一旦变更，恐于皇上崇儒重道之典，有未尽也。应否蓄发，以复先世衣冠？”

孔闻謤的折子明面上是恢复祖宗之发束衣冠，事实上是希望多尔衮恢复汉家发束衣冠以化解日益激烈的民族冲突。满洲八旗征服中原，势必要“中国从陛下也”，多尔衮给孔闻謤上了一堂孔圣人哲学，“中外一家，君犹父也，民犹子也，父子一体，岂可违异”？多尔衮嘲讽孔闻謤简直玷污祖宗，对其“姑念圣裔免死”。为了以儆效尤，给天下士庶一个下马威，多尔衮宣布，大明王朝的进士、孔圣人的后裔孔闻謤永远不许做满清王朝的官。

孔子一直是读书人的精神领袖，更是执政者笼络士子之心的圣宗，现在孔圣人都要剃成“金钱鼠尾”的小辫子，天下读书人绝望了。江阴秀才许用召集青年学子于孔庙集会，誓言“头可断，发绝不可薙也！”江阴知县方亨是明崇祯时的进士，河南还在明军手上时偷偷出境投降清军，一到江阴任上就发出了“三日薙发令”，许用孔庙集会后方知县更是全城张贴了“留发不留头”的强硬布告，愤怒的读书人操起了大刀长矛。

青年学子公推小吏典史阎应元为主帅，阎应元任命一干小吏、缙绅为将。阎应元率领的军队号称是抗清联军，实际上就是以农民组成的乡兵和市井百姓组成的民兵的乌合之众。阎应元的乌合之众抵御了十万八旗铁骑，血战八十一天，歼灭清兵七万五千余。城破以后，清军下令屠城，江阴士庶拼死巷战，“竟无一人降者”。八旗铁骑封刀之日，清军在一佛塔顶端发现五十三名病废残疾幸存者。

围攻江阴的清军一度劝降城里的读书人，江阴城里给清军送去了一份措辞强硬的《答清兵劝降书》：“虽经易代，尚不改衣冠文物之旧。岂意薙发一令，大拂人心，是以城乡老少，誓死不从。”士庶均将削发胡服视为悖逆祖宗的奇耻大辱。南明威虏将军邵一梓兵败被俘，行刑前邵一梓只提出不要剃发的唯一要求，清执政集团的精英们为了从心理击垮南明的抵抗，强行将邵一梓的头发剃掉，邵一梓泪如雨下，“使我无以见君亲于地下！”

清执政集团通过剃发来彻底隔断士大夫们同大明王朝的精神纽带，真正实现“中国从陛下也”，剃发成了忠诚与背叛的政治尺度。士大夫们用生命捍卫发束衣冠，捍卫的是千年的儒家文化，从秦朝的刑典开始，历朝历代的律法均将剃发同纹面、残肢并列，以羞辱奴仆与已定罪犯人。汉族的士庶们拼死捍卫的还有祖宗家法，一旦剃成“金钱鼠尾”，死后都无法与九泉之下的祖宗们相认。

汉族士庶“留发不留头”的疯狂染红了爱新觉罗家族的江山。江阴之后，南方多地为发束衣冠血战。剃发留辫对于北方的女真族来说就是一风俗习惯，只是到了努尔哈赤一统女真部落后，统一的发辫成了一种征服的标志。1622 年，努尔哈赤进兵广宁，那些投降和依附满族的各族民众时有反叛，为了军政的管理和打击反叛者的心理，努尔哈赤下达了“老年人可以不剃，年轻人必须剃”的强制剃发令，剃发留辫才慢慢地上升到国家政治的高度。

满洲的铁骑横扫大江南北，却难以跨江渡海，清执政集团从顺治到康熙，一直同盘踞台湾的郑成功家族谈判。郑成功的儿子郑经对大清谈判使臣说，“先王在日，前后招抚者，亦只差削发二字，若照朝鲜事例，则可”。郑成功统治台湾时期，北京同台湾的和谈多次因剃发问题告吹。剃发是清执政集团的底线，拒绝剃发视为造反逆寇，郑经统治台湾期间同样三番五次拒绝剃发谈判，“本藩焉肯坠先王之志”。

和平统一台湾的谈判陷入僵局之时，以吴三桂为首的大明降将开始武装反叛，同台湾形成东南、西南遥相呼应之势。吴三桂用复发束衣冠为政治口号，大军所过州县均下令剪掉辫子，不到半年时间就占据了清朝半壁江山。剃发与剪辫子成了争夺江山的筹码，清执政集团集全国之力，剿灭了三藩之乱。随后，统一了台湾，郑氏家族的男丁一如孔圣人后裔一样，乖乖地剃成了“金钱鼠尾”。

到了乾隆皇帝时期，剃发问题就成了常规的“政治罪”。1768年春天，江南几起控告石匠、乞丐、游方僧割辫叫魂的案宗震动了清执政集团，乾隆皇帝通过秘密的渠道，调动帝国所有的政治力量搜捕无厘头的叫魂案，将民间单纯的个体行为上升到族群的政治冲突高度，大搜捕的过程成了一场皇权同民间草根文化的较量。辫子成了政治的晴雨表，几起民间封建迷信，就令乾隆皇帝高度紧张，盛世强大的专制皇权在草根文化面前表现得是多么的脆弱和恐慌。

剃刀一直流淌着鲜血。

1851年，太平军在广西起义，发布的《奉天讨胡檄布四方谕》将发辫问题上升为革命口号：“夫中国有中国之形象，今满洲悉令削发，拖一长尾于后，是使中国人变为禽兽也。”太平军严令军队、干部“不许剃头，留须蓄发，复中原古制”。对于起义军占领区，太平军通过文宣舆论，鼓动民众“应知乃祖若宗并非胡种，自当蓄须留发，脱去妖形”。

发束衣冠成了清军同太平军在战争中争夺的焦点。太平军打到哪里“蓄发令”就发到哪里，并且是太平天国政府的第一道军事命令。清军对拒绝剃头的民众杀无赦，太平军同样严惩拒绝蓄发者，宣布“有再剃者杀无赦”，“凡剪发剃胡刮面，斩首不留”。一旦太平军败走，清朝地方官就挂出“限三日内剃发”的公告，同样担心遭遇清军杀无赦的民众以为“长毛既遁，官兵且至”，便“争先剃发”。

民众裹挟进无情的战争之中，他们无权决定自己的发束衣冠，在清朝的三百年间发束衣冠永远都是各种政治势力争权夺利的筹码。1879年，在夏威夷读书的孙中山就同国际友人抱怨，辫子是满洲人强加给中国人的愚蠢风俗。1894年，孙中山投书李鸿章失败，决心革命，在檀香山成立兴中会，孙中山在成立宣言中痛陈清廷庸奴误国，荼毒苍生，使“堂堂华夏，不齿于列邦，文物衣冠，被轻于异族”。辫子成了孙中山革命的口号。

1895年，孙中山组织第一次广州起义失败，和搭档陈少白逃亡日本，当地谣传日本将允许清廷引渡革命分子，当地华侨多视孙中山的暴力革命大逆不道，孙中山和陈少白在日本剪除发辫，乔装远游美洲。孙中山剪辫易服与清廷决绝，不少流亡海外的革命党纷纷剪掉辫子。《马关条约》签订后，民众对清执政集团已经失望至极，以康有为为首的一帮书生鼓动光绪皇帝学习日本明治维新，励精图治变法维新，辫子问题成了戊戌变法的死结。

戊戌变法失败后，康有为在逃亡香港的轮船上对英国驻广州领事班得瑞（F.S.A.Bourne）说："高官中的旗人，他们的不满伴随着变法诏令连续公布而逐渐加深，到光绪意欲改变中国辫子风俗的诏令一出，旗人的不满竟达到顶点。"班得瑞对康有为说的辫子问题成了旗人反对变法之说很不理解，康有为解释说："对满洲人说来，割掉象征旗人征服汉人的辫子，即等于否认旗人在中国的统治。"

辫子问题在清执政集团内部掀起了轩然大波，康有为一行逃亡海外后，光绪皇帝购买的西装还没有来得及穿上，慈禧太后就召开御前会议，当着王公大臣的面训斥光绪皇帝："小子为左右荧惑，使祖宗之法自汝坏之，如祖宗何？"滑稽的是，清执政集团曾经不顾汉族士庶九泉之下难与祖宗相认的痛苦，现在的慈禧太后倒开始担心爱新觉罗家族的人剪辫易服后死了不能与列祖列宗相认，愤怒之余，下令将光绪皇帝圈禁瀛台。

1900年，八国联军打进北京城，携光绪皇帝逃到西安的慈禧太后警醒，国家"庸俗之吏多，豪杰之士少。文法者庸人借为藏身之固，而胥吏恃为牟利之符"，"误国家者在一私字，祸天下者在一利字"，慈禧太后才意识到从古至今"无一成不变之法治"，国家到了生死存亡关头，利益集团"肥利身家之积习"必须改变。清执政集团掀起了一场自上而下的新政，海外的革命党开始不断地向国内遣返留学生，让这些留学生进入政界、军界，"藉权倾虏廷"。

一直图谋通过剪掉辫子成就变法伟业的康有为在日本听闻朝廷新

政，仰天长叹，泪流满面。因长辫子在日本常年遭遇嘲笑的康有为决定剪掉辫子。剪辫子的那一天，康有为设香案，向北京方向诵奏文，行三跪九叩君臣大礼。请来的日本理发师站在一旁，莫名其妙地看着康有为神叨叨的仪式，他已经问了好几次是不是要理发。等康有为礼毕，理发师刚拿起剪子，忽然十几串鞭炮齐鸣，理发师大吃一惊，把手上的剪子都吓掉了。

康有为剪辫子立即在留日学生中引起轰动，留学生们纷纷剪辫子穿西服。回国的留学生进入军界、政界后也不断地鼓动剪辫易服。1904 年，训练全国新军的练兵处筹划仿效外国军服未改变中国军队的服装式样，理由是“兵士之战，现在多系伏腰于地，打枪相攻，兵士背上有种种背负物，已将及顶。际各国兵士当伏地鸣枪时，头仰刚贴于背负物，我国兵士有辫结，则因为辫结所碍，头不能仰，则万不能战”。

1905 年，宪政改革呼声日隆，慈禧太后派大臣出国考察宪政，跟随考察大臣端方、戴鸿慈的四十多名随员中“剪辫者已居其半”，其中“有翰林，有道府，有教员，有武员，一切皆有职衔者”。考察团的剪辫行动迅速被舆论放大，警察、学生也开始纷纷剪辫易服。面对“军界中人纷纷截落发辫者不可胜数”的剪辫风潮，清执政集团惊慌失措，练兵处不得不下令禁止军队剪辫，“准擅自截割，违背定制”。同时，清廷向学部下达了同样的禁令。

军方的禁令并没有让剪辫风潮归于沉寂。1906 年，出国考察宪政的镇国公载泽回国，按例到紫禁城向慈禧太后进行汇报宪政考察工作，汇报的时候提出剪辫之事。载泽是康熙皇帝第十五子愉恪郡王允禑之五世孙，娶慈禧太后二弟承恩公桂祥之长女静荣为妻，静荣的妹妹静芬是光绪帝皇后。慈禧太后听完载泽汇报后，对剪辫建议“深滋不悦”。不久，考察大臣戴鸿慈向慈禧太后面呈削发之利便，皇太后“笑而不言，未蒙允许”。

慈禧太后的“笑而不语”令督抚们惊慌失措，两广总督岑春煊将那些剪辫子的商人拽回总督大堂扒光裤子当众鞭责。继任的两广总督周馥下令剪掉辫子的军人、学生“三个月留回，如违重咎”。革命党人嘲笑这些积极推进宪政改革地方自治试点的督抚们，“以此种人而谈地方自治，岂有效果耶？何不先教以自治其身，勿使为外国人所窃笑耶？”革命党以辫子问题进一步攻击宪政，“专制国所谓立宪，所谓地方自治，如是，如是”。

1908 年，光绪皇帝和慈禧太后相继去世，年轻的醇亲王载沣总摄朝政，载沣在罢黜袁世凯后自任海陆军统帅，弟弟载涛任军咨大臣，总参三军，载洵筹办海军。1908 年底，时任禁卫军统帅的载涛只用了五个月时间，完成了禁卫军西式军服制的改革，随后又制定了禁卫军警察队服色章记。按照西式军服制度的要求，军人不能有辫子，军人剪辫子成为趋势。载涛的真正目的是通过禁卫军改革试点，进而借编订大元帅服制的机会，将剪辫易服行动推向全国各界。

1909 年 9 月，全国二十二个行省除新疆纷纷成立咨议局，国会预备机构资政院也在紧锣密鼓地筹备之中。载涛突然给摄政王载沣提出建议既然现在皇帝按照《钦定宪法大纲》亲任海陆军大元帅，就应该率先易服为军民表率：“今立宪各国君主除祭祀用礼服外，余则均以军服为常衣，受朝贺则用军礼服，见臣僚则用军常服，一切典礼无不以军服为衡，所以崇尚武之精神、表军国之主义者，意深且远。”

1909 年赴欧美考察海军的载洵给摄政王载沣发电报：“非剪发易服，不足振起全国之精神，恳请明降谕旨。”江西提学使汤寿潜也通过秘密渠道向载沣建议，“易服削发，一新天下耳目”。1910 年 6 月，载涛在美国檀香山考察期间未见发辫，报章大肆渲染载涛剪辫一事。报章称载涛考察各国军政，洞观世变，益知中国发辫不适合于世界大势已在海外剪辫。报章还披露说，载涛在欧洲期间，凡到各言说场时，均改易西装。

载涛剪辫易服立即成为全球关注的焦点，后来证实载涛因发辫“关系国粹”剪辫受阻，舆论对载涛剪辫受阻大为不满。报章警告清执政集

团 :“不剪辫易服，不仅阻碍革新，而且影响满汉调和，现在民心受革命党刺激已有所浮动，发辫与服饰尤为刺激民心之处，如果再不借剪辫易服消除满汉畛域，种种隐而未发的冲突将不可避免。”舆论对晚清的宪政改革相当失望，剪辫易服这样最易改革者政府尚不愿改，其他种种改革更加没有希望。

辫子里的刀（下）

庆亲王奕劻犹如一条丧家狗。

1907 年 7 月 6 日，安徽巡警学堂枪声大作，巡抚恩铭望着自己的心腹徐锡麟检阅毕业生满脸笑容。在呈报毕业生花名册时，徐锡麟突然朝恩铭连开数枪，巡抚卫队迅速将血流如注的恩铭抬回巡抚衙门。“斩首行动”告捷的徐锡麟率领革命党冲入安庆军械所，清军包围了军械所，激战四个小时后，徐锡麟化妆潜逃。很快，徐锡麟被逮捕。7 月 7 日，徐锡麟的心肝被挖出祭恩铭之灵后，被恩铭的卫队烹熟下酒。

恩铭是奕劻最得意的女婿，这位满洲镶白旗的举人 1906 年坐到了安徽巡抚的高位，在安徽重用严复为首的新人，兴办教育，创立了讲武堂、警察学堂、测绘学堂等一系列的军警院校，改革安徽新军、警察部队。恩铭在安徽推行的地方自治令奕劻引以为傲，恩铭的死令奕劻悲恸不已，安徽的地方自治全面停顿。奕劻曾经结盟袁世凯，积极推动宪政改革。载沣总摄朝政后，袁世凯遭遇罢黜，失去女婿和盟友的奕劻成了新政权的丧家狗。

袁世凯在进京参加慈禧太后主持的御前会议之前，誓言以官爵换宪政改革。恩铭主政安徽的一年里迅速试验地方自治。奕劻结盟的改革者一个个远去，同时失去慈禧太后的清廷已经成了皇族少壮派的天下。载沣三兄弟掌握了枪杆子，载泽垄断了货币财政之权，肃亲王善耆掌控了警察民政之权，就连贝勒溥伦都霸占了国会预备机构资政院。留给奕劻的只有军机处这一根救命稻草，他只能通过军机处来获得更广泛的权利，进而垄断未来的责任内阁。

奕劻需要新的政治盟友，剪辫易服是最佳的机会。日俄一直侵蚀满洲权益，龙兴之地的安危令清执政集团寝食难安，三朝元老锡良总督东三省后，在满洲地区推动军事、经济和官制改革，成为宪政改革地方自治的模范。锡良现在同湖广总督瑞澄成了宪政改革的急先锋，多次联名电奏速开国会，两人成为名望天下的宪政疆臣，但两人均反对剪辫易服。载沣密诏两人进京觐见，问策宪政改革方略。奕劻决定派政治盟友、军机大臣那桐会晤两位疆臣。

1910 年 8 月 30 日，那桐在宪政编查馆同锡良、瑞澄进行了会晤。锡良明确表示在剪辫易服方面支持奕劻。瑞澄则从利权问题表达了自己的意见："剪发势必易西服，而西人服装多以呢绒制造，中国现在自造呢绒有限，势必大量进口，将造成很大漏卮。"瑞澄担心全国范围内剪辫易服对国民财力是一个沉重的负担："现在民力艰难，如果必须剪发，易服只可限于官界，其余商民则听其自便。"

同期，隆裕太后接到一份满洲御史的奏折："各国自有制度，不应强求从同，而且国家强弱也不在服饰外观。"御史的话令隆裕太后觉得颇有道理，现在清廷推行宪政改革，"如果能修明文教、整饬武备，即使不剪发，同样也可自强。若仅注重表面，即使全国剪发也绝难救亡。"满洲御史提醒隆裕太后，剪辫易服隐含流弊甚多，恐一旦实行后便难以挽回，朝廷政治应注重远大重要者，不应为莠言所惑，仅注意皮毛。

1910 年 8 月 31 日，那桐到政务处，会同外务部、度支部与锡良商办要政。当时日本全面监管朝鲜，剑指吉林，大有入关直寇京畿之势，同时俄罗斯远东司令部意欲出兵满洲地区，阻挠锡良在蒙古与满洲地区的军事部署。锡良在东三省的行政、军事、货币改革需要得到政务处、度支部的支持，更需要奕劻掌握的外务部争取外交空间。东三省的军事改革成为奕劻分化锡良同载涛他们的重要筹码，载涛图谋中央军事集权，锡良没有军事自主权难以应对紧张的满洲局势。

9 月 4 日，奕劻的生日。那桐一下班就直奔庆亲王府祝寿，奕劻的一干党羽早已到齐，众人秘密小会，商洽抵制剪辫易服策略。当天，那桐还密会了文华殿大学士世续，这位满洲正黄旗亲贵是奕劻的政治盟友，光绪皇帝去世后独言“国事艰危，宜立长君”，令载沣兄弟大为不快，载沣摄政将世续赶出军机处，以亲信毓朗充任军机大臣。奕劻每有政治布局，一定征求世续的意见。那桐代表奕劻就剪辫易服问题进行了反复商量，“谈许久归”。

9 月 5 日，首席军机大臣奕劻主持政务处王大臣会议。各地速开国会请愿团三次进京，宪政风潮愈演愈烈，一直图谋责任内阁总理之位的奕劻相当紧张。隆裕太后身为皇权的捍卫者，因速开国会问题久拖不决而怀疑载沣的执政能力，奕劻频繁向隆裕太后示好，隆裕太后对奕劻赏赐不断。有了隆裕太后的垂青，奕劻在取得锡良、瑞澄对剪辫易服的支持的情况下，决定分化载沣三兄弟的宪政改革阵营，为布局责任内阁争取时间。

政务处会议上发生了激烈争吵。军方代表以军事现代化需求，力主剪辫易服。学务部的代表对全国各地掀起的学生剪辫易服风潮忧心忡忡。商部代表从现代机器安全角度提出工人应该剪辫易服。那桐为首的奕劻党羽唇枪舌剑，一直坐在上首位置的奕劻没有发言。皇族少壮派为代表的军方态度一直强硬，奕劻担心在剪辫易服问题上纠缠下去很容易擦枪走火。奕劻最后站出来表态：“发辫对于军界确有种种不便，但对于学界尚无甚妨碍。”

政务处王大臣会议争吵之时，安徽爆发了饥民起义，饥民领袖李大志率领民众攻占县城。没错，就是令奕劻伤心欲绝的安徽，自己的女婿在那片土地上被打成筛子。安徽的饥民起义是一个危险的信号，湖北武穴、湖南长沙、苏北等地也相继发生了饥民暴动，山东莱阳农民曲诗文更是一个狠角色，他杀掉妻女对众盟誓，率领数万农民暴动。当民众以必死之心同执政者决绝时，执政者的高压维稳已经失灵，清政权已经走到了尽头。

奕劻对军界妥协剪辫易服案背后，摄政王载沣加强军事集权的动作越来越大，频繁的群体性事件是载沣三兄弟抓枪杆子最好的借口。1910年8月7日，载沣突然改组军机处，将世续、吴郁生逐出军机处，宗室毓朗贝勒、东三省总督徐世昌入值军机。毓朗曾经管理过巡警部，协助过载涛改革禁卫军，是一位军方鹰派人物。徐世昌是袁世凯的盟友，在总督东三省期间大型军政改革，同奕劻关系密切，在剪辫易服方面同奕劻存在分歧。

世续同吴郁生调离军机处令奕劻很失望。在皇族少壮派眼中，世续谨小慎微，对世界大趋势过于茫然，对宪政改革多有隔膜。吴郁生进入军机处时间很短，一到军机处就遇到剪辫易服问题，吴郁生坚定地站在奕劻一边。载涛极力主张剪辫易服，载沣认为宪政改革已经改变了祖宗创设的政体，剪辫子未必会亡国。吴郁生跟摄政王顶嘴："剪发后，中国未必亡，但大清已经亡了。"摄政王一怒之下，让吴郁生同世续一起离开军机处。

毓朗身为皇族，同载沣、载涛、载洵三兄弟曾经是贵胄学堂的同学，慈禧太后、光绪皇帝大丧期间，毓朗、载涛、载洵三人被特命穿孝服百日。载沣摄政后，毓朗赏食双俸，除了专司训练禁卫军外，还同载涛一起总司稽查守卫禁宫。随后，载沣调任毓朗担任步军统领，专门负责紫禁城周边护卫。按照清祖制，步军统领一职非亲信大臣不得派充。毓朗进入军机处更成了载沣三兄弟在军机处的代言人。

剪辫易服事关祖宗制度，慈禧太后在世时已经向国民承诺宪政改革，祖宗定下的政体都可以变更，何况区区发辫呢？载涛、载洵兄弟俩主持军事，当时军人在社会上的地位不高，因作战训练需要，发辫盘于头顶，从外表看剪与不剪没有区别，在军队推行剪辫子不会引起社会混乱。毓朗在进入军机处之前，已经协助载涛在禁卫军、步军统领衙门进行了大幅度的剪辫易服改革，摄政王载沣默认了军队的剪辫易服改革。

北洋新军一度因为载沣罢黜袁世凯而蠢蠢欲动，皇族少壮派对袁世凯的党羽进行了定点清除，各部司大员纷纷被罢黜、带病休假，连宪政自治试点的东三省总督徐世昌也调回北京。为了平衡清除袁世凯带来的政坛震动，载沣将徐世昌调任邮传部，让他修铁路去。重组军机处时，同时罢黜奕劻的两名同盟，载沣担心奕劻反弹加深同隆裕太后的结盟，因为度支部大臣载泽是隆裕太后的妹夫，一旦奕劻、隆裕太后、载泽三方结盟，载沣三兄弟的军事、财政、皇权三大权力将完全架空。调徐世昌进入军机处可缓党阀之危。

徐世昌是袁世凯的把兄弟，奕劻一定会将徐世昌视为一党，军机处还在奕劻的掌握之中，奕劻就不会急于同掌握财权的载泽和捍卫皇权的隆裕太后结盟。奕劻万万没有想到，徐世昌进入军机处才两天，在载沣召见时力陈发辫之害，现在舆论嘲讽宪政只是“涂饰人民的耳目之具”，发辫作为一个三百年的政治符号，剪辫可弥合满汉民心，更可彰显朝廷锐意改革之决心。徐世昌建议剪辫易服改革“先由各亲贵实行以为倡率”。

载沣重组军机处时，同时调任驻德公使荫昌回国出任陆军部大臣。1900 年 6 月 20 日，德国驻华公使冯·凯特勒（Freiherrvon Ketteler）遭遇虎神营官兵枪杀，1901 年身为光绪皇帝的弟弟醇亲王载沣赴德向德国皇帝赔罪，赴德路上，荫昌对载沣一路鞍前马后，成为载沣的心腹。荫昌后在德国学习陆军，出任驻德公使之前在陆军部担任副部长级的右侍郎。荫昌一到北京城就一身西式军装，搞得那些拖着长辫子穿着长袍马褂的陆军部司员惭愧之极。

荫昌很快被摄政王载沣召见，身着西式军装的荫昌向载沣提议，军界人员无论在军营还是衙门，一律穿着军服剪去发辫，“剪辫易服后不仅可一洗萎靡不振之气，而且可令军人知朝廷注重之意”。第二天，荫昌按例到政务处王大臣会议述职，当着庆亲王奕劻、军机大臣那桐等王公大臣的面，荫昌再次提出了军人剪辫易服的主张，“剪发一事与军制有密切关系，务须恳请实行”。经过毓朗、载涛的不断推动，荫昌的主张获得了多数王公大臣的赞成。

政务处王大臣会议对荫昌主张的首肯令军方势力兴奋不已。第二天，载涛主持召开军咨处会议，讨论整顿军备事宜。作为海陆军的参谋军政总机关，军咨处成为军事改革的中枢，除了陆军部大臣荫昌到会外，军机处派出军机大臣毓朗、徐世昌参会。军咨处会议决定陆军部各级官员一律着军服入署办公。荫昌在会上慷慨陈词，辫发长服为军事所忌，希望早日实现剪发、着军装上朝之目的。

荫昌的着军装上朝之设想，意在将剪辫易服改革推向纵深。

跪拜礼仪在中国沿袭千年，屈膝叩首之间尊卑立现。戊戌变法前夕，梁启超呼吁废除跪拜礼仪：“自天子降尊始，不先变法拜跪之礼，上下仍习虚文，所以动为外国讪笑也。”戊戌六君子之一的谭嗣同抨击“繁琐拜跪之仪”是束缚、钳制国民思想，“以挫其气节”的卑鄙统治之术。荫昌、载涛他们鼓动载沣穿大元帅军服，因为军服没法行跪拜之礼，挫其气节的礼仪可废除，借此消弭满汉决绝之心，有利于加速宪政改革。

光绪皇帝临终前向天下承诺宪政改革，国民对宪政改革充满期待。舆论抨击剪辫易服这样的小事都屡遭阻碍，可以看出执政者根本无意革新。面对奕劻为首的反对派，舆论警告摄政王载沣，“此种人辅弼国家，必然失人心而残国脉”，现在国家已经是内忧外患，如果执政者再不“急起直追”，国势更加难以挽救。国内不断爆发的国会请愿证明，国民盼望国家有所转机的心理是很强烈的，执政者“莫负国民之望，为国家开启一线生机”。

“皇上躬行剪发为天下先，使天下人耳目一新，立宪精神亦从此大振。”罗杰议员认为，“这个立宪政体不是变更祖制吗？既然政体可以变更，何有区区发辫呢？”罗杰议员显然比载涛为首的皇室贵胄更为激进，既然皇帝已经于 1910 年 11 月 4 日诏令天下，宣统五年将召开国会，如果连一根辫子都剪不掉，执政者心中的辫子岂能剪掉？如果皇帝不向躬行国民做出表率，亲王大臣们继续发辫满服，何谈宪政改革的决心？

无论是载涛，还是荫昌，他们身为八旗亲贵，身居中枢，他们的一言一行都受到祖宗家法的重重约束，他们必须在体制框架之内寻求改革的空间和基础。军界改革能够降低亲王贵胄的反对之声，更能表率天下士庶，符合晚清体制改革的运作规律。载涛向载沣提交了一份剪辫易服报告，汇报舆论民心对剪辫易服的期待，力陈剪辫易服对宪政改革的利害关系。载涛甚至向载沣拍胸脯："如以臣所奏为非，臣即有欺君之罪，情甘退居林下。"

同期，中国驻意大利公使吴宗濂向载沣发来密电，请求外交官照军官出洋短衣之制改装易服："各国外交礼服采异制同，视为一律，独我冠裳宽博，参差显著，非所以尊国体，协邦交。"载沣将吴宗濂的密电批转给宪政改革机构宪政编查馆开会讨论，同时抄送军咨处、陆军部、海军部和外务部。剪辫易服已经事关帝国在国际上的形象问题，载沣很快传谕载涛到摄政王府，秘密会商剪辫易服实行办法。

摄政王府的秘密会议刚一召开，禁卫军突然哗变。

毓朗以禁卫军为皇上宿卫，提议应该为剪辫易服之表率。禁卫军的剪辫易服可谓煞费苦心，毓朗挑选一位留日归来的团长级的统带先剪发，因为这位统带在日本留学期间早已剪掉辫子。统带剪发后，有五名士兵效仿。没想到统带管理的步队一营其余士兵集体反对，将五名剪掉辫子的士兵围起来。统带鸣枪申饬哗变士兵，没想到数百名士兵一哄而散。毓朗得到汇报后，向剪发士兵每人赏银十两，逃散士兵不予追究，另行从八旗军队抽调补充禁卫军。

禁卫军的哗变把毓朗吓坏了，一旦哗变风潮蔓延整个禁卫军，皇上将危在旦夕。皇太极曾经向爱新觉罗的子孙们立下遗训，"本国衣冠言语不可轻变"，后世子孙"勿变弃祖宗之制耳"。发辫满服成了从皇帝到士庶都必须遵守的国家制度。乾隆皇帝更是立下"累世相传之家法"，子孙们必须“敬谨遵循”发辫满服制度，“永垂法守”。身为乾隆皇帝长子永璜一脉宗室，禁卫军哗变事件令毓朗变得异常谨慎。

载涛担心刚一打开的局面因哗变而搁置，同毓朗商议在禁卫军及各军继续推行，毓朗突然改口以未奉摄政王明谕，不便鲁莽行事为由拒绝了载涛。一度形成的以载涛为首的军方改革派，突然因为禁卫军哗变而令改革派内部出现了分化。一直势弱的奕劻一党喜笑颜开，那桐就曾嘲笑载涛他们推动的剪辫易服改革：“国家强弱不在于是否剪辫，只奥能振刷精神，事事不落人后，他国自然会对中国望而生畏，徒讲形式上文明，只是自欺饰非之计。”

曾经的柏林谢罪令高贵的载沣王爷倍感屈辱，载沣在 1908 年独柄朝纲后努力树立改革的形象，当载涛为首的军方势力提议以剪辫易服来推动宪政改革的策略后，载沣曾数次召开御前会议共商宪政改革大计，每次“监国言毕时泪涔涔下”。剪辫易服可顺应民心、振起民气，“合朝野上下为一体，奠长治久安之宏规”，但是救亡中国的改革策略让载沣陷入作茧自缚的困境，剪辫易服不仅是违背了祖宗家法，更要命的是否定了爱新觉罗家族统治的合法性。

剪辫易服事关爱新觉罗家族执政的合法性，在执政集团内部不可避免会出现反对力量，这给宪政改革制造了新的障碍，载沣不断召开御前会议征询各方意见，意在缓和执政集团内部矛盾，可是以载涛为首的军方势力加速推进剪辫易服，进一步加速了执政集团内部的分裂。禁卫军哗变表明载涛一党不具备压倒对手的智谋和实力，而身为摄政王的载沣不仅没有掌控执政集团的权威和手段，在改革的策略上毫无政治智慧。

宪政改革的策略和目标令载沣苦不堪言，剪辫易服的改革策略不仅没有给改革提供支持，反而引发了执政集团内部的矛盾。奕劻同隆裕太后结成了政治联盟，隆裕太后借毓朗进入军机处斥责载沣怀私，要求载沣将闯下禁卫军哗变大祸的毓朗逐出军机处，载沣不得不做出妥协，每次御前会议四位军机同上，“少坐即退，复召回庆邸、那相，始议朝政”，身为军机大臣的毓朗“不得与闻”。

载沣权柄摄政王之始，国民对新一代领导人寄予厚望，尤其是以载沣、载涛、载洵、荫昌为首的少壮派均有游历欧美的经历，对宪政有着国际化视野。舆论对新的执政集团充满了希望，载沣总摄朝政如“旭日初升之时”。立宪激进分子一度将剪辫易服视为检验清执政集团改革试金石，当载涛推动的剪辫易服在军方形成一股强大势力，立宪激进分子坚信中国在载沣为首的新一代领导人的带领下，宪政改革能够成功实现。

“按世界各国习惯日趋于打通，若不实行剪发，不能同趋于一轨，这是公理上所不容的。”易宗夔议员试图从中国改革需要同世界接轨来为执政集团找出一条各方都接受的理由，可是发辫是爱新觉罗家族三百年的政治符号，维护国家利益的同时刺激了执政集团的反对势力，加剧了执政集团内部的分崩离析，剪辫易服的改革策略增加了满清体制内政治运作的难度，将宪政改革逼向了剃刀的死胡同。

周震鳞在禁卫军哗变后向资政院提交剪辫易服说贴，同革命党加速分化清执政集团的计划有着密切关系。周震鳞身为革命党长江一线的领导人，早就知悉革命党从日本派遣了数百名留学生进京，潜伏在清廷的军政各个关口。更为巧合的是，毓朗点名带头剪辫子的那位统带早年留学日本，在日本期间已经剪掉了辫子，正是剪辫统带的鸣枪弹压才导致禁卫军哗变。从禁卫军哗变到周震鳞的说贴，实在是巧合得很。

1910 年 12 月 15 日，经过二十天的不断争论，资政院预备国会决定议决剪辫易服案。罗杰、易宗夔为首的立宪激进议员舌战群雄，认为“朝廷整军经武，非剪除辫发，改制冠服，不足以灿新天下之耳目，改除骄奢之习惯”。议员们提议身为海陆军大元帅的皇帝，“应以雷霆万钧之力发皇武勇，巩固国防”，皇帝应该“躬行剪发，为天下先”，“因为皇上正在冲龄”，请监国摄政王“躬行剪发”，“宸衷独断”，颁发一道剪辫易服的谕旨，“一新天下之耳目”。

当天，资政院预备国会进行记名投票表决，以庄亲王载功、奉国将军盛昆、宗室王公寿全、吴赐龄、罗杰、陆宗舆、于邦华为首的一百〇二名议员赞成剪辫易服。以义烈公希璋、宗室王公庆恕、承恩公志钧、陈宝琛、杨锡田为首的二十七人反对剪辫易服。资政院通过剪辫易服议案，希望在皇上“躬行剪发为天下先”后，政界应该为天下人民表率进行剪辫易服，朝廷借此“整军经武，力图自强”。

资政院的决议令各界雀跃。广东商人成立了“华服剪发会”，决定于1910年12月31日实行全体会员剪辫。“京师学界剪发之事刻已盛行”，到年底“京津各界之剪发者不下数千人”。黑龙江“商、学、军、警各界稍知时务者，均相率剪剃”。到了1911年1月15日，曾经出任过刑部侍郎、出使美秘墨古大臣的伍廷芳在上海张园举行了规模空前的剪辫大会，未开始时“聚集已逾二万余人”。

国民轰轰烈烈的剪辫易服之风却没有刮进紫禁城，宣统小皇帝和摄政王载沣依然是发辫满服，载涛为首的军界高层穿着西式军装向皇帝行跪拜礼仪。资政院的决议令隆裕太后相当尴尬，身为皇权捍卫者的隆裕太后一面斥责载沣执政能力，早定国会召开日期；一面支持奕劻维护祖宗家法，对抗摄政王的宪政改革策略。立宪党人突然发现，改革策略同改革目标之间的矛盾已经不可调和，执政集团的改革已回天乏术了。清朝一统剃刀，亡于剃刀。

昭雪六君子（一）

“伏维德宗景皇帝以天亶之姿，洞观世變，愤积重难返，思拜日以兼营。然于乾健震奋之中，仍复虑出万全，求无拂孝钦显皇后慎重之心，以蕲造中国无疆之福。只以杨锐等登进之骤，著任之隆，取忌同朝，构成疑狱。”1911 年 1 月 2 日，资政院预备国会现场，议员陈宝琛眼含热泪，宣读一份光绪皇帝遗诏，希望摄政王载沣能降旨昭雪戊戌六君子，特赦国事犯，为宪政改革昭信天下。

陈宝琛早年入翰林，直言敢谏，同张之洞、张佩纶、宝廷被誉称为“枢廷四谏官”，深得慈禧太后赏识，充武英殿提调官，授翰林院侍讲学士，纂修《穆宗本纪》。1909 年陈宝琛进京出任礼学馆总裁，同张之洞结成政治联盟。1910 年授内阁学士、礼部侍郎、经筵讲官，经常给宣统皇帝、摄政王讲论经史，成为少数能影响摄政王执政方略的近臣。

“两宫慈孝交孚，终于同揆，而当时先帝以事与愿违，忧勤成疾，至不获亲见宪政之成。宜乎薄海臣民，哀感涕泣，不能自已也。”陈宝琛对光绪皇帝的英年早逝悲伤不已，一直图谋改革图强的光绪皇帝生前诏令天下，自己却看到不到宪政改革的成功。在宪政改革的关键时期，陈宝琛建议摄政王将光绪皇帝昭雪戊戌六君子的遗诏“宣布中外，昭示万世臣民，并纂入实录，以成信史”，以收天下士庶之心。

戊戌六君子的血成了爱新觉罗家族致命的坎儿。

1894 年 7 月 25 日，朝鲜牙山湾口丰岛西南海域，日本联合舰队突袭大清北洋舰队，两个在改革之路上赛跑的邻居正式宣战。曾经在长崎持枪嫖娼的北洋将士们，在日本联合舰队的炮火面前不堪一击。北洋舰队的覆灭令淮军领袖李鸿章颜面扫地。1895 年 3 月 20 日，李鸿章走进了日本马关的小渔馆春帆楼，日本首相伊藤博文向李鸿章提出了毫无商量余地的和谈：割地、赔款、失藩国、通商免税、释放间谍。

马关的谈判令官僚集团和士大夫阶层无比绝望。1895 年 3 月 23 日，李鸿章抵达马关第四天，户部掌印给事中洪良品就弹劾李鸿章父子在日拥有资本，请撤李鸿章的谈判之职。25 日，湖广总督张之洞向慈禧太后、光绪皇帝密电："闻倭要挟太甚，请英俄相助。"此后，两江总督刘坤一、闽浙总督边宝泉、台湾巡抚唐景崧、福州将军庆裕为首的封疆大吏，以及翰林院、国子监的知识分子泣血陈情，"合约后患不堪"，"辽东台湾万不可弃"。

封疆大吏和士大夫们的陈情没能阻止马关的和谈，李鸿章屈辱的和谈条款传到北京时，皇室内部机构詹事府的官员们义愤填膺，联络二十六名廷臣和二十七名在京会试的各省举人，向光绪皇帝直接指挥的战时督办军务处上书，谴责李鸿章同日本签约。很快，翰林院、都察院、六部九卿的官员们开始联名上书，谴责李鸿章父子"逆臣卖国"，希望太后、皇上"乾纲速断"，不惜"迁都"，也要"拒约"，同日本"血战"到底。

从 1895 年 3 月 13 日到 5 月 15 日，慈禧太后、光绪皇帝一共收到了一百五十四份奏折，联合署名超过两千四百六十四人次，总理衙门、翰林院、国子监、内阁、都察院皆联名上书。各省的封疆大吏更是明电、密电如雪片飞抵北京。正在北京参加会试的举人单独上书三十一次，联合署名达一千五百五十五人次。皇室宗亲、亲贵大臣同士大夫们在两个月时间内联合上书七次，几个进京的士子就能联署上百名官员，这是一个令慈禧太后毛骨悚然的联盟。

李鸿章在马关谈判期间同北京密电往来，进京的士子们总是能第一时间得到消息，谁在通过枢廷机密操纵进京士子？李鸿章在马关谈判桌上，日军陈兵东三省欲图京畿，光绪皇帝希望和局早成。帝师翁同龢身为军机大臣，与军机处的同僚们发生了严重的冲突，恭亲王奕䜣和军机大臣孙毓汶主张不可再战，礼亲王世铎、庆亲王奕劻均主张割台保满洲龙兴之地。军机大臣中只有清流领袖李鸿藻支持翁同龢，翁同龢需要士大夫精英阶层的舆论支持。

翁同龢舌战军机处同僚背后，翁同龢经常以帝师的身份之便，背着同僚，在上书房向光绪皇帝单独进言。枢廷大臣冲突不断，慈禧太后突然热血地说："两地（台湾、辽东半岛）皆不可弃，即撤使再战，亦不恤也。"慈禧太后的一句不惜撤回李鸿章血战到底令翁同龢欣喜若狂，坚定了他通过操控进京举人向枢廷主和派施压的决心。翁同龢的弟子、翰林院侍读学士、日讲起居注官文廷式成为名动后世的"公车上书"的操控者。

"总署事极机密，余则得闻一二同志，独先独确。因每事必疏争之，又昌言于众，使共争之。尝集议具稿，时有为余危者，余曰，愿执其咎，不敢让也。"文廷式毫不掩饰自己泄露枢廷机密之事，当他知道马关和谈条款后，"录之遍示同人"。很快，"御史争之"，"宗室、贝勒、公、将军之内廷行走者争之，上书房、南书房之翰林争之"。最后，"各省公车会试者亦联名具疏，请都察院代奏"。

文廷式外泄和谈机密，立即激起反对的浪潮，这正是翁同龢需要的。可是都察院发现热血的士子们在联名上书中出现大量"违碍字样"，希望士子们能够修正，这样就造成呈递延误。文廷式立即向光绪皇帝弹劾都察院："各京官联衔及各省举人公呈，闻该堂官已允代奏，尚属知所缓急。惟闻事隔七八日，尚未进达宸聪。事关大计，如此迟延，使我皇上不能洞悉民情，未知何意。应请旨严行切责，以敬惰顽。"

都察院的迟延令文廷式相当焦虑。光绪皇帝收到文廷式的弹劾奏折，立即将军机大臣招至御前，让军机大臣将文廷式的奏折交给都察院堂官阅看。都察院的堂官们看到皇帝的谕旨，连夜将所有陈请代奏的折子进行审核递到奏事处，直到子夜才将递完。文廷式焦虑的背后是光绪皇帝向李鸿章发了密电，“如竟无可商改，即遵前旨与之约定”，同意日本提出的和谈条件。在签约的最后关头，翁同龢为首的枢廷高层要利用士子们的请愿来逼迫光绪皇帝拒签合约，搞得李鸿章在马关“和议几沮”。

总理衙门大臣、督办军务处会办大臣、步军统领荣禄发现翁同龢有谋取军权的野心。身为慈禧太后的政治盟友，荣禄对翁同龢的人品嗤之以鼻，嘲讽翁同龢“奸狡性成，真有令人不可思议者”。在荣禄的眼中，翁同龢是个不折不扣的“伪君子”，经常背着军机处的同僚，给光绪皇帝洗脑。当赴京的举人们皆曰李鸿章马关卖国之时，翁同龢利用士子们高涨的激情，向光绪皇帝建议，裁撤帝国所有八旗绿营，聘请德国退伍军人汉纳根练十万新军。

八旗铁骑是爱新觉罗家族一统江山的命脉，翁同龢的主张对八旗军方势力犹如釜底抽薪。让荣禄意想不到的是，翁同龢希望督办政务处向光绪皇帝提出训练新军的建议，荣禄“大不以为然”，拒绝翁同龢的提议。翁同龢这是让八旗军方高层自掘坟墓，两人在督办政务处拍桌子，最终不欢而散。第二天一大早，光绪皇帝召开御前会议，同意了翁同龢的建议，聘汉纳根练兵十万，不准有人拦阻。光绪皇帝在御前会议当中特别严令荣禄，“不准掣肘”。

拒合约血战日寇是军权之谋的根基，翁同龢需要舆论造势。在各省赴京举人奔走官宦之门联络签名之时，广东举人康有为令弟子梁启超联络各省举人，“分托朝士鼓动”。很快，“各直省莫不发愤，连日并递”，一时间“章满察院，衣冠塞途”。康有为以“士气可用”，在松筠庵召集十八省举人集会，“集众千三百人”，康有为“草疏万八千余字”，“请拒和、迁都、练兵、变法”，“力言目前战守之方，他日自强之道”。

清八旗入关之初，亲见东林党结社干预朝政，搞得大明王朝动荡不安。顺治皇帝两次下令禁止立萌结社，针对朝野集会结社，尤其是士子诸生，制定了严厉的律例，“诸生不许纠党多人，立盟结社，把持官府，武断乡曲”，凡是读书人集会结社，各地“学臣即行革黜参预，如学臣隐询，事发一体治罪”。清执政集团的党禁高压政策只准士林以文会友，没想到康有为在松筠庵“讨论朝政，正言弹劾，一时殿壁风生”。

康有为提出的四大主张同枢廷重臣翁同龢的军权之谋珠联璧合，庙堂政治精英同在野士大夫的合流令清执政集团如芒在背。很快，光绪皇帝就收到了弹劾汉纳根的密折，汉纳被贴上了“无赖小人”的标签，弹劾者担心“纵令练成”十万新军，“幸而获胜，而他日之要求锡赉，恐有非财帛所能偿，且非朝廷所能主者”。更为要命的是，身为洋人的汉纳根可能“借练兵以侵权，购船械以牟利”。

弹劾者警告光绪皇帝，谨防汉纳根借助练兵：“窥国家之虚实，侦兵力之强弱，察地势之险夷，观人情之向背，诱结军心，多方要挟，该国必袒之以欺我。稍不如意，动辄思逞。留之，则恐受其祸；去之，又恐触其怒。当是之时，必穷我以所不能应，而迫我以所不能忍，恐后患且十倍于倭。岂非引寇入门，自贻伊戚！”弹劾者担心，“如德弁募不足额，更取材于英、美等国，而他日群噬之祸，更不可支。”

新军事关八旗、疆臣们的军权，八旗军方高层和封疆大吏们还向光绪皇帝建议：“饬商诸汉纳根，令在洋将中保举数员，速派来京，用西法挑练，一切器械由京营发给，洵为根本之计。拟请即由王大臣于京旗闲散子弟中先挑数千人，由汉纳根于洋将之在津、沪堪充教习者，就近先募十数员，并有天津武备学堂教习洋员，一并带赴都中，先行试练；一面再令添募洋将来华，即由京旗陆续挑足三万人之数，练成劲旅，内足备宿卫之师，外可供折冲之用。”

关键时刻，马关和谈已成，康有为组织的松筠庵集会坐中议者“闻局已大定，不复可救”，顿“觉气象愁惨，相对欷歔，愤悒不得语”，不少集会者到傍晚“散归”。康有为眼见“群议涣散”，摇头直呼“惜哉惜哉”。第二天，松筠庵“之足音已跫然矣”，集会者“攘臂扼腕，望阙感愤”，“此事若先数日为之，则必能上达圣听”。现在“议碎中寝”，集会者仰天长叹，“怀郁国耻如报私仇者，尚千数百辈，未始非国家数百年养士之报也！”

松筠庵密谋的公车上书胎死腹中，翁同龢力荐的汉纳根成了无赖，德国洋将训练新军成了“引寇入门”，军火采购、兵员招募之权全部收归北京。一时间，清执政集团内部严重分裂，“人各一心，大权争揽”，翁同龢主战练兵，枢廷“竟无一知兵者”。慈禧太后训斥翁同龢，“翁亦甚不安也”。汉纳根对十万新军的流产只能对友人无奈地说，乃“疆臣力阻之故”。枢廷重臣翁同龢同康有为为首的士子们的合流草草收场。

已经考中进士的康有为对草草收场的政治首秀很不甘心，在其门徒们的策划下，决定进一步舆论造势。1895 年夏天，《申报》突然刊登一则图书广告，一部名叫《公车上书记》的时政书每部实洋两角。此后三十四天里，《公车上书记》在《申报》刊登广告七次。康有为也不断为《公车上书记》造势，鼓吹“东事战败，联十八省举人三千人上书，次日美使田贝索稿，为人传抄，刻遍天下”。

京师官宦士大夫们泣血的文字躺在军机处的箍柜中默默无闻之时，《公车上书记》犹如一枚礼花弹腾空而起，松筠庵流产的联合上书被描绘成了主和派阻挠之故，帝师翁同龢则塑造成了国家的中流砥柱，康有为被推向士子领袖之位。康有为自有谋划，光绪皇帝推行新政，权力中枢结构调整成为必然，翁同龢将是新权力中枢的核心人物。《公车上书记》一出，康有为的洋洋万言“鼓天下之气”，连署理两江总督的清流派疆臣张之洞都钦佩莫名。

以经元善为首的一帮上海商界精英曾欲“募义饷，兴义兵”，血战日寇。当他们读到《公车上书记》中康有为的“煌煌之文”，简直有一种“惊天地泣鬼神”之感，对康有为的才智倾慕不已。康有为决定南下结盟热血的江南政商界精英。1895 年 8 月 17 日，率先南下的梁启超在上海创办《万国公报》，报纸刊印当天“遍送士夫党人”。康有为一下子成为“吴越士夫”心目中的明星，商界精英们都认为“博学强毅”的康有为“必非池中之物”。

《公车上书记》的舆论布局背后，康有为可不想松筠庵的流产政治秀淹没在历史的尘埃之中，他本想一鼓作气，在北京成立一个新型的政治联盟，没想到曾经拍案而起的亲贵大臣们回归了结驷连骑，沉湎荒淫的生活。“欲推广京师之会，择合群之地而益厥规，则沪上总南北之汇，为士夫所走集，乃群中外之图书器艺，群南北之通人志士，讲习其间，而因推行于直省焉。”康有为决定南下同江南士大夫、商界精英结成一个更大的政治联盟。

康有为在南下之时，已经收到英国、美国驻华公使赠送的图书及印刷设备。原两江总督刘坤一（甲午战争期间被任命为钦差大臣，节制关内外各军，协同北洋海军对日作战）、署理两江总督张之洞、署理直隶总督王文韶（接替甲午战争期间被委任为前敌总指挥、赴日谈判大臣被委托的李鸿章）各向康有为捐款五千两。在爱新觉罗家族专政严禁集会结社的政治高压之下，带着封疆大吏们的捐赠，南下组建政治组织的康有为临行前写了一首悲壮七律：

山河已割国抢攘，
忧国诸公欲自强。
复社东林开大会，
甘陵北部预飞章。
鸿飞冥冥开将黑，
龙战沉沉自又黄。
一曲欷逴挥涕别，
金牌召岳最堪伤。

东林党曾经垄断大明王朝政坛，康有为南下的政治野心之大可见一斑。康有为到两江地界，张之洞派心腹幕僚梁鼎芬陪同，还向经元善为首的江南政商界精英密电，希望他们配合康有为活动。在江南政商界的鼎力支持下，强学会于 1895 年 11 月在上海成立，北京强学会也于 12 月开张。张之洞的私人代表梁鼎芬；翁同龢的门生汪康年、文廷式、陈炽；军机大臣李鸿藻的亲信张孝谦；康有为盟友沈曾植、沈曾桐两兄弟等进入京沪强学会董事局。

强学会是康有为组建的一个政治联盟。闲处散秩的儒生和未秉实政的文官都只是龙套，他们政治上不能影响枢廷决策，经济上“欲助无资”。康有为除了拉拢“当国”的清流领袖李鸿藻、翁同龢的门徒外，夤缘于李鸿章门下的徐世昌、袁世凯也“邀集入会”。袁世凯同徐世昌为拜把子兄弟，正练兵于小站。朝廷严禁民间结社集会，康有为“恐言路或中之”，邀御使褚成博、张仲入会，援之“以为重”。

令江南商界精英们失望的是，强学会的士大夫们排斥商人，除了经元善进入董事局，解囊相助的商人们无一人入局。经元善给康有为写了一封很不客气的辞职信：“承南皮（张之洞）先生作介，幸接光仪，良用欣慕，惟采诸舆论，清浊两途，皆有大不满意吾公之处，静观默察，方知吾公尚少阅历，且于谦恕慎三字，未能真切体验躬行，又不免偏重好名。”大慈善家谢家福担心康有为“养到未深，而得时太早，恐难免步荆公（王安石）后尘”。

强学会机关报《强学报》第一期令张之洞无比懊恼。康有为在“未经同人商议，遽行发刻”了《孔子纪年论》，康有为主张把孔子的生卒作为中国的纪年。八旗入关一统中原时，摄政王多尔衮为了实现“中国从陛下”之霸业，剃掉士庶心中之汉儒发束，历代执政者捍卫的儒家圣贤孔子都必须剃成“金钱鼠尾”。康有为的孔子纪年主张已经挑动了敏感的政治神经，因为纪年是正统皇权的象征，只有王者才能确定年号纪年，岂容士庶非议？

康有为抵达上海之前，曾经在两江总督府同张之洞多日促膝交谈，张之洞待之如“上宾”，没想到康有为将强学会当成了个人阵地，在张之洞的资助下推出《孔子纪年论》，让张之洞的政敌很容易就抓住了攻击的把柄。令张之洞失望的是，当期的《强学报》没有按惯例刊登光绪年号纪年，而是直接用了孔子生辰纪年。康有为的鲁莽简直不可饶恕，张之洞“看出了他对清朝不忠的不祥倾向”。

“天下之变岌岌哉海内多故”，改纪年只是康有为政治野心的第一步，下一步是政治体制的改革，“明定国是”，“开设议院”。“天子怒焉悯忧”，康有为没有因为张之洞的愤怒而冷静，他要为皇帝“广人才、保疆土、助变法、增学问、除舞弊、达民隐”。1895 年 12 月，康有为将《强学报》改成了《中外纪闻》，“以开风气而成人才，以应圣天子之侧席”。为影响枢廷之决策，康有为时常邀集显贵幕僚宴饮，每次“朝士集者百数”。

开设议院的政治主张已经从根本上动摇了爱新觉罗家族专政的根基，结社集会更是清专政的政治高压线。1896 年 1 月 20 日，御史杨崇伊向光绪皇帝弹劾强学会“植党营私”，朝野士大夫“私立会党”，《中外纪闻》“将开处士横议之风”。光绪皇帝将弹劾报告送到慈禧太后手上，身为爱新觉罗王朝皇权的捍卫者，慈禧太后勃然大怒，下令查封强学会，关闭《中外纪闻》报馆。仓皇的士大夫们大呼“人心已涣，事无可为”，急得“出涕垂泪”。

强学会的关闭让张之洞对康有为失望之极，翁同龢却成了康有为的知音。康有为进京拜访了翁同龢，一番高谈阔论后，翁同龢认为“此君举世目为狂生，自余视之，盖策士也”。1897 年 11 月，德国强占胶州湾给康有为再叩枢廷的机会。1897 年 12 月 5 日，康有为向光绪皇帝呈递了《上清帝第五书》，提出了变法的上、中、下三策。上策是“采法俄、日以定国是”；中策是“大集群才而谋变政”；下策是“听信疆臣各自变法”。康有为还提出“国事付国会议行”，“采择万国律例，定宪法公私之分”。

康有为的宪政改革主张深深地刺激了光绪皇帝。光绪皇帝登基之初，军机大臣文祥在临终前写了一份秘密奏折，建议光绪皇帝试点议会改革。现在康有为再次鼓动宪政改革，一旦颁宪法开国会，新的政治结构将打破清执政集团的利益垄断格局，庶民将通过法律手段确保自己的权益，整个国家上下一气，富国强兵指日可待。光绪皇帝很想召见康有为，在翁同龢的运作下，光绪皇帝立即下令，凡是康有为的报告随到随送，不得阻拦扣押。

通往最高权力之门终于打通，康有为很快给光绪皇帝呈送了《日本变政考》及《俄罗斯大彼得变政记》两本书，建议光绪皇帝以日本明治天皇、俄罗斯彼得大帝为楷模，“御乾清门，诏定国是，躬申誓戒，除旧布新，与民更始。令群臣具名上表，咸割旧习，黾勉维新，否则自陈免官，以激励众志。一定舆论，设上书所于午门，日沦派御史监收”。

德国强占胶州湾后，康有为“既上书求变法于上，复思开会振士气于下”，各省在京官僚士大夫纷纷成立粤学会、蜀学会、闽学会、关学会，康有为也再次萌生了官僚士大夫政治结盟的想法，遂决再“成一大会，以伸国愤”。1898 年 4 月 12 日，保国会在北京成立，提出了“保国”、“保种”、“保教”的宗旨，“保国家之政权、土地”，“保人民种类之自立”，“保圣教之不失”；讲求变法、外交、经济，以协助政府治理国家。

1898 年 4 月 17 日，保国会在北京南横街粤东会馆召开第一次会议，“当时集者朝官自二品以下，以至言路词馆部曹，及公车数百人，楼上下座皆满”。康有为登台演说，“声气激昂”，痛陈中国四万万人有如笼中之鸟、釜底之鱼、牢中之囚，为奴隶、为牛马、为犬羊，听人驱使，任人宰割，“此四千年中二十朝未有之奇变”，“责我辈士大夫义愤不振之心，故今日人人有亡天下之责，人人有救天下之权”。

保国会在北京、上海设总会，各省、府、县设分会，已同欧美政党之状。很快，弹劾保国会的奏折送到了光绪皇帝的案头，弹劾者嘲讽康有为是一个“地方大光棍”，他“厚聚党徒、妄冀非分”，将自己包装成“民主教皇”，“聚众不道”，“乘机煽惑，纠合下第举子”，“辩言乱政”，“邪说诬民”，简直“形同叛逆”。执掌北洋新军的荣禄甚至公开扬言，康有为立保国会是“僭越妄为，非杀不可”，警告入会者要小心脑袋。

昭雪六君子（二）

军机大臣刚毅奏请光绪皇帝查封政治联盟保国会。

光绪皇帝对刚毅厌恶至极，自己已经亲政，皇权还是实行双轨制。光绪皇帝在重大决策面前必须请示慈禧太后，执掌北洋新军的荣禄、军机大臣刚毅作为慈禧太后的亲信，正是慈禧太后放在光绪皇帝身边的耳目。康有为组织的保国会谏言宪政改革，目标是“大权统于朝廷，庶政公诸舆论”，一旦改革成功，光绪皇帝的皇权在宪法的保护下不再受到慈禧太后的约束。光绪皇帝接到刚毅的奏折冷冷地说了一句：“会能保国，岂不大善，何可查究耶？”

朝官士大夫云集的保国会令光绪皇帝充满信心。欧洲老牌殖民国家纷纷进行宪政改革，令百年的专制王朝焕发生机。大清帝国的邻居中，集权的沙皇在日本的宪政面前一败涂地，康有为给光绪皇帝开列的书单中，宪政改革简直就是末世王朝的救命良药。光绪皇帝力保保国会，他期待康有为通过改革来消除政治危机。士大夫、商业阶层的精英们对光绪皇帝报以极大的期待，期待清执政集团开放党禁推行民主法治，让政治更加清明。

党禁是爱新觉罗家族捍卫皇权一统的政治红线。康有为自己也相当清楚，“政党者，立宪之产物也”，“中国数千年无之，其有党也，皆为君主所深恶。故汉之党锢，唐之清流，宋之党人碑，明之东林、复社皆罪之”，满洲八旗入关，文武百官“皆立卧碑，以立党为大戒，谨愿者避之，盖政党于专制政体实不相容”。现在，康有为的政治主张是改革现行政体，改革派同垄断执政的利益集团的冲突不可避免。

手握新军之权的荣禄是慈禧太后在1862年发动辛酉政变的政治盟友，是慈禧太后最倚重的亲信。荣禄从光绪皇帝登基那一年开始，出任步军统领，主管京师安全。尽管他曾经得罪了皇帝的亲生父亲、位高权重的醇亲王奕譞，在慈禧太后的支持下依然承担着京师防务的重担。荣禄是康有为们眼中的保守派，他对康有为们的宪政改革鼓噪毫不客气，他警告以康有为为首的年轻书生们小心脑袋。没想到，他的警告点燃了仇恨的火药桶。

鸦片战争后，清执政集团引以为傲的八旗枪杆子成了龙套，汉族官僚集团成了大清的擎天柱。这一次，没落的八旗枪杆子激怒了倔强的士大夫们。康有为的政治盟友们咬牙切齿，视慈禧太后“那拉氏为不可造就之物”，新政“非去太后不可”。御史杨深秀更是豪气干云，“八旗宗室中，如有徐敬业其人，我则为骆丞矣”。康有为们密谋仿效唐朝徐敬业、骆宾王讨伐武则天的军事暴动，对清执政集团的决策者慈禧太后实施血腥的斩首行动。

甲午战争打掉了北洋海军，大清帝国在列强面前毫无还手之力。拥有大量在华利益的列强们自然希望中国政局平稳，他们才能获得更多的利益。一旦清执政集团内部出现动荡，列强们出于对自身利益的考虑，会插手北京内政，到时候局势会更加复杂。光绪皇帝希望士大夫们不要跟军方势力擦枪走火，双方可以通过对话化解政治冲突。

朝官士大夫们对保守派把持的朝廷失望透顶。日本割占台湾，德国出兵胶东，曾经“禄于四书文”的八股士大夫们发现，朝廷“泄沓如故，坐以待亡，土室抚膺，闭门泣血”。朝官士大夫们希望朝廷能“集群材咨问以广圣听，求天下上书以通下情”，希望光绪皇帝能以日本的明治天皇为榜样，“纡尊降贵，延见臣庶，尽革旧俗，一意维新，大召天下才俊，议筹款变法之方”。保国会成了改革的联盟，士大夫们的激情令光绪皇帝充满希望。

军机大臣刚毅为首的太后一党却猛烈弹劾保国会，指控以康有为为首的士子们“逞其簧鼓之言，巧立名目，以图耸听”，他们是通过组建一个强大的政治联盟，“揽权生事之计”，康有为将给朝廷带来“内乱”之祸。弹劾者警告光绪皇帝，中国自古以来“权操于上则治，权分于下则乱”，康有为提出的民主、民权将危害社会稳定，如果朝廷默认保国会合法，各地将会冒出更多的政治组织，恐“会匪”等不良人等闻风而起，势必天下大乱。

康有为对刚毅他们的弹劾嗤之以鼻，简直就是“老吏舞文”，“实便其尸位之私图”。现在中国已经是“事变之患，旦夕可致”，改革犹如同时间赛跑，倘再“苟且度日”，“恐皇上与诸臣求为长安布衣而不可得”。1898 年 6 月 11 日，光绪皇帝颁布“明定国是”诏书，宣布变法。经济、财政、政治、军事、吏治、教育、舆论、科技成为改革的重点。康有为很快就发现，裁撤冗员，澄清吏治，得罪了官僚集团；裁汰绿营，编练新军，得罪了八旗军方势力；废除八股，兴办西学，得罪了天下士大夫；学会昌行，士庶言事，蚀蠹唯我独尊的皇权。

6 月 15 日，光绪皇帝在陪慈禧太后用过早膳后，连下数道诏书。慈禧太后勒令光绪皇帝谴责康有为的枢廷同盟翁同龢“揽权狂悖”，“断难胜枢机之任”，将翁同龢罢黜遣返原籍，任命荣禄为直隶总督，统率袁世凯、董福祥、聂士成的北洋三军。同时还昭告官僚集团，凡二品以上大臣谢恩陛见，必须到太后跟前跪谢。当天，光绪皇帝还宣布“本年秋间，联奉慈禧太后銮舆，由火车路巡幸天津阅操”。

定点清除维新派在枢廷的同盟，将官员的人事任命收归慈禧太后之手，既笼络了上层官僚，又堵住了光绪皇帝组建核心班子的通道。康有为立即意识到，慈禧太后瓦解维新派的政治联盟后，又彻底终结了维新派官员进入权力中枢的可能，光绪皇帝昭告天下的全面改革只能看慈禧太后的脸色。秋天的天津阅兵令康有为有峰回路转之感，他对变法的政治盟友们说，“所以策全局而变法者，皆待九月阅兵后，乃拟行之，是时稍变其一二端而已”。

早在荣禄警告朝士们期间，御史杨深秀同御史文悌值班之时，当文悌“慷慨诵徐敬业《讨武氏檄》”后，杨深秀就向文悌暗示了军事暴动的秘密。当光绪皇帝宣布天津阅兵计划后，康有为同维新派的政治盟友们觉得机会来了，他们开始“居间画策”，扬言“以救圣主，渐为皇上收揽大权，渐选将材得以兵权”。康有为们的终极目标是通过军事暴动，让“皇上既有兵权以行其大权，则西后无能为”。

血腥的斩首行动开始了。

康有为的首选将帅为小站练兵的袁世凯。“以将帅之中，袁世凯夙驻高丽，知外国事，讲变法，昔与同办强学会，拥兵权可救上者，只此一人”。康有为的盟友说客对袁世凯说，“西后定巡幸天津之议，盖欲胁皇上至天津，因以兵力废立”，“皇上之危险，到此已极矣”。在康有为的运作下，光绪皇帝于 9 月 12 日便谕令袁世凯进京陛见。同时，康有为的政治盟友、军机章京谭嗣同的好友毕永年成为斩首行动的百人敢死队首领。

9 月 14 日，袁世凯进京。当晚，康有为对核心盟友下达了对慈禧太后的斩首令，“欲效唐朝张柬之废武后之举”。9 月 16 日、17 日，光绪皇帝两次召见袁世凯，擢升袁世凯为兵部候补侍郎，要袁世凯以后“与荣禄各干各事，不必再受其节制”。光绪皇帝召见袁世凯的当天，谭嗣同告知毕永年，康有为已经取得光绪皇帝的面谕，等袁世凯的军队包围颐和园后，敢死队“奉诏往执西后而废之”。

9 月 18 日夜间，谭嗣同造访袁世凯，要他执行康有为的斩首计划，先诛杀军事统帅荣禄，然后率兵入京，以兵力之“一半围颐和园，一半守宫”。袁世凯问谭嗣同：“围颐和园欲何为？”谭嗣同冷冷地说：“不除此老朽，国不能保。”袁世凯惊讶万分，康有为的说客只要求袁世凯“选天下虎罴之士”，由“上亲擐甲胄而统之”，光绪皇帝召见时亦未暗示宫廷政变。谭嗣同见袁世凯犹豫，说“如不许我，即死在公前！”

9月19日，直隶总督荣禄秘密抵京，向慈禧太后面奏光绪皇帝欲聘伊藤博文为改革总顾问之谋，身为甲午战争主谋，一旦伊藤博文权柄在握，中国将成日本藩属。当天夜里，慈禧太后从颐和园返回紫禁城。光绪皇帝颁布上谕：“主事康有为首倡邪说，惑世诬民，而宵小之徒，群相附和，乘变法之际，隐行其乱法之谋，包藏祸心，潜图不轨，前日竟有纠约乱党，谋围颐和园，劫制皇太后，陷害朕躬之事，幸经察觉，立破奸谋。”

慈禧太后再度垂帘听政，荣禄的军队翻遍了北京城，逮捕康有为和他的盟友们。康有为一路南逃，清廷派出“飞鹰号”军舰海上拦截，在英国驻上海领事班得瑞的陪同下成功逃亡香港。梁启超在伊藤博文的关照下逃亡日本驻华公使馆。康广仁、杨深秀、杨锐、林旭、刘光第、谭嗣同六位盟友被逮捕三天后，以刚毅为监斩官斩于菜市口。同时，清廷下了国际通缉令，通缉康有为、梁启超，禁毁康有为、梁启超的所有著作，传阅者治罪。

“惟君子有朋，盖已明于君子执政，必多集同志以行其政策”，光绪皇帝期待康有为能像先贤们那样团结一批君子，“纯洁为国”，“无私憾及利禄之见杂其间”。可康有为的改革方略激化了官僚集团、军队、士大夫各方矛盾，面对复杂的政治局势，康有为们没有选择在体制内通过对话、协商来处理政治争端，而是选择极端的军事暴动。康有为们血腥的斩首行动扼杀了稚嫩的政党政治，最终将政党政治的改革良机推向了死亡深渊。

戊戌政变之后，清执政集团内部分裂加剧。慈禧太后密谋废黜光绪皇帝，立端郡王载漪之子溥儁为皇储。保守派不断释放光绪皇帝有病的消息，英法为首的列强派遣医生为光绪皇帝诊断，诊断结果是光绪皇帝没病，只是精神压抑，肾虚遗精。原定于1900年1月31日举行立大阿哥典礼，各国公使拒绝出席。在载漪、刚毅一帮人的怂恿下，慈禧太后决定借义和团教训一下干涉内政的洋人。1900 年 6 月 25 日，慈禧太后主持御前会议，向万国宣战。

八国联军的小股部队进入北京，数十万京畿卫戍部队如惊弓之鸟，刀枪不入的义和团迅速沦为炮灰。携光绪皇帝一路逃亡到西安的慈禧太后惶恐不安，发现东南数省的督抚们签署了互保协议，没有人北上勤王，才意识到皇权已经扫地，“一切政事尤须切实整顿，以期渐图富强”。惊魂未定的慈禧太后在西安宣布新政，下令“军机大臣、大学士、六部、九卿、出使各国大臣、各省督抚，各就现在情形，参酌中西政要”，“各抒所见”，“详悉条议以闻”。

慈禧太后试图通过经济改革来缓解执政集团的政治危机，她主导的新政在财政、商业、法治方面进行了大刀阔斧的改革。中国第一次成立商部，将国家经济改革纳入中央管理体系，同时制定了《商律》来规范经济问题，为商业的市场化资源配置保驾护航。其间，直隶总督袁世凯在天津试点印花税，户部尚书鹿传霖筹划中央银行。为了推行现代化的财政、货币政策，慈禧太后派出特使考察欧美财政货币政策，聘请美国总统经济顾问主导大清的货币改革。

但很快，轰轰烈烈的新政被硝烟弥漫的日俄战争所湮灭。

1904 年 1 月 13 日，日本联合舰队对盘踞在旅顺口的俄国太平洋舰队发动突然袭击。面对野心勃勃的两个邻居，朝廷坐山观狗斗。从同治皇帝开始，汉族武装集团主导的经济改革同日本的明治维新在同一起跑线上，甲午海战高下立判。集权专制的欧洲宪兵俄国却在立宪的蕞尔小国日本面前不堪一击。泣血悲鸣的官僚士大夫、商界的精英们意识到，“专制、立宪，中国之一大问题”，“国之强弱，不是由于种，而是由于制”。

敏感的政治改革再度成为官僚士大夫、商界精英们关注的焦点，高度的专制集权如果没有约束，爱新觉罗家族将成为全民公敌，国家将陷入动荡不安的灾难之中。1904 年 3 月 24 日，驻法公使孙宝琦联络了驻英公使张德彝、驻俄公使胡惟德、驻美公使梁诚等驻外公使联名电请朝廷“仿英、德、日之制定立宪政体之国”，宣布立宪。联名致电北京后，孙宝琦还给张之洞密电，希望张之洞能够说服朝廷立宪，“先行宣布中外，以固民心，保全邦本”。

孙宝琦的联名电奏触及到了政体核心。

日俄战争以立宪政体的日本取胜，国内对宪政改革呼声日隆。孙宝琦身后有直隶总督袁世凯、湖广总督张之洞、军机大臣王文韶、侍读学士宝熙、庆亲王奕劻，以及商界大佬盛宣怀。这是一个新型的政治联盟，手握枪杆子的北洋统帅、南洋领袖、满蒙宗室精英、工商业改革领军者、皇帝近臣、军机枢要，他们是手握中央与地方权力以及资本的实权人物。

“外侮日逼，民心惊惧相倾，自铤而走险，危机一发，恐非宗社之福。”孙宝琦在联名电奏时警告慈禧太后，通过经济改革是无法缓解日益紧张的政治局势。清执政集团的精英们也意识到，新政一定是要建立一种新的秩序，“一种新秩序的制度和象征应该允许各种意见的存在”，开放党禁是清执政集团增强执政合法性最有效的手段。可康有为的斩首行动令慈禧太后咬牙切齿，她无法容忍手握经卷的狂生们的血腥忤逆。

1904 年 6 月 21 日，慈禧太后做出了一个惊人的决定。

这一天，慈禧太后主持召开御前会议，王公大臣行三跪九叩大礼后，慈禧太后突然向文武百官们宣布，“除谋逆立会之康有为、梁启超、孙文三犯”外，“其余戊戌案内各员，均著宽其既往，予以自新。曾经革职者，俱著开复原衔；其通饬缉拿，并现在监禁及交地方管束者，着即一体开释”。这一天，清执政集团的决策者昭示天下，有限度地开放党禁。

一时间，商界、教育界的社团组织林立，以思想界的严复、商界的张謇为首的社会名流成为社团的活跃分子，他们警示“商战之险要”，鼓动民众在国家危难之际“挽救垂亡”。年轻的读书人走出寒窗，成立青年会，他们“定期集会，邀请名流演说各种致富图强之要旨，期增进群众知识”。在商业、教育之外，开明政治成为社团最为关心的话题，社会名流们反复试探政治红线，试图通过社团组织的思想传播，“使人人有政治思想，庶政治易于改良”。

社团组织的鼓吹令国民对宪政趋之若鹜，清执政精英们担心宪政会完全剥夺他们既得的利益。慈禧太后派出的宪政考察团到了日本才发现，宪政没有想象的那么恐怖，无非就是国家立定一部根本大法，把民主的游戏规则确认下来，用法治的精神发展和完善规定的民主事实，以此保障公民的权利，实现依法治国。说白了，宪政就是要将“王子犯法，与庶民同罪”的口号变成现实，让民主、法治和人权成为治理国家的准则。

梁启超顿感重出江湖的机会来了。

1904 年 12 月，慈禧太后派出宗室载泽、端方、戴鸿慈、尚其亨、李盛铎出洋考察宪政。狗血的是，身为官僚集团顶层的精英们居然同流亡日本的梁启超暗通款曲，“五大臣做躯壳”，梁启超捉刀为“他们装上一道灵魂”，灵魂便是洋洋洒洒二十万言的宪政考察报告。梁启超在宪政考察报告中指点江山，希望清执政者能够立宪、赦党人、定国是。可是端方他们递交到慈禧太后手中的报告唯独没有赦免党人的奏折。

梁启超的良苦用心付诸东流了，戴鸿慈对梁启超的捉刀一直感恩戴德。1907 年 4 月 12 日，法部同大理院在权限上竞争激烈，身为法部尚书的戴鸿慈给梁启超写信，“敬问起居，并道谢感德”。戴鸿慈非常谦卑地说，法部同大理院轇轕不清，导致司法改革进展缓慢，希望梁启超能够指点一二，“素仰我公热心为国，又复惠教谆谆，不以鄙人顽钝，用敢擅发函电，冒渎神明，伏乞将两署权限详细解释，援引欧西各国现行法律为典据”。

慈禧太后做梦也没有想到，不可饶恕的死敌成了清廷宪政改革的精神导师。当时，列强们对中国“蚕食生心，逼处日近”，宪政改革的精英们向清执政集团发出严重警告：“敢有阻立宪者，即是吴樾。”吴樾是激进的革命党，主张暴力推翻执政集团。宪政改革犹如箭在弦上，康有为、梁启超师徒不甘充当幕后军师，他们通过戴鸿慈等人的疏通，同肃亲王善耆进行秘密交通，试图通过善耆游说慈禧太后完全赦免党人，开放党禁。

1908年2月，梁启超决定将政党组织政闻社总部迁至上海。政闻社于1907年10月17日在日本成立，提出了“实行国会制度，建设责任政府”的政治纲领。梁启超特别声明，政闻社“对于皇室，绝无干犯尊严之心”，“对于国家，绝无扰紊治安之举”。政闻社总部回到上海意在试探朝廷底线，没想到曾经听康有为演讲泪如雨下的官僚士大夫们犹如躲避瘟神一般。康有为的门徒徐佛苏在信中向梁启超大倒苦水：“吾社特别为政府所嫉视，故凡在社会无论如何有势力之人，一入吾社，即消灭其一部分势力。”

梁启超不断向清执政决策者释放善意的信号，再三声明政闻社“所执之方法，常以秩序的行动”，为“今世立宪国国民所常履之迹，匪有异也”。可是1908年8月，朝廷以政闻社“内多悖逆要犯，广敛资财，纠结党类，托名研究时务，阴图煽乱，扰害治安”之名，下令“民政部、各省督抚、步军统领、顺天府严密查访，认真禁止，遇有此项社夥，即行严拿惩办，勿稍疏纵，致酿巨患”。

“贤者不能逾法律而为善，不肖者亦不能逾法律而为恶。”一直在海外同革命党唇枪舌战的康有为、梁启超们痛心疾首，他们希望清执政集团能够通过“至上而下”的宪政改革以救危亡，没想到执政的决策者们不但不安抚主张通过体制内改革来解决政治危机而受到迫害的政治精英，相反继续以敌对的态度将其当作“悖逆要犯”来镇压。梁启超怆然泪下：“吾果何爱于其时之皇室者，彼皇室之僇辱我岂犹未极？”

昭雪六君子（三）

1908年11月14日，光绪皇帝龙驭上宾。

当天，已经病入膏肓的慈禧太后躺在病床上下了最后一道懿旨，将清执政大权托付给光绪皇帝的弟弟、醇亲王载沣："嗣后军国政事，均由摄政王裁定。"当天，外务部将慈禧太后授载沣为摄政王的懿旨照会各国驻华公使。美国驻华公使柔克义立即向华盛顿发电汇报北京政权交替的情况，美国总统西奥多·罗斯福（Theodore Roosevelt）收到北京电报的同时，收到了一封康有为从美洲发来的电报。康有为的电报将年轻的摄政王推到了死敌的位置。

康有为在给罗斯福的电报中指控北洋领袖、军机大臣袁世凯谋害光绪皇帝，变换君主，扰乱中国。康有为希望罗斯福能够致电北京的柔克义公使，以美国的名义联合所有国家，不予承认摄政王的合法地位。罗斯福曾两次邀请康有为到白宫讨论美国排华法令问题，对康有为的电报极为重视。14日当天，美国国务院就康有为的情报电询远东处和柔克义的意见。16日，华盛顿谨慎地向北京发了电唁，"贵国迭遭大变，嗣皇帝与臣民共罹愍凶，本总统与本国臣民同深感悼。"

1908年11月17日，美国国务院远东处给助理国务卿罗伯特·培根（Robert Bacon）提交了一份报告，将光绪皇帝、慈禧太后、袁世凯、康有为之间错综复杂的关系进行了总结。远东处从四方权力的角度认可康有为的指控，因为一旦慈禧太后死后，光绪皇帝重掌皇权，光绪皇帝眼中的告密者袁世凯的政治生命将终结。柔克义反对华盛顿同康有为接触，希望华盛顿抓住北京政权更替的机会，加强对北京新一代执政者的影响力。

康有为的一纸电报搅得白宫天翻地覆之时，只收到华盛顿方面电唁的摄政王载沣如坐针毡。光绪皇帝身前诏令天下推行宪政改革，北京一直在同华盛顿方面洽谈国际贷款、货币改革方面的合作，美国没有承认摄政王的执政地位，双方的合作将难以为继。更令载沣心惊的是复杂的国际局势，欧洲列强合纵连横，日本已经成为欧洲列强的盟友，北京一旦失去华盛顿方面的支持，将陷入国际政治上的孤立状态。

1908 年 11 月 18 日，摄政王载沣以宣统皇帝的名义，分别就光绪皇帝和慈禧太后病逝拟定国电两道，由外务部照会美国驻华公使柔克义和中国驻美公使伍廷芳转达美国政府。面对“邦家不造，迭遭愍凶”，摄政王希望继续沿着光绪皇帝、慈禧太后的路线同华盛顿方面“睦谊夙敦”。柔克义在给华盛顿的密电中希望立即中止跟康有为的来往，因为康有为在北京“没有任何位置或势力”，只是一位“令人喜欢的演说家，毫无实际价值”。

“我不希望再提到他，这会引起人们的误解。”在给华盛顿的密电中，柔克义毫不掩饰自己对康有为的厌恶，他提醒罗斯福总统，他在北京官场进行了调查：“调查这里的官员和外国人，几乎所有人的回答都是相同的———康有为在中国没有追随者，他在 1898 年对光绪帝的影响现在被认为不利于真正的改革。”柔克义在密电中将康有为在海外塑造的圣人形象拉下了神坛，康有为的广东老乡向柔克义爆料，康有为从居住海外的同乡人中敛财。

美国的舆论对载沣出任摄政王表示赞同和支持，认为这是清执政集团内部改革派的胜利，有助于改革进程：“这项任命在社会上产生了良好反响，结果使那些改革者们感到满意，并且满足了人们对光绪皇帝的怀念之情。因为，这不但顾及了在皇位继承上最亲近的血缘关系，而且给这个帝国的新政引进了一种新鲜的、更富有现代观念的因素。这项任命是改革派一方所取得的明显胜利。”

康有为对华盛顿的秘密调查浑然不觉，摄政王载沣也在焦急地等待华盛顿对自己执政合法地位的承认。1908 年 11 月 30 日，康有为再次致电罗斯福总统，扬言军机大臣袁世凯正在利用皇太后破坏世界和平，请求罗斯福电令美国驻京公使柔克义与醇亲王载沣举行私人会晤，用军队保护自己，并秘密移居美国使馆。康有为希望借助华盛顿重返北京，成为新一代领导人的改革智囊，他一直没有等到华盛顿的回音。

同时，摄政王收到了一份绝密情报。

“大行皇帝庙谟宏远，规画周详，得以宫府乂安，朝野翕服，有约各国，亦咸尽情尽礼，益笃邦交。乃近有不逞之徒，造言生事，煽惑愚蒙，更有海隅匪党潜谋内渡，妄思构乱。若不从严查禁，深恐扰害治安。”摄政王在给民政部巡警厅、步军统领、顺天府、各省督抚的密令中措辞严厉，“督饬所属文武，多派侦巡，重悬赏格，一体严密访拏，勿稍疏纵。遇有缉获上项匪犯，立即讯明，就地正法。”

1908 年 12 月 2 日，溥仪在紫禁城乾清宫举行登基大典。远在华盛顿的美国罗斯福特意在这一天接见北京秘密特使唐绍仪，对大清新皇帝溥仪的登基当面表示祝贺，美国愿意进一步发展与中国的关系，并帮助促进中国的进步。罗斯福向唐绍仪说，民主的美国是古老的中华帝国可信任的朋友和支持者，只要机会和权力许可，美国将援助中国国民，改善中国的状况，引导中国跟上人类文明潮流。

唐绍仪以病休的名义游历欧美，他的秘密任务是同美国、德国结盟。唐绍仪已经在柏林取得了德国皇帝威廉二世的信任，主管财政的年轻宗室镇国公载泽正在同华盛顿的银行家们洽谈财政贷款问题，只要华盛顿承认了摄政王新政府的合法地位，在巨额贷款利益的诱惑下，三国结盟将水到渠成。华盛顿对唐绍仪说：“我们真诚地希望中国进步，并通过我们可能的和平和合法手段，将在进一步推动中国的进步方面尽我们所能。”

罗斯福的一番话令摄政王载沣长舒一口气。12 月 3 日，摄政王在溥仪登基的第二天又颁布上谕，誓言奉行光绪皇帝、慈禧太后的宪政改革路线，“务在第九年内，将各项筹备事宜一律办齐，届时即行颁布钦定宪法，颁布召集议员之诏”，上谕明确以宣统八年为立宪之限。警告内外诸臣：“断不准观望迁延，贻误事机。尚其激发忠义，淬厉精神，使宪政成立，朝野乂安，又仰慰大行太皇太后大行皇帝在天之灵。而巩亿万年郅治之基。”

摄政王的上谕打消了华盛顿对北京新政府未来政策的顾虑。当天，美国国务卿伊莱休·鲁特（Elihu Root）致电柔克义，让柔克义代表美国政府祝贺宣统皇帝登基：“本总统及本国各大臣恭贺中国大皇帝登极，惟望福祚绵长，光荣照耀，并谓甚喜适于此日觐见贵国唐使（国际上均将中国派出使臣称唐使），得以面祝登极贺词，实幸机缘巧遇也。”

1908 年 12 月 4 日，柔克义向华盛顿提交了一份对北京新政府的观察报告，他对华盛顿方面抛弃康有为，承认摄政王政府的决定如释重负，“最终打消了任何对新的君主未来政策不确定性的忧虑”。罗斯福总统和鲁特国务卿在接获柔克义报告后，对摄政王发布坚持宪政改革上谕表示欢迎和释然，认为上谕“表达了新政府贯彻已故皇帝和皇太后去年（1907 年）8 月制订的宪政计划的决心”。12 月 5 日，柔克义将美国政府的贺词书面送达大清外务部。

华盛顿的书面贺词令摄政王载沣欣喜若狂，载沣执政的合法地位终于获得了所有国际大国的认可。可是载沣无法饶恕康有为制造的华盛顿麻烦，他在给军机大臣的谕旨中不点名批判康有为：“近闻有海外逆党，乘国家多难之际妄思煽乱，肆意捏造谣言，其诬妄狂悖，直有使君臣上下所不忍闻者。”

康有为在华盛顿活动期间，国内的门徒们“刊印函单”，配合华盛顿“淆乱是非，多方簧鼓”，载沣将康有为们“居心险恶”的行动视为谋逆。在清政权交替的敏感时期，有梁启超同王公大臣们多年的秘密交通基础，康有为完全可以抓住机会同新一代领导人载沣通过政治对话化解宿愿。可是康有为将光绪皇帝的死亡同新政权权力构架阴谋化，通过华盛顿制造了摄政王政府接班合法性危机，将体制内化解政治矛盾的策略逼向了死胡同。

1909 年 6 月，山东巡抚衙门的一份密折送到了摄政王的案头。

密折的撰写者是 1909 年 6 月新任山东巡抚孙宝琦，他在出任法国公使期间曾警告清执政集团的精英们，宪政改革是大势所趋，阻挡宪政改革者同匪类、革命党无异。孙宝琦回国后，庆亲王奕劻向摄政王载沣推荐，希望擢升孙宝琦为疆臣。当时，载沣将奕劻的政治盟友、北洋领袖袁世凯罢黜，北洋的文臣武将人心浮动。载沣为稳定爱新觉罗皇族，同意擢升孙宝琦为山东巡抚。历史很幽默，袁世凯曾经从山东巡抚升任直隶总督。

“当此预备立宪之时代，贵上下相示以诚，破除猜嫌之见。伏愿皇上明降谕旨，去堂廉之阻隔，除防禁之琐屑，有以安亿兆之心。”孙宝琦建议摄政王开放党禁，而昭雪戊戌六君子才能让天下士庶看到朝廷宪政改革的诚意：“固今日之急务矣，至戊戌之案已成往事，是以光绪三十年（1904 年）曾奉恩谕，分别开复原免，有司奉行未尽，用者寥寥，拟呼特予恩施，戊戌党人平日著书立说，似皆效忠本朝，倘获昭雪，未始不可壮正气而消邪气也。”

载沣将孙宝琦的密折压在案头置之不理。慈禧太后曾经在七十大寿之际赦免了除康有为、梁启超外的戊戌党人，改革派在现行的政治体制内开始恢复元气，开明的皇族少壮派的力量正在不断地壮大，可康有为不反思血腥的斩首行动，相反将慈禧太后视为死敌，在光绪皇帝去世后在华盛顿密谋、组织国际对抗，令载沣在新政府的执政一波三折。年轻的摄政王对康有为的憎恶到了无以复加的地步，康有为斯文的士大夫面具下是血腥权谋。

大清的司法机构有大量的证据证明，流亡海外的康有为、梁启超师徒打着还权皇上的旗号，派梁铁君为首的暗杀团队，联手日本浪人宫崎寅藏，北上入京行刺慈禧太后和皇族亲贵。1900 年八国联军进京之际，康有为的盟友唐才常企图乘乱军事暴动；1904 年至 1906 年间，梁铁君为首的暗杀团在京谋杀慈禧未遂，梁铁君被清廷做出的预备立宪之姿态感化，向康有为师徒建议放弃暗杀计划。历史总是冷幽默，北京巡警厅很快将梁铁君逮捕，在光绪皇帝颁布预备立宪诏书的当天将其秘密杀害。

梁铁君的死没有警醒血腥的康有为，相反在华盛顿搞出了摄政王接班危机。当华盛顿承认摄政王执政的合法地位后，康有为意识到密电华盛顿的行动是鲁莽愚蠢的。1908 年 12 月，惶恐不安的康有为向摄政王载沣上书，力陈 1898 年春夏之交的维新变法是“慈宫意旨所在”，面对慈禧太后、光绪皇帝的“慈孝感召之诚”，自己绝无“极毒之恶谋”，都是“逆臣世凯（袁世凯）无端造出谋围颐和园一语，阴行离间，遂使两宫之间常有介介，而后此事变遂日出而不穷，先帝所以备历艰险以迄今日，实惟此之故”。

康有为师徒现在只有取得摄政王的信任才能重返大清改革之巅。

1909 年 1 月 2 日，袁世凯的罢黜令康有为兴奋不已，他以为载沣听信了自己的辩解。梁启超更是踌躇满志，“近年来于政治问题研究愈多，益信中国前途非我归而执政，莫能振救，然使更迟五年，则虽举国听我，亦无能为矣”。梁启超舍我其谁之慨背后：“当时清大吏不知宪政为何物，其馆中重大文牍，大率秘密辗转，请求梁先生代筹代庖。”领导晚清宪政改革机构宪政编查馆的王公大臣们不懂宪政，关于宪政的公函奏牍均出梁启超手笔。

载沣对康有为的辩解嗤之以鼻，罢黜袁世凯是晚清执政集团皇族少壮派集权的政治选择，跟康有为的辩解毫无关系。康有为违心地向载沣表白，有一个重要的目的是推动执政者开放党禁。康有为师徒为重返权力中枢进行了分工：康有为作为精神领袖在南洋遥控，梁启超坐镇日本负全局指挥之责，万木草堂学长徐勤和香港团队负责筹款，康有为弟子麦孟华在上海期间保持与北京、日本、南洋、美洲各地的联络。

清执政集团精英是康有为师徒活动的重点。康有为派出弟子潘若海、麦孺博、长寿卿专门活动总参全军的军咨处大臣载涛、海军大臣载洵、肃亲王善耆等宗室王公。康门弟子很快就获得了海军大臣载洵要赴欧美考察的情报，载洵的欧美之行不但要采购军舰、武器，还要同美国建立海军合作计划，需要一大笔资金。康有为立即给远在美国的徐勤发电，让徐勤以康门控制的政治组织帝国宪政会的名义，向载洵执掌的海军捐款百万。

康有为、梁启超为开党禁不惜“政治献金”的同时，派出弟子徐佛苏、黄与之、侯雪舫三人到国会请愿代表中去活动。“前所论鼓吹解禁事未识公等于意云何，此事若并力谋之当乞援于各省同志会、咨议局及督抚能由北京同志会分函各处最妙此恐难办到。”梁启超指示徐佛苏三人在赴京的各种政治组织中去鼓吹解除党禁之事，徐佛苏以梁启超私人代表的身份同国会请愿代表领袖孙洪伊密谈结盟，以孙洪伊之名联合数十人签名上书朝廷开党禁。

“政党者，立宪所必要，以无政党则不能行宪政，而百姓失政治上之领袖故也。”梁启超的政治盟友蒋智由不断为开放党禁进行舆论造势，“政党责任之最重者，不在于既有国会以后，而在于未有国会以前”，“譬之树，宪法政治，果也；政党，花也。世界从无无绽花而可以获果者，又岂有无政党而宪法政治可以希冀者？”梁启超的朋友们不断鼓吹：“一国政治之美恶，亦视其结社集会律之宽严”。

1909 年 9 月 25 日，都察院来了一位年轻人。

年轻人是戊戌六君子之一的杨锐之子杨庆昶。都察院江西道监察御史赵熙从杨庆昶手中接过一个包裹，打开包裹顿时目瞪口呆。杨庆昶的包裹中有一份昭雪陈情，还有一份光绪皇帝的密诏：“生（杨庆昶）惨痛昏迷，无术请代，故父门人黄尚毅语生云：故父忠悃，官有封奏，私有家牍，他日尚可呈请别白。”杨庆昶回忆说，当时其父杨锐被斩，自己昏迷过去，是杨锐的幕僚、举人黄尚毅告诫自己一定要保护好光绪皇帝的昭雪密诏。

赵熙立即警觉起来，清诏书管理制度规定，所有诏书原件必须缴回，杨庆昶怎能数年藏匿光绪皇帝的密诏？杨庆昶回忆说，当时京城政治气氛紧张，父亲被斩令自己悲痛万分，杨锐的后事是黄尚毅在料理，只记得当时黄尚毅反复提醒自己，“惟手诏关系重要，日后应当恭缴，宜谨密藏”。密诏是昭雪的凭证，面对铁桶般的京师警戒，密诏最终缝在黄尚毅的衣服里，“是日扶柩归里”，“道途霖雨积雪，所重者惟先皇帝手诏及故父一棺耳”。

“今十三年矣！惨念生故父生平志行，惟与刘光第相契相规，此外并无苟同之处。又所奉先皇帝手诏尚庋藏臣家未缴，无以对先皇帝在天之灵。是以约同故父门人黄尚毅，敬赍手诏来京，吁恳代呈，以光先皇帝圣德。”杨庆昶在昭雪陈情中泣血写道，“至生父拳拳臣节，所图仰报先皇帝于万一者当时封奏谅已详明。其生平论学制行，实与刘光第同其本末，今大学士张之洞抚晋督粤督楚时，亦所深见。谨恳奏请昭雪。”

突然冒出的一封十三年前的密诏令赵熙高度紧张，杨庆昶的昭雪密诏是光绪皇帝在戊戌变法期间所书，光绪皇帝同慈禧太后的政治冲突跃然纸上：“近来仰窥皇太后圣意，不愿将法尽变，并不欲将此辈老谬昏庸之大臣罢黜，而用通达英勇之人，令其议政，以为恐失人心。虽经朕屡次降旨整饬，而并且随时有几谏之事，但圣意坚定，终恐无济于事。”

尘封的密诏揭开了清执政集团衰落的致命基因。

光绪皇帝登基后，清执政集团内部出现权力结构二元化。光绪皇帝亲政之前，慈禧太后独柄皇权，以奕䜣为首的皇族、李鸿章为首的汉族武装集团分享了中央跟地方的管理之权，皇权一直在中央跟地方的行政权之间走钢丝。光绪皇帝亲政后，皇权分裂成为紫禁城、颐和园两个中心，以帝师翁同龢为首的帝党、以军方代表荣禄为首的后党形成，皇权结构二元化加剧，削弱了爱新觉罗家族的执政公信力。

1898 年，光绪皇帝为首的帝党同改革派结盟，慈禧太后在新政第四天后罢黜翁同龢，帝、后两党的分裂加剧。光绪皇帝一天之内罢黜了礼部的六位部长级官员，慈禧太后勃然大怒，让光绪皇帝自己发布上谕，凡是二品以上官员任免，必须经过慈禧太后同意。失去了枢廷人事大权的光绪皇帝在给杨锐的密诏中相当的痛苦：“皇太后已以为过重，故不得不徐图之，此近来之实在为难之情形也。朕亦岂不知中国积弱不振，至于阽危，皆由此辈所误？”

慈禧太后罢黜翁同龢已经是对光绪皇帝的警告，光绪皇帝身为改革派的最高领导者毫无政治智慧，只是热血地同慈禧太后对抗，将皇权二元结构的分裂表面化，加速了帝、后两党的政治冲突。光绪皇帝很快意识到冲突的严重后果：“朕一旦痛切降旨，将旧法尽变，而尽黜此辈昏庸之人，则朕之权力实有未足。果使如此，则朕位且不能保，何况其他？”康有为身为戊戌变法的改革设计师，同样没有化解政治争端的智慧，而是密谋对慈禧太后实施斩首行动，将危机变成了血腥的对抗。

康有为们的鲁莽堵死了体制内化解政治冲突的通道，最终以六君子血洒菜市口收场，光绪皇帝囚禁瀛台，慈禧太后独柄皇权。内忧外患、动荡不安的危亡关头，决意改革的皇帝成了紫禁城的囚徒，颐和园的老太太翻手为云，覆手为雨，昭告天下的承诺一夜之间成了罪证，民众对政府改革朝令夕改相当的失望。慈禧太后集权的成功是以执政公信力的丧失获得的，甚至官僚集团都对至高无上的皇权失去信任。

再度垂帘的慈禧太后内心极度惶恐，瀛台内年轻的皇帝和流亡海外的书生一定能在时间上跑赢自己。当八国联军进入北京，以李鸿章为首的官僚集团签署东南互保协议，对狼狈西逃的光绪皇帝、慈禧太后作壁上观时，慈禧太后突然发现自己真正地成了孤家寡人。面对几个千里走单骑的救驾疆臣，慈禧太后突然老泪纵横，清执政集团内部的分裂已经导致皇权公信力荡然无存了。

昭雪六君子（四）

民众心中，昭雪戊戌六君子，晚清的宪政改革才有希望。

“六个青年的改革家为那位残忍暴虐的老太后所杀害，但他们个个都具有舍身成仁的意志。我们常常对中国表示灰心和绝望，但是任何一个国家能产生像这样一些烈士，是没有理由对他绝望的。”动荡令民众们愈发怀念戊戌六君子，因为他们不是希望“抓住维新理论作为进身之阶”，更不是图谋通过高官显爵“以便搜刮人民而自肥”，他们“是以发动和平的维新改革为唯一目的”，他们“为国家的利益而贡献了自己的性命”。

戊戌六君子已经成了清执政集团的政治红线。六君子是康有为、梁启超发起的斩首行动的党羽，他们不想寻求在体制内通过对话解决政治争端，而是借助光绪皇帝的皇权，通过武装暴动的手段来消除异己，彻底地破坏了体制内运作的政治潜规则，加剧了执政集团的内部分裂。在改革派们看来，昭雪六君子是党禁开放的政治风向标，更是宪政改革的基石，如果不突破清执政集团的政治红线，“若立宪之政，无政党兴起，亦犹鸟之无翼耳”。

“他们不相信慈禧太后以及赞襄她的那一伙人”，他们用“孔子的教训来辩护人民的神圣权利”，“在一群自私自利的官僚中”，“由于这个原故，祸根便种下了”，清执政集团“野蛮地谋杀了他的第一批爱国青年”。八国联军进京、日俄在中国的土地上开战，人们越来越相信“六个青年的鲜血将是新中国的种子，他们的名字是应当被记住的，因为总有一天，他们会享受崇高的荣誉。”舆论断言，反对势力消灭了戊戌六君子的肉体，而他们的“精神是继续存在很多人中间的”，“改革一日不完成，他们不会一日休止”。

当法国医生在诊断书上写下皇帝无病的结论时，光绪皇帝忧郁的眼眼睛顿时炯炯有神，慈禧太后已经是日落黄昏了，他还有机会兑现自己的承诺，“旧法可以全变，将老谬昏庸之大臣尽行罢黜，而登进通达英勇之人，令其议政，使中国转危为安，化弱为强”。可在王公大臣为首的利益集团面前，改革是一场新的利益重组，对垄断利益者割肉放血，对新权贵是财富的敛聚。在龙驭宾天的那一刻，光绪皇帝都在担心自己在慈禧太后面前“有拂圣意”。

宪政改革是光绪皇帝和慈禧太后临终前留给摄政王载沣最大的政治遗产。改革是执政者的承诺，更是清执政集团重拾公信力的唯一机会。赵熙读完杨庆昶的昭雪陈情及密诏，意识到这是摄政王载沣化解戊戌党人同清执政集团政治夙愿的良机。赵熙立即以都察院的名义向摄政王呈递，奏请宣布德宗（光绪皇帝）手诏编入实录。1909年9月30日，摄政王载沣在都察院的陈情上批了两个字：留中。

赵熙久等不见载沣下达上谕，立即告知挚友、京畿道监察御史赵炳麟，“速台长代奏，其则别折专奏”，“疏请宣付实录”，摄政王“皆不报”。赵熙同赵炳麟相当失望，梁启超对盟友们的勇气赞不绝口：“谏草留御床，直声在天地。”面对一道又一道的奏折，摄政王载沣很是为难，他同梁启超的朋友、法部尚书戴鸿慈密谈时无奈地说：“先帝诏不敢秘，但明发上谕，则为悖慈禧，乖国体。”

杨庆昶呈上的密诏令载沣极为尴尬。

慈禧太后在临死前下了最后一道懿旨：“特命摄政王为监国，所有军国政事，悉秉承予之训示，裁度施行。”慈禧太后将祖宗家业交给了载沣，载沣拥有了至高无上的执政权。国际舆论相当看好载沣，“他成长的时代正处于现代思想火花立足于东方世界之际，他通过自己的眼睛看到了西方世界，其心智和视野并没有因为紫禁城的城墙而受到限制”，“他可以做到其他大清国统治者所没有做到的事情，即立足于现代观点，以透视的眼光，从与其他世界强国的对比中来认识自己的国家”。

1909年1月2日，载沣突然罢黜袁世凯，华盛顿方面担心载沣并非强权人物，他的摄政王位置很容易被反动势力占据，“倒退到他最初呈现于世人面前的情形”，一旦列强出兵干涉，将“重新出现导致彻底崩溃的危险”。庆亲王奕劻以最肯定的语气向美国驻华公使柔克义保证，“摄政王政府将严格执行前任君主的进步政策”，“继续执行此前获得美国政府友好支持和由衷称赞的政策”。实际上，年轻的摄政王面对的是整个执政集团内部“亲贵尽出专政，收蓄猖狂少年，造谋生事”，“茸阘无耻之徒趋之若骛”，利益集团已经丢尽了天朝的脸。

摄政王身为大清的监国，清执政集团内部却是党派林立。载洵总持海军，与军机大臣毓朗合为一党；载涛统军咨府，侵夺陆军部权，与禁卫军训练大臣良弼为一党；肃亲王善耆好结纳勾通报馆，据民政部，领天下警政一党；溥伦为道光皇帝长曾孙，同治初本有青宫之望，阴结议员为一党；隆裕太后以母后之尊，宠任太监张德为一党；度支部尚书载泽与隆裕为姻亲，握财政全权为一党；摄政王福晋瓜尔佳氏雅有才能，颇通贿赂，联络母族为一党。

权力空心化已让摄政王成为空心大佬。

摄政王载沣身为监国，名义上统帅帝国海陆军大权，可是自己的亲兄弟载洵、载涛却各自有算盘，海陆军一直明争暗斗。镇国公载泽统领度支部，一直在军费方面同载洵、载涛两人剑拔弩张，甚至拒绝支付陆军部的贷款利息。没落的溥伦抓住宪政改革的机会，同各地的改革精英联盟，成为炙手可热的改革新贵。肃亲王善耆亲善日本人，同康梁一党暗通款曲，加之手握民政警察之权，是京师维稳的重要力量。隆裕太后以皇权捍卫者的身份自居，载沣也要低头弯腰。更让载沣为难的是后院起火，摄政王福晋为首的外戚也跃跃欲试。

清执政集团内部七党瓜分了载沣的行政之权，加上庆亲王奕劻结盟北洋文武，在军机处占有多数席位，奕劻频繁走动隆裕太后之宫，一旦被罢黜的袁世凯东山再起，清执政集团的少壮派将面临灭顶之灾。更让载沣头大的是，中央推行的军事、财政、货币改革均遭到封疆督抚们的抵制，清执政集团同官僚集团的对抗随着改革的深入而日趋激烈，以两广、两江、湖广、东三省、四川、直隶为首的督抚们联名通电，提前召开国会，他们试图通过宪政来约束满清执政集团的权力。

宪政改革已呈星火燎原之势，清执政集团内部的利益调整成为必然，冲突本已激烈的各派势力暗流涌动。大清以孝治天下，身为接班人的载沣一上任就改变慈禧太后生前的政治决策，各派势力一定会抓住机会对抗载沣，执政集团的内部分裂将进一步加剧。光绪皇帝和慈禧太后在临死前昭告天下，公布了宪政改革的时间表，为了确保执政集团在改革的进程中维系内部的稳定，载沣只有对杨庆昶进呈的密诏和昭雪陈请沉默，以消除各派势力的对抗。

梁启超对摄政王的沉默并不甘心，尽管他多次嘲笑资政院为“不伦不类”、“非驴非马”之议会，“权力至为薄弱”，但是资政院云集了中央、地方各派势力的精英代表，只要“能善用之则可举之职固不乏”，以达“暗度陈仓之计”。梁启超派徐佛苏去资政院游说志同道合的议员，在给徐佛苏的信中再三叮嘱，“注意联络资政院咨议局之各议员使其一面努力建议发言一面运动缩短立宪年。”暗度陈仓之计就是提前召开国会实行宪政，因为“在专制政体下，决无容政党发生之余地”。

1910 年 11 月 4 日，摄政王载沣主持的御前会议经过激烈交锋，终于讨论通过了资政院速开国会的决议。当天，清廷颁布上谕：“著缩改于宣统五年，实行开设议院。先将官制厘定，提前颁布试办，预即组织内阁。”载沣为了彰显公决之意，在上谕中特别强调：“此次缩定期限，系采取各督抚等奏章，又由王大臣等悉心谋议，请旨定夺，洵属斟酌妥协，折衷至当。缓之固无可缓，急亦无可再急，应即作为确定年限。一经宣布，万不能再议更张。”

梁启超的朋友、宪政编查馆四品提调官杨度抓住机会，给摄政王载沣上了《奏请赦用梁启超折》。杨度深知清执政集团精英最痛恨的是革命党，他在给摄政王的奏折中将“四大寇”之首的孙中山一番贬损，“数年以前，海外乱党孙文之流，倡民生之说，持满汉之词，煽动浮言，期成大乱。”杨度提醒摄政王，孙中山在海外的影响越来越大，“寡识之士从风而靡”，只有“启超独持君主立宪主义，以日本宪政为规，力辟其非，垂涕而道，冒白刃之危，矢靡他之志，卒使邪说渐息”。

“启超之获罪，以戊戌倡言仿行各国宪政故耳。十余年中，宗旨如一，不为异说所摇，复以负咎之身，忍死须臾，悲号奔走，致皇上为立宪之神圣，国人为立宪之臣民。孤孽之心，亦云苦矣。”梁启超流亡海外而心系庙堂，杨度苦苦哀求摄政王，“今朝廷立宪之期已定，海内延颈以望太平，而当日违众建议、负罪效命之人，使独窜伏海隅，憔悴枯槁，睹故国之旌旗，痛生还之无日；抱孤忠而莫白，将槁死于殊乡。是则庶女之怨，不达于彼巷；文王之仁，不及于枯骨。此臣所为郗觑而不能自已者也。”

“臣固知朝廷宽大，必不容党禁之长存，宣统五年颁布宪法之时，凡在逋亡，必蒙赦宥。惟以启超学识渊邃，冠绝等伦，方今筹备宪政之初，正为起用人才之日，与其赦罪于后，何若用材于先？”杨度在奏折中夸赞梁启超“学识才望超越群伦”，如果摄政王能够“特赦召用，一新耳目”，可以打击嘲讽宪政改革的革命党，“以示朝廷实行立宪之诚意”。作为慈禧太后至死不可饶恕的国事犯，杨度以身家性命为梁启超担保，“倘启超被赦之，或有不利于国家之危，惟乞皇上诛臣，以为臣子不忠之戒”。

杨度是谁？

康有为、梁启超、孙中山为首的三人曾经是慈禧太后通缉的一等钦犯，他们都是杨度的朋友。革命党领袖黄兴、汪精卫是杨度的同学，在杨度的牵线下，孙中山同黄兴结成了生死革命同盟。杨度回国时，遥持朝政的疆臣袁世凯、张之洞联合向慈禧太后保荐，赞赏他“精通宪法，才堪大用”。仅有举人文凭的杨度进入宪政改革总机关宪政编查馆任四品提调。在袁世凯的运作下，杨度在颐和园向皇族亲贵演说立宪精义，极力主张开设民选议院。

杨度在日本期间，同赴欧美考察宪政的清王公大臣进行过秘密接触，在皇族亲贵眼中他是大清帝国不可多得的“宪政专家”，宪政改革的整体框架、行政公文均出自杨度之手。宪政的根本是法治，朝廷号召王公大臣都要学习法律，杨度以法治“讲师”的身份得以出入颐和园，为骄奢淫逸的王公大臣们开设了宪法讲座。期间，杨度联络满洲精英在北京设立政治组织宪政公会，向百僚士林广散速开国会说帖。

杨度的奏折立即引起了保守派的不满，他们警告摄政王载沣，杨度曾经在日本同孙中山“聚议三日夜不歇”，这位皇族亲贵的法治老师“在外则为匪首，在内则为奸细”，一旦摄政王听信杨度之言，“梁启超既用，则康有为必返，三凶合谋，祸且不测”。保守派提醒摄政王，杨度陈情赦免梁启超意在开放党禁，他不断在京师鼓动各地宪政精英赴京陈情速开国会，实为京师动乱的“罪魁祸首”，“宜必有以处之”。

礼学馆总裁、资政院议员陈宝琛在化解政治冲突方面拥有丰富的经验，他祭出光绪皇帝的密诏，以昭雪康有为、梁启超的戊戌政治盟友杨锐为名，警告保守派，如果不昭雪戊戌党人，“致使先帝之苦心豫顺传说失真”。现在国内外局势动荡，“杨锐等竭忠致身，沉冤未白”，摄政王可以援照慈禧太后七十大寿赦戊戌党人之先例，“降旨昭雪，加恩赠恤，以慰忠魂而餍众论”。陈宝琛建议：“我皇上继述方殷，阐扬为亟，拟靖明降谕旨，将杨庆昶所缴德宗景皇帝（光绪皇帝）手诏宣布中外，昭示万世臣民，并纂入实录，以成信史。”

1910 年 12 月 15 日，陈宝琛、罗杰为首的资政院预备国会议员提议，请昭雪戊戌冤狱案和请赦国事犯罪人员具奏案。当天，会议表决通过后交特任股员审查。六天后的1910年12月21日，河南举人王敬芳和直隶反清志士王法勤作为各省政治组织代表，向资政院呈递陈请开释党禁说帖，资政院交审查请赦国事犯罪人员具奏案，由特任股员一并审查。

1911年1月3日，资政院预备国会现场，议员长福受特任股员长庄亲王载功委托，说明审查的具体情形，认为赦免问题须分两层办理，包括戊戌党人和革命党人，“戊戌党人从前虽为有罪之人，到立宪时代宗旨与政策相同，便变无罪之人，应请恩赦；革命党人亦因政治腐败，立宪无期铤而走险，其行为虽可诛，其用心已可悯，如果专赦戊戌党人而使革命党人于恩赦之途无一点希望，或激起激烈手段，亦非中国之福”。庄亲王载功提议，戊戌党人和革命党人“一并恩赦”。

汪荣宝议员立即站出来反对，应将戊戌党人与革命党人区别对待，“以不背离宪政体宗旨者为在应赦之列，其余姑俟诸将来”。罗杰议员认为：“革命党人一日不赦，人心一日不能安，满汉终不能融洽，如果赦免革命党人，就可以化除满汉，安定人心。”罗杰提议一同赦免孙中山为首的革命党人，“无非激起他们的忠爱之心，不使为外国人利用”。罗杰希望“皇上天恩，一体特赦。对内就可以调和满汉，对外就可以免受外人运动”。

1911年1月10日，资政院预备国会第一次常年会最后一次议事会上，通过了昭雪戊戌冤狱议案和请赦戊戌获罪人员议案。意味着晚清宪政改革的道路上，资政院的政治精英们已经站到了开放党禁的一边，结社集会不应该再是清执政集团的政治红线，康有为、梁启超为首的戊戌党人，孙中山为首的革命党人均可为宪政改革效力，这些政治异见领袖们可以在现有的政治体制之内，通过对话的方式来化解政治冲突。

杨度为异见领袖们提出了政治通道：政党政治。

“夫政党之为物也，与国会相关联者，使一国中而无国会，则虽有政党，亦无所凭借以为发展其政见之地，徒然结合，将何所事？”杨度在给皇族亲贵灌输宪政之法时，一直在不断地游说清执政集团的精英们，光绪皇帝已经昭告天下要进行宪政改革，按照欧美宪政国家政治博弈之规律，政党政治是宪政的最佳选择，因为“专制国无集会、言论之自由，是则虽欲结党而必为势所格。故立宪国有政党，而专制国无政党”。

“政党者，摇唇鼓舌以政见上闻于朝。”一直鼓动通过革命推翻满清的名士章太炎嘲笑康有为、梁启超师徒们的政党政治主张。在章太炎看来，流亡海外的康有为师徒以保皇之名在海外敛财，已经成了阔绰的富人。海外的广东同乡对康有为的敛财行为相当反感，美国驻华公使柔克义在给华盛顿的秘密报告中对康有为的敛财行为极为不屑，对其品行评价负面，甚至不想多提康有为一个字。章太炎嘲笑由康有为师徒这样的阔绰富人来“谋立宪”，决定人民的未来，只能使“豪民得志，苞苴横流，朝有党援，吏依门户，士习嚣竞，民苦骚烦”。

章太炎的嘲笑刺痛了摄政王的心窝，阔绰的政客们不断贩卖光绪皇帝的政治遗产，在宪政改革的道路上，他们打着民意的旗帜，理直气壮地组成了新的利益集团。载沣现在不但在军事、财政、货币、军警等方面受制于清执政集团内部七党，还要同官僚集团进行博弈。一旦党禁开放，各种政治主张的党派控制了国会，他们会在财政、军事、军警、货币、行政管理等方面争权夺利，清执政集团内部的分裂会进一步加剧，官僚集团的对抗会更加激烈，皇权会进一步削弱。

资政院预备国会审议通过的赦免决议案送到摄政王手上，保守派们群情激愤。“康梁者何物乎？乃人神之所共弃，天地之所不容者。”摄政王载沣主持的御前会议上，有人喊着革命党人陈天华的诗句，“手执钢刀九十九，杀尽仇人方罢手”，将康有为师徒推到“朝廷之罪人，同胞之公仇”的位置。当载沣向隆裕太后提及资政院议决赦免康梁案时，隆裕太后厉声质问载沣：“非此二人，先帝何至十年受苦？”

御前会议的阻力和隆裕太后的责问令载沣尴尬之极，只有再次沉默。改革派义愤填膺，对清执政集团“为渊驱鱼、为丛驱雀”的愚蠢相当失望。1911 年 10 月 10 日，武昌起义爆发，惊慌失措的摄政王颁发《准开党禁颁布特赦谕》，“党禁之祸，自古垂为炯戒，不独戕贼人材，抑且消沮士气”，但是“况时事日有变迁，政治随之递嬗，往往所持政见，在昔日为罪言，而在今日则为谠论者”。

摄政王在特赦谕中对“逋亡海外，放言肆论”者进行宽恕，虽然他们“不无微瑕，究因热心政治，以致逾越范围，其情不无可原”。摄政王宣示：“所有戊戌以来，因政变获咎，与先后因犯政治革命嫌疑惧罪逃匿，以及此次乱事被胁自拔来归者，悉皆赦其既往，俾齿齐民。”清执政集团承诺，对“被赦人等，尤当深自祓濯，抒发忠爱，同观宪政之成，以示朝廷咸与维新之意”。

资政院议员严复作词的大清国歌《巩金瓯》刚刚钦定，还没有来得及唱响，武昌城隆隆的炮声令严复心如刀割，当他看到摄政王匆匆颁布的解除党禁谕旨，泪流满面，仰天长叹：“所有这些都太迟了。”当民政部巡警持枪开道，迎回梁启超之时，“自拔来归”的革命党人，没有给康有为、梁启超为首的戊戌党人洗净血腥的机会。

致命的饥荒（上）

摄政王载沣阴沉着脸，快速地翻动柯劭忞的密折。

“乡民死于枪炮，死于骚扰，及妇女之死奸淫者，不可胜计。”资政院预备国会议员柯劭忞在密折中言辞激烈，山东莱阳万民暴动，皇帝的常备军和巡抚孙宝琦的巡防军血洗了莱阳九里河、柏林庄、马山埠等村，屠杀乡民千余人。为防村民反弹，皇帝和巡抚的军队分驻各村庄巡防。没想到皇帝的军队和巡抚的军队在马连庄、姚山一带肆意奸淫抢掠，焚毁房屋八百余间，农民只能“露宿风餐，靡所栖止”，“老幼男女，嗷嗷如鸿，饿殍蔽野”。

1910年春，莱阳“三月陨霜，杀麦殆尽”，农民“缺食者十之八九”，粮商囤积粮食，“麦子一斗，三千三百文”，“粮价昂贵，为数十年未有”。饥民人心惶惶，民众提议多年存储的社仓积谷赈济饥民，没想到“积谷经城绅管理后，早经变价，现只存四千吊，余皆无有”，相反嘲辱前来提粮的饥民。柏林庄曲诗文兄弟联合永庄社长于祝三及各村代表在莱阳城西北的唐家庵秘密集会，成立“联庄会”，向控制莱阳县自治公所的县城士绅们追讨积谷。

莱阳“士商者盖十二三”，县内“无千亩之家，百亩之家即称富有”。光绪皇帝昭告天下推行宪政改革，莱阳县设学堂、办巡警，搞地方自治，王圻、于赞扬、张相谟为首的基层精英士绅垄断了地方自治公所。拥有秀才文凭的王圻是莱阳首富，在县城开设钱庄，其堂兄王垿位居法部侍郎，县令朱槐之叫王圻“五叔”。于赞扬开钱庄、控讼案，同朱槐之私交甚密，人称“于二知县”。张相谟是朱槐之问策地方政务的密友。

宪政改革的春风吹到莱阳城时，县令朱槐之以地方自治之名，对全县的钱粮管理进行“改制”，财政款项存于王圻、于赞扬为首的自治公所绅董们开设的私人钱庄。县令的巡警队奔走于四乡催收苛捐杂税，巡警们每向自治精英们的钱庄存入一万两税银，“朱槐之从中抽取一千五百两”。宪政改革成了基层精英们“私有化”公权力的盛宴，他们“假借公威为欺辱私人之计”，“巧立名目为侵蚀肥己之谋”，令民众负担“骤增至数十倍”。

莱阳积谷起于1876年，当时莱阳全境大旱，饥民“道殣相望”。到了1880年，莱阳丰收，于祝三的父亲、永庄社长于春令倡议各乡社储存积谷以备灾荒。1883年，于赞扬、张相谟为首的莱阳县城士绅经县令批准，将各村社的积谷全部提取到城里的书院统一存放。1886年，县令决定变卖发霉变质谷物，以钱抵谷，存储备荒。积谷款存到王圻、于赞扬他们的私人钱庄。

1910年的灾荒一出，莱阳饥民塞道。1910年5月21日一大早，当曲诗文带领千名饥民向王圻他们讨要谷款时，事先得到消息的王圻藏匿，饥民们只有到县衙同县令朱槐之交涉。面对黑压压的饥民，朱槐之允诺十日之内给饥民一个交代。饥民退去，朱槐之立即向山东巡抚孙宝琦“飞禀请兵”，谎称饥民“聚众来城混闹”，“必有人煽惑”，“非拿办首要，不足以儆将来”。朱县令请求巡抚“速拨步队两哨到莱暂驻，以资震慑”。

朱槐之请兵密电发给巡抚后，对饥民之情置之不顾。十日期限一到，饥民再次在莱阳城西郊九里河一带集合。主管学堂的张相谟给朱槐之献策，可以兴学之名一次性划拨庙产以解燃眉之急。朱槐之立即以政府公文晓谕全县，“凡庙产概提三成兴学”，以后不再另征庙捐。衙役们张贴告示还没有回到县衙，七百多名僧、道、尼围住了县衙，向朱槐之索要已拨缴教育会的庙捐，保证以后不再提缴庙产。面对愤怒的佛道之徒，朱槐之被迫在大路庙主持隆歆和尚草拟的手谕稿上署名盖章。

僧、道、尼散去，气急败坏的朱槐之招王圻、张相谟为首的士绅精英密商对策。没有了庙产应急，无论是县衙还是主导新政的自治公所，根本拿不出钱粮来赈济饥民。王圻、张相谟担心饥民围攻他们的钱庄，他们认定隆歆和尚鼓动佛道之徒围攻县衙背后是曲诗文唆使，只要拿下主谋曲诗文，饥民之危险可解。朱槐之再度密电孙宝琦，认定5月21日的饥民围攻县衙同佛道之徒围攻为曲诗文等人操纵，民众“假借求赈为名大闹公堂谋反”。

饥民见官府赈济之事毫无动静，再次聚集将县城形成半包围之势。情急之下，朱槐之将积谷之事推向王圻为首的县城士绅，“官实不知”，饥民们对垄断基层公共行政之权的县城士绅们恨之入骨。6月11日，数千饥民焚烧了王圻同族、巡警局董王景岳的老家。当天，不少村庄的大户房舍被饥民焚毁，财产被哄抢。朱槐之担心饥民进城，紧闭城门。朱县令万万没有想到，九里河一带的饥民越来越多，数万饥民经夜不散。

6月24日，巡抚孙宝琦以“主莱事不善”撤了朱槐之，新县令奎保坚决法办曲诗文等祸首。6月29日，候补道员杨耀林奉孙宝琦之名带领百名步兵抵达莱阳。巡抚的军队抵达莱阳城后开始秘密搜捕曲诗文。曲诗文得到情报逃到马连庄。巡抚的军队在搜捕的途中“乘夜沿户搜查，实以济其奸淫抢掠”，在马连庄将告密者乱枪击毙。村民见状立即鸣锣撞寺钟，“兵以为埋伏，开枪轰击，乡民伤四五十人，死七人”。

巡抚的小股部队退回莱阳城后，杨耀林给孙宝琦急电：“曲诗文四面聚乱民甚众，已是距城仅三四里，截阻搜翻，不通音信”，“莱事万急，速多派兵来”。同时，法部侍郎王垿的急电送到了孙宝琦的手上：“莱阳土匪焚掠甚獗，望速派兵妥办。”孙宝琦立即给王垿回电：“实属目无法纪，已飞饬认真拿办。”孙宝琦以“莱民抗拒新政倡乱，勾结匪党滋事”之名，命令登莱镇总兵李安堂率部下营兵前往莱阳镇压。

孙宝琦秘派泰安知县张学宽到莱阳查办民变一案，张学宽一到莱阳，发现马连庄兵祸“轰击淫掠”后，“人人自危”，“合境皆动公愤”，数十万乡民聚集九里河“翼图自保”。张学宽给孙宝琦的报告中写道：“贼踪遍地，行人已断。”孙宝琦立即向陆军部急电：“商军部酌拨五镇军队。”同时，摄政王载沣收到了直隶总督陈夔龙对莱阳民变调查的密折。

身为山东巡抚的上级，陈夔龙已经派员赴莱阳调查，陈夔龙在密折中写道：“莱阳则由绅民相仇，积怨生变，曲诗文劫杀官兵，围困城池。”摄政王看到这里，在密折上朱批“罪不容诛”四个大字。在给内阁的谕旨中，摄政王认为“曲诗文与其弟曲桂舟均非善类，曲诗文尤为此案罪魁”，下令山东巡抚孙宝琦派兵弹压，“严拏务获”。陆军部批准了孙宝琦的调兵请求，调拨驻守山东的新军第五镇第十协统领叶长盛率领常备军两千余人及炮四尊，从济南经胶济铁路赶赴莱阳，一同进剿。

饥民听闻皇帝的军队将至，“益愤，麇集亦愈众”。

守城的巡抚军队“谓其攻城，开枪射击”。民不惧死，何以死吓之？愤怒的民众面对枪林弹雨毫不畏惧，“后至者负门板以往”。曲诗文听说后，“使人约束之，辄反对”。已经丧失公信力的政府彻底失去了民众的信任，孙宝琦派到莱阳调停的招远知县王荩臣被民众驱赶，王荩臣一声长叹：“倘不能示信于民，不为无以成功。”

民众拒绝政府的调停给了巡抚再次镇压的借口，李安堂下令炮击九里河，民众死伤无数，久久不愿散去。血洗九里河后，巡抚的军队同皇帝的军队在莱阳四处搜捕曲诗文。“官兵所过之村庄”，“财物则掠之，妇女则淫之，临去焚毁其屋”，“百无存一”。曲诗文的家乡柏林庄更是官军搜捕的重点，官军过后，整个柏林庄“片瓦寸草无存，村内外树上人民缢死者甚多，内河尸身填满，皮肉尽脱，白骨嶙嶙”。

杨耀林的外甥在马连庄之战被民众击毙，杨耀林扬言不逮捕曲诗文誓不罢休。巡抚的军队为报复曲诗文，逮捕了莱阳县两百多名曲诗文的同姓同乡。为了祭奠外甥的亡魂，杨耀林下令将两名七十岁的老翁当众挖出心肝，摆在其外甥的灵前。在残酷的审讯过程中，曲诗文的同乡冠以“曲党”之名，除极少数有士绅关系的人被保释，其余的全部斩首。

巡抚的军队忙着报复，皇帝的军队“趁乱邀功，纵兵杀掠”。眼见皇帝的军队大发横财，身为巡抚军队的指挥官，李安堂扬言：“既已得胜，不可不使兵少得彩头，以示奖励。”在指挥官的纵容下，巡抚的军队出城逐村搜刮。巡抚的军队发现除了“无人收埋”尸体，实在没有彩头可掠，见着妇女儿童就抓，转手贩卖。一时间，莱阳全境人心惶惶，“举家逃亡烟台者，络绎于途。”

“男女不以义交者，其刑宫是也。”礼仪之邦的中国，“礼”一直是古代中国之“根本大法”，宫刑的出现一开始就是专门施行于淫乱犯者。满洲八旗入关，对奸淫者更是处以“绞监候”。当巡抚的军队和皇帝的军队肆意奸淫莱阳妇女，整个莱阳“鬼哭神泣，响彻街巷”，让本已愤怒的民众“执耰锄以为抵御”，聚众围城。舆论警告巡抚孙宝琦，“在鲁一日，则鲁民速死一日”，其“酷吏之肉，不足食矣”。

山东省咨议局的议员们对皇帝和巡抚的军队相当失望，咨议局“代表舆论，兴利除弊，责有攸归”，以丁世峄、尚庆翰为首的议员觉得“忝居舆论代表地位，有所见不容坐视”。咨议局议长杨毓泗曾官居翰林院侍讲，听信官员和士绅的一面之词，提醒议员们莱阳民众是“志在谋叛”。杨毓泗大放厥词之前，王圻与王景岳之子王廷兰“带万金到省运动”，杨毓泗、议员孙丕承都收纳王氏家族重金。尚庆翰提醒杨毓泗，“仅绅耳，我辈不可据一面之词”，坚决主张派议员实地调查。

咨议局两派势力僵持不下，杨毓泗无奈派出两路议员进行实地调查。

议员王志勋调查发现，莱阳民变领袖“曲诗文以六十老农，目不识丁，无势位富厚以为凭借，而能振臂一呼，从者数万，纵为私仇，岂无公愤”？莱阳“绅董积恶于前，官吏激变于后”。巡抚的军队抵达莱阳后，莱阳的民众是“强者毙于枪炮，弱者逃归田亩”，可是官兵“追击民众，弹毙无数”，调查组抵达莱阳后，“兵燹之痕犹存，伤心惨目，笔难缕述”。

孙丕承的调查报告同王志勋大相径庭：“曲诗文赌棍，聚众抗捐，不应惩办官绅。”王志勋驳斥了孙丕承的报告，王景岳身为巡警局董，“私立公堂，吓诈相愚，栽赌罚款”，栽赃陷害曲诗文为赌棍。身为宪政改革的基层权力机构，莱阳县自治公所藏污纳垢，于赞扬“包揽讼词，开设福源钱庄，人呼兴讼局”，张相谟“帮闲助虐，城乡侧目”，王圻“霸卖土膏，垄断市利，穿凿义田，从怨闾里”。

杨毓泗采信了孙丕承的调查结论，向孙宝琦进行了汇报。招远人孙丕承拥有贡生文凭，山东省成立咨议局时，孙丕承卖了八十亩地，以请选民白吃“大卤面”为条件，拉票竞选成为省议员，人送外号“大卤面”。咨议局中鲁西七府六十二名议员形成“六二党”，同鲁东三府清流议员长期对峙。孙丕承能言善辩，深得杨毓泗信任，可随便拆阅咨议局文件，绰号“二秘书长”。加之孙丕承收受王氏家族重金，自然同杨毓泗站在统一战线上力挺官绅。

尚庆翰、刘儒珍为首的六名鲁东三府议员指责孙宝琦不能秉公处理民变，袒护官兵，咨议局议长杨毓泗“违反议事规则，专制锻链，蹂躏和议机关”。六名议员批评杨毓泗“结党倾轧，剪除异己，早已胸有成竹，特借会场掩人耳目”，愤然辞去山东省咨议局议员之职。议员辞职后，舆论谴责巡抚、皇帝的军队指挥官“丧尽天良，残民邀功”，抨击孙宝琦“偏听浮言，张皇调兵，以致民怨愈深，乱结不解”。

山东咨议局议员的辞职令旅京的山东官员、商人们错愕，山东政府当局之前的种种说辞皆为谎言。山东旅京各界在柯劭忞为首的官员的组织下行动起来，他们联络交通在京的山东官员、商人，同乡会成了组织的执行者。很快，同乡会组织了三千多名在京山东各界人士，在官员、商人的带领下到都察院请愿。在舆论的压力之下，都察院无奈将山东旅京各界同乡的呈文送抵摄政王案头。

舆论的关注让军队隐瞒莱阳兵祸的真相浮出水面。旅京山东同乡会在给摄政王的呈文中言辞激烈，批评皇帝和巡抚的军队之残暴，连占据胶州湾的德国军队都不如，“窃惟民至弱而不可犯，威制愈深，怨毒愈深”，“外人方诱吾民以仁，而我之官吏则以暴”；“外人方待吾民以信，而吾之官吏则以欺”；“外人之兵，专主保护，而吾之兵则横肆威虐”；“外人之兵矜恤俘虏，而吾之兵则草菅人命”。

摄政王载沣下令孙宝琦奏对同乡会反应的问题，孙宝琦很快给摄政王进行了复奏：“查莱阳逆首曲诗文本系地方土棍，素行无赖，其弟曲桂舟曾在关东投充胡匪。”孙宝琦在道德上抹黑曲诗文的同时，将家人归为匪类，认定莱阳民变是“曲诗文蓄意逞乱，日图寻衅”。孙宝琦的复奏令舆论相当失望，舆论谴责孙宝琦“一死不足以谢莱人”，莱阳兵祸“官吏之罪状，可胜诛呼”？

“吾闻之，国家养兵，以卫民也”，“吾国兵官，向例平匪而不足，殃民则有余，尤为吾兵之特色”。都察院同时还将山东旅京同乡会的《实地调查报告书》送到摄政王手上后，摄政王震惊于皇帝的军队在莱阳的暴行。鸦片战争之后，满洲八旗军队在列强军队面前毫无斗志，八国联军进入北京更是羞辱了慈禧太后，大清帝国开始改组陆军，现在皇帝的军队成了纵掠民众的凶徒。摄政王异常震怒。

到底谁在撒谎？

摄政王再次给孙宝琦下令“认真复查”，同时派御史王宝田赴莱阳实地调查。

王宝田赴莱阳的路上，孙宝琦已经惊恐万分，他给摄政王载沣的电文中再次重申莱阳民变为士绅同民众的仇恨，以及县令朱槐之失信于民。皇帝和巡抚军队的暴行彻底激怒了民众，可事关皇帝的颜面和政府威信，孙宝琦极力掩饰军队的过失。在给摄政王的报告中，孙宝琦斥责报章“皆系得之传闻，不免言之过当”，以“如是属实，岂能掩人耳目”的含混之词来搪塞军队的暴行。

孙宝琦以父荫任户部主事，后任军机处官报局局长。1900 年，八国联军进攻北京，孙宝琦跟随光绪皇帝和慈禧太后逃亡西安。1901 年任驻德、澳、法等国使馆随员。1902 年，升任出使法国大臣。1907 年，任出使德国大臣。1909 年 10 月，在亲家、军机大臣、庆亲王奕劻的力荐之下，没有任何地方政务管理经验的孙宝琦出任山东巡抚。孙宝琦担心各地督抚弹劾莱阳民变，在王宝田调查还没有回京之前，通电全国各地的将军督抚。“登州府莱阳县逆匪曲诗文为首，四五月间，先后聚众入城，焚烧住户，要挟官长。”孙宝琦在给各地将军督抚的电文中，将莱阳民变的责任完全推到曲诗文的头上，将曲诗文抹黑成打家劫舍、聚众谋逆的凶恶之徒。皇帝和巡抚的军队是执行政治任务的武装集团，其公信力事关宪政改革前途，孙宝琦将军队血洗莱阳归咎于曲诗文的谋逆之众“竟敢开枪，公然为敌，传单逼胁良民，私铸军火，阻截文报，戕害官兵，攻扑城池”。

王宝田给摄政王提交了一份截然相反的调查报告，以王圻、于赞扬、张相谟为首的士绅在推进宪政改革的过程中，将以前对基层政务间接的影响力转化成为直接的公权力，他们打着新政的旗号不断地扩张个人的利益，莱阳县自治公所的绅董们“假公济私，敛钱肥己”。莱阳的民众向王宝田哭诉，“如不设法抵抗，必至不能聊生”。

宪政改革的顶层权力争夺已令年轻的摄政王焦头烂额，除了要整合皇族、中央的改革力量，还要同地方督抚们进行周旋。莱阳民变让摄政王惊出一身冷汗，宪政改革已经成了基层精英向公共行政领域渗透的通道，曾经的地方公共事务影响者摇身一变成为基层权力的拥有者，他们已经成了一个新兴的利益集团，无形地吸附在帝国公权力的最末端，长此以往将吸干基层改革的血，导致权力中枢呈现缺血状态。

王宝田显然掐住了摄政王的七寸，他在报告中认定莱阳民变“皆抚臣措置乖方之所至”，孙宝琦“张皇调兵”，“恣睢暴戾，任令惨杀无辜”，“实属有负委任”，希望摄政王“请另派公正大员，认真查办，以雪民冤”。兵者，凶器也，国之大事。王宝田警告摄政王：“地方民变，从无轻用兵剿之事，以民与贼异，贼可诛，民不可诛也。至民忘其生，而致死于官，则怨毒已深，故兵民之战，愈胜愈酷，其祸必中于国家。”

致命的饥荒（下）

巡抚惶恐不安，向摄政王辞职。

御史王宝田弹劾山东巡抚孙宝琦之前，舆论就嘲笑孙宝琦“任事无才”。摄政王不断派员调查莱阳民变案，很显然是对孙宝琦的执政能力不信任，这已令孙宝琦惶恐不安。王宝田亲自到莱阳调查民变后发现，莱阳民变案已经完全超出了巡抚和摄政王的预期。小县城饥民的怒火已经烧到了紫禁城的权力中枢。更为可怕的是，饥民的粮食问题在硝烟散去时，浮出令摄政王更为焦虑的政治问题，基层公共行政之权的重构已经成为宪政改革的大问题。

当曲诗文带领饥民聚集在莱阳县衙之时，旅京的山东官员、商人们根本不信任莱阳县令朱槐之的言论，大字不识的曲诗文家同巡警局董王景岳家有私仇，就能振臂一呼应者云集？垄断莱阳县自治公所的绅董们没有顶戴花翎，在宪政改革的浪潮中凭借曾经影响基层公共事务决策的名望和地位，将影响力直接转化为行政、教育、警察之实权，他们不再是老百姓心中拥有民望的尊者，而是同民众对立的权利阶层。曲诗文真是基层权力新贵眼中的谋逆者？

山东胶州人柯劭忞曾经担任过光绪皇帝身边的日讲起居注官，在北京政坛有着深厚的人脉关系，加之他曾经在山西、广东、辽东等地书院担任主讲，门生故吏满天下。当他得知孙宝琦调兵镇压莱阳民变，担心民众公愤难息，官兵借机肆行妄杀激起巨案，不断在京城联络山东在京官员、商人，希望在京官员、商人联名致电孙宝琦，通过对话的方式化解官民矛盾，阻止莱阳发生兵祸。

经过多次联络商议，在京山东官员、商人们一致公推山东掖县籍尚书吕海寰与山东黄县籍礼部左侍郎王锡蕃领衔，公函孙宝琦，希望孙巡抚“先以劝导解散为宗旨，以期息事安人，易于归结”。在京山东旅京官员、商人们在没有实地调查之前，对于莱阳的局势还是一头雾水，他们不能贸然为曲诗文他们背书，在给孙宝琦的公函中无奈地写道：“如实在不就范，亦须分别良莠，外严内宽，使带兵者多存一分宽厚之心，在百姓即多受一分安全之福。”

毫无管理地方政务经验的孙宝琦得以巡抚山东，皆庆亲王奕劻扶植。1900年八国联军进京，慈禧太后携光绪皇帝仓皇西逃，随慈禧太后西逃的奕劻受命回京和谈，和谈中配合淮军领袖李鸿章舌战列国。宪政改革开始，奕劻同北洋领袖袁世凯结成政治同盟。摄政王载沣执政后，迅速罢黜了袁世凯，掌权的皇族少壮派试图将身为首席军机大臣的奕劻挤出权力中枢。孙宝琦出任袁世凯发迹的山东巡抚之位，正是奕劻培植封疆势力的东山再起之谋，孙宝琦巡抚山东是要为奕劻建功立业，岂能向一帮山野乡民低头？

山东旅京官员、商人们经过密谋，猜测孙宝琦不会采纳山东籍在京官员、商人之谏，决定在公函孙宝琦的同时，商请山东峄县籍御史王宝田向摄政王弹劾孙宝琦。王宝田在曲诗文率众围攻莱阳县衙之时，就给摄政王写了一份报告，呼吁当地政府要安抚民众，王宝田在报告中以同乡身份表达对地方官的不信任，强调自己“籍隶山东，见闻较确”，莱阳的县官“逼民变实情”，民变最终失控，“皆抚臣措置乖方所致也”。

孙宝琦已心乱如麻，当莱阳数十万人围聚九里河经夜不散时，海阳县久旱不雨，鼠疫流行。贪鄙的海阳县令方奎借宪政改革之际，将税赋从之前的一两三百十六文进行分割，每项提高到千文以上。同时，自治公所的绅董们除了借饥荒大搞粮食投机，还向方奎献策将富户的赋税分摊到穷人名下。饥民们“认税必饿死，不认税必诛死，与其坐而等死，不如斗而决死”，“不堪污吏劣绅之朘削”的数万饥民正同莱阳一样围攻县衙。

坐在巡抚大堂，孙宝琦如芒在背。

1907 年 7 月 6 日，安徽巡抚衙门乱哄哄一片，持枪卫队抬着鲜血淋淋的巡抚恩铭直奔衙门后堂。留日归来的革命党徐锡麟在巡警学堂的毕业典礼上，突然朝着恩铭开枪。“藉权倾虏廷”的徐锡麟归来之时，正是恩铭的提拔才一路升迁至巡警学堂监督的位置，谁都没料想徐锡麟是革命党。身为庆亲王奕劻最欣赏的女婿，恩铭的死大大地刺激了清执政集团，革命党的威胁无处不在。孙宝琦不想重蹈恩铭的悲剧，让曲诗文他们同革命党珠联璧合。

孙宝琦给吕海寰、王锡蕃他们回了一封公函，指责曲诗文“党羽众多”，与官府“公然为敌”，地方政府当局是“不得已添调兵队”，希望“摄以军威，冀其悔悟”。在公函中，革命党成了孙宝琦用兵的合法依据：“弟无日不电嘱叶、李，以解胁安良为宗旨，严戒军队骚扰妄杀，一睢各军队能否恪听训条，偶遇逆匪抗拒，还击之际，能否免玉石俱焚，则殊不敢保，莱事倘无外匪勾结援助（传说有革党胡匪会合，不知确否？）大兵入城，当易了结。”

革命党是奕劻心中永远的痛，自己的女婿死在了巡抚衙门，孙宝琦是自己一手扶植的疆臣，岂能重蹈恩铭的覆辙？当孙宝琦的调兵奏请一到北京，首席军机大臣奕劻把持的军机处很快批准。为了防止革命党从海上来，同莱阳、海阳的谋逆凶徒勾结，巡抚的军队还封锁了山东海面，同时照会德国驻青岛军队，严防革命党从青岛登陆，胶济线进行铁桶封锁，对革命党进行严防死守。

皇帝的军队开赴莱阳的消息一出，资政院议员柯劭忞为首的山东籍京官一度希望法部侍郎王垿能向摄政王进言，希望朝廷收回军事进剿成命。莱阳籍的王垿是光绪皇帝钦点的翰林，1900 年在通州护驾慈禧太后一行西逃，慈禧太后回銮京师赏戴花翎，加之王垿其父兄皆翰林，王氏家族在胶东有“一门三翰林，父子九登科”之誉，王垿在 1901 年后当仁不让成为山东籍“京官之领袖”。莱阳民变的主角王圻是王垿同宗族人，信函早已送抵王垿手上。

王氏家族作为莱阳第一王族，宪政改革期间摇身一变成为基层政务的实权派，县令见了王圻都要叫一声“五叔”，同他弟弟王墀“结纳官署，出入自由”。曲诗文带领数万民众大闹县衙，逼迫县令革黜劣绅、巡警不准出城，县谕要“立石垂久远”，这是要将以王圻为首的王氏家族成员清除出莱阳新权力核心。曲诗文他们还要县令清算积谷、悉免杂捐、清算文庙账目，钱粮铜元不折，支费亦须清算，这无疑断了王氏家族的财路。

当王圻的家书送到王垿手上时，孙宝琦的电报也到了王府。山东旅京官员的主抚公函令孙宝琦左右为难，进剿事关王垿故乡同族，希望王垿有一个态度。王垿自然站到同宗族人一边，希望巡抚的军队将故乡的仇家以剿匪之名给镇压下去：“若不进剿，恐匪势蔓延，各县相应，大局不可收拾。”有了山东“京官之领袖”的表态，加之革命党海上的威胁，孙宝琦给吕海寰他们的回函才是那样的理直气壮。

法部是宪政改革新成立的一个制定法律的部门，法治是民主的根本保障，法部事关宪政改革成败。身为法部侍郎的王垿自然成为民众关注的焦点人物。没想到王垿主张对家乡父老用兵，舆论警告：“王之主剿，志在官报私仇”，感叹：“王垿生于鲁也，鲁为秉礼之国，周公、孔子之遗风在焉。其涵濡礼教当必有异乎寻常者。乃竟以野蛮之手段对鲁人，致启了鲁人致公愤，于此可以卜礼教之衰。”

摄政王万万没有想到，莱阳饥荒最终演变成了万民公愤的兵祸。

“误用朱令于前，抽税加捐，几闹成不可收拾之势；又以办事操切之奎保承其后，一误再误。”舆论谴责孙宝琦管理地方政务的糟糕，嘲笑孙宝琦在处理地方政务时“头痛止头，足痛止足”，莱阳官民冲突一步步激化，完全是孙宝琦“办理不善所致”。舆论提醒孙宝琦，民不畏死，何以死吓之？老一套的维稳“非所宜于今日也”。舆论建议摄政王罢黜孙宝琦，因为他“筹办各政均无成绩”，相反“纵属苛捐致激民变”。

舆论嘲笑谴责孙宝琦，资政议员柯劭忞、御史王宝田他们希望摄政王能够严惩孙宝琦。正在这个敏感时刻，各地速开国会请愿铺天盖地，各省的请愿代表纷纷进京，激进的请愿代表在摄政王府门前割股血书。莱阳和海阳的数十万民变一旦同革命党联合，山东局势将更加混乱，更可怕的是一旦风潮向北蔓延，整个京畿将陷入一场浩劫。面对“种种情形”，朝廷殊难遥揣，摄政王密令直隶总督陈夔龙“派委明白晓事妥员，密赴该两县详细访查”。

陈夔龙的秘密调查组还没有回来，王宝田继续弹劾孙宝琦，莱阳“一百八社之民哄然哗变”，“忍重税必饿死”，“不忍重税必诛死”，身为山东巡抚的孙宝琦“尸位素餐养祸在先”，“残民邀功”才导致“溃败决裂有如此之甚者”。因孙宝琦出任过驻德国公使，奕劻力荐孙宝琦出任山东巡抚，一个重要的理由就是方便交涉德国在胶州湾的涉外事务，舆论借莱阳民变嘲笑不懂地方政务的孙宝琦只知“趋奉外人”。

孙宝琦坐不住了，主动向摄政王提交了一份处理莱阳民变的意见：已经革职的县令朱槐之、海阳县令方奎，“昏庸贪劣，激成变端”，建议“永不叙用”，对于带兵的杨耀林以及署理莱阳县令的奎保，“张皇操切，办理乖方，厥罪惟均”，杨耀林泄私报复，“应请革职”，奎保“于时候颇能尽心民事，尚有愧奋，应请革职留任，以观后效”。在海阳县枪击平民的都司衔留直补用守备陈忠训，“驭兵不严，误毙平民，应请革职，永不叙用”。

在给摄政王的处理意见中，孙宝琦对借宪政改革掌控基层政务实权的士绅精英痛下杀手：绅士王圻与其弟王墀“放利而行，不恤人言”，王景岳“假公济私，贪鄙无耻”，于赞扬、张相谟等“声名甚劣，均难姑容”。王圻的候补知县“应请革职”，王景岳的贡生文凭应“一并褫革”。孙宝琦向摄政王提议，剥夺王圻、于赞扬、张相谟为首的自治公所绅董公民权，“不准干预地方公事，仍由官严加管束，以示惩儆”。

莱阳、海阳民变之初，孙宝琦命令登州府知府文淇巡视两县，乡民们拦轿希望文淇主持正义，文淇“接受呈词，未能秉公审理”，相反嘲辱乡民，甚至对两县的县令面授拖延机宜，“亦为激变之由，应请即行革职”，统帅巡抚军队的登州镇总兵，“约束不严，臣督率无方，均难辞其咎，应请旨一并议处”。孙宝琦自请处分巡抚军队的指挥官，为维护皇帝军队的尊严，没有提及处理皇帝的军队指挥官。

孙宝琦的辞职报告送到摄政王手上的时候，摄政王正为帝国基层权力重构、师乡党同盟，以及封疆大吏暗通中枢廷臣等问题焦虑。京师乡党成为基层通向紫禁城的血管，他们在帝国的肌体中肆意蔓延，他们一手操控着地方政务，一手影响着朝堂决策，资政院以及将来的国会将成为他们揽权的战场。封疆大吏们在宪政改革的过程中同地方士绅进行基层权力争夺的同时，他们要寻求北京权力中枢的庇佑。中枢廷臣为了维系手中的权力，封疆大吏会成为他们操控政局的同盟。

摄政王罢黜北洋领袖袁世凯之后，以美国为首的国际社会担心北京“倒退到她最初呈现于世人面前的情形”，数万饥民闹事都要皇帝的军队才能平息，华盛顿方面岂能不担心摄政王的政府“重新出现导致彻底崩溃的危险”。袁世凯在项城的洹上村钓鱼，北洋的文臣武将们却在惦记着袁世凯重整旗鼓。孙宝琦在出使德国之前就在袁世凯门下，奕劻以孙宝琦懂德国外交为由，将孙宝琦推向曾使袁世凯走向权力之巅的发祥地山东，背后难道没有袁世凯的谋划？

庆亲王奕劻在清执政集团里如今是个不受欢迎的角色。

身为爱新觉罗皇族的奕劻同袁世凯结成政治同盟，他们一度垄断军机处，成为宪政改革的主角。随着慈禧太后去世，袁世凯被罢黜，奕劻显得势单力孤，以载沣三兄弟为首的皇族少壮派试图将奕劻挤出权力中枢。奕劻洞悉皇族少壮派们的心思，通过把持住军机处拖延组建责任内阁，试图逼迫皇族少壮派们在权力争夺中妥协。他推荐儿女亲家孙宝琦巡抚山东，意在培植自己的封疆势力，增加同皇族少壮派们博弈的筹码。

孙宝琦的辞职报告给了摄政王，摄政王联想到孙宝琦1906年6月刚到山东就陈情开放党禁，决定借机批准孙宝琦的辞职，断了奕劻的一臂。摄政王决定召开御前会议，将孙宝琦的问题进行朝堂公决。在摄政王载沣主持的御前会议上，载沣非常严厉地批评孙宝琦执政能力低下，“鲁抚孙宝琦自到任以来，筹办各政，均无成绩”。朝堂之上死一般的沉寂，站列朝班之首的军机大臣奕劻汗如雨下，载沣扫了一眼群臣说：“近复有纵属苛捐致激民变一事，其人颇不可靠，可否更动？”

孙宝琦的声望湮没在舆论的口水之中，莱阳民变犹如一把锋利的刀悬在孙宝琦的头上，在徨徨舆论之中，孙宝琦向摄政王“奏请出洋，藉避怨谤”。主动请辞是犯错的臣僚经常上演的小把戏，没想到这一次成了摄政王拿下奕劻臂膀的把柄。奕劻真的急了，突然站出来反对：“查该抚到任后，尚知重交涉，此次莱阳民变，亦系失于觉查，并非该抚所激。该抚熟娴中德交涉，如其更调，继任者恐难其人。”

德国问题令摄政王头疼不已。德国人在胶州湾驻军多年，德国的亨利亲王经常到山东殖民区进行巡视，德国俨然将胶州湾当成了东方的根据地。日本同俄国人突然结盟，英国、法国也与日俄结成了中国利益联盟，中国一旦失去德国和美国，将彻底成为列强的鱼肉。摄政王派出密使，欲同美国结盟贷款搞货币改革，同德国结盟进行陆军改组。孙宝琦曾任驻柏林公使，拥有丰富的对德外交经验，处理好德国人在胶州湾的利益，事关同德国的军事结盟。

奕劻击中了摄政王的命门，奕劻的政治盟友、直隶总督陈夔龙立即给孙宝琦进行政治背书。陈夔龙在给摄政王的一份报告中承认，“承办新政经手款项之绅董，诚有结怨于民之处”，各府县地方官有“办理不善之咎”，“诚无可辞”。陈夔龙却坚定认定曲诗文等“威胁相愚，私置枪弹，劫杀官民，围困城池种种情形”，“实属罪不容诛”。收受王氏家族重金的山东咨议局议员孙丕承为王志勋指控的自治公所绅董们辩护，“绅士素望固劣，然谓之激变则冤”。

陈夔龙的背书令摄政王非常尴尬，山东在京官商谴责皇帝和巡抚的军队，陈夔龙的调查维护了巡抚的颜面，进而维护了皇帝军队的颜面，自己一旦批准了孙宝琦的辞呈，那么意味着皇帝军队真的犯下了暴戮饥民的丑闻，这无疑给蠢蠢欲动的革命党以话柄。摄政王咬牙切齿，执政能力低下的封疆大吏鲁莽地破坏了摄政王在基层的改革形象，他们同枢廷亲王结成了政治同盟，巧妙地利用皇帝的颜面保护了自己的前程。

巡抚的同盟成功地逆转了御前会议上悲观的局面，摄政王的优柔寡断最终屈服于庆亲王奕劻的唇舌。9 月 15 日，旅京的山东籍京官、商人们听闻糟糕的御前会议后捶胸顿足，柯劭忞为首的三千多名商号的掌柜同山东籍京官步行到都察院，山东历城人都御史张英麟接下了罢免孙宝琦的呈文。王宝田再次弹劾孙宝琦，要求摄政王撤销对陈夔龙调查的支持，另派大员为民众雪冤。奕劻掌握山东籍在京官员商人的行动后，向军机处请假“避嫌”。

都察院的呈文递到摄政王案头后犹如石沉大海，北京各界山东同乡会再次到都察院，张英麟“亦知道桑梓谊重，以此事关山东大局，不能阻蔽”，收下了同乡会的呈文，同时还亲自撰写了一封“详陈山东变乱之实及弹劾鲁抚各罪状”的奏折。可是旅京的山东籍官员、商人们依然没有等来摄政王的答复。资政院预备国会议员鼓动旅京山东各界同乡会联合起来，向资政院上书请愿，希望让资政院公决莱阳民变，“以保山东全境大局”。

摄政王的拖延令舆论界哗然：“今孙抚之罪，万不得已，而曲于优容可也，纵兵劫掠之将士与政府诸公，有何关系而亦不复置议乎？”御前会议上奕劻为孙宝琦的辩护成为舆论界攻击的重点，“枢臣所谓孙抚长于外交者，则更颠倒事实之论”，“就令孙抚果有折冲坛坫之才，而既有徇私僚扰民激变之事实，国有常刑，固不当因其别有所长，而曲贷之”。舆论警告摄政王，千万别因为一个孙宝琦而令国家的赏罚惩劝之权失去威信。

旅京山东籍各界同乡会都察院请愿之时，摄政王的案头犹如雪片般飞来了全国各地的饥荒民变奏报。1909年，长江流域六省遭遇水灾，到了1910年春夏，江、浙、湘、沔、淮、泗之间，嗷嗷之声达于比户，在湖南出现“老弱者横卧街巷，风吹雨淋，冻饿以死者每日数十人”。1910年一年就有数百万饥民掀起了一百七十六次抢米、抗捐的民变。当饥民们“聚众入城毁仓闹署”时，各地赴京速开国会请愿团正在摄政王府门口长跪不起。

资政院预备国会大门口啸聚了上千名山东籍各界同乡，摄政王突然得到一个情报，日本外务省派遣的密探山口昇已经到了华中、华南地区，山口昇整日穿行于农村，同饥民们进行没完没了的交谈。山口昇给日本外务省提交的秘密报告得出“江北皆成无政府状态”的调查结论，“连年水旱灾荒歉收，国库空虚，生计窘迫”，“今年之收获如能完成大半，谋明年之事不可知。倘明年之收获失望，则到处纷起暴乱，其数将倍于今年”。

山口昇对摄政王的宪政改革相当失望，“由于改革，使财政贫乏、租税愈重，因此发生暴动的机会也就愈多”，“上下一般皆以新政为虐民暴政，怨恨遍地，见其上者如同仇敌，而人民所以反抗新政者，并非反抗新政本身，他们也不了解新政究竟是怎么一回事，但地方的贪官污吏在此时，借新政增设新税，苛征暴敛，遂激发他们的反抗。近时，地方多骚乱，实非土匪无赖之徒，都是被那些贪官污吏所激发的良民起义”。

日本的谍报人员深入帝国腹地令摄政王坐卧不安，以孙中山为首的四大寇，以及以梁启超为首的戊戌党人长期将日本当成海外基地。日本政坛大佬伊藤博文、山县有朋都曾经同孙中山进行过秘密合作，孙中山甚至提出只要日本支持自己革命成功，未来的中国政府将爱新觉罗家族的龙兴之地满洲割给日本。日本谍报人员从中国腹地回到日本时，孙中山正在日本进行长达十五天的秘密活动。摄政王如芒在背，掌握饥荒情报的日本一旦这个时候支持孙中山的革命党同饥民领袖联手，长江流域将硝烟四起。

饥荒是一个王朝覆灭的前兆。西汉末年的赤眉军起义、东汉末年的黄巾起义、隋末的十八路反王、元末的农民起义、明末的李自成起义，无一不是赤地千里饿殍遍野？饥民们在求生的路上化成白骨，贪得无厌的官僚们总是打着皇帝的旗号将饥民逼成流民，将流民逼成流氓盗匪。地方稳定总是令身居九重的皇帝们宵衣旰食，可是饥民们已经成了威胁皇权安全的洪水猛兽，战争在饥荒的对抗中升级，最后失控。

饥荒亡国的恐惧令摄政王坐卧不安。

摄政王的新政成了官吏们横征暴敛的游戏，基层精英们在地方自治的大旗下戕害民生。曾经的乡村道德士绅成了地方政务的实权人物，贫民诉讼无门。饥荒让民众们走投无路，广袤的乡村匪徒蜂起，泄愤而成祸乱。昏聩的疆臣激起民变，乡党同盟的怒火烧向了紫禁城，边抚暗通枢臣令摄政王摇摆不定。舆论嘲笑摄政王政府无能，“臣工琐琐姻娅之欢，即可援朝廷议贵议亲之典，国家驭吏之经，自此可束诸高阁矣。”

1910 年 11 月 7 日，摄政王对莱阳民变做出了最终的处理决定。摄政王谴责了莱阳县令朱槐之昏庸贪劣，革职永不叙用，署理知县奎保以及统帅巡抚先遣部队的候补道杨耀林张皇操切，即行革职。摄政王对王圻、于赞扬、张相谟为首的莱阳县基层精英厌恶之极，训斥他们假公济私、贪鄙无耻，凡是有官衔者一律革职，有功名者一律褫革。为了警告垄断全国地方公共政务实权的基层精英，摄政王下令王圻他们永远不准干预地方公事。

摄政王在严惩基层官员、士绅的同时，对山东巡抚孙宝琦“免其置议”。舆论哗然，莱阳民变皆因“官绅相交营私”，“狼狈相依，鱼肉生民”而起，巡抚督率无方，张皇操切，纵容军队杀戮平民，犯下了“弥天之重罪”，因“内有奥援”，“蒙其余荫”。尽管摄政王在 1910 年 11 月

4 日已经宣布于 1913 年召开国会，可是摄政王政府对莱阳民变的处理结果令民众对未来极度悲观，舆论警告年轻的摄政王："国会不开，宪政不行，官权不抑，蚩蚩小民，尚安有幸福之可言也？"

亡国的股灾（一）

“上海橡皮公司亏空，市面大受恐慌，两江总督替他代还三百五十万两，一百五十万还洋商款子。”1910年12月13日，资政院预备国会现场，江苏昆山籍议员方还弹劾两江总督张人骏代华商偿还洋商的债务，“官吏只能代他担任追偿责任，不能替他担任代偿责任。”方还担心“风气一开，真不得了”。议员吴赐龄警告清执政精英们，张人骏的危险政策潜规则会让中国亡国的。

两江总督张人骏彻夜难眠，那个可恶的英国人种下股灾之祸，在灾难到来之前逃之夭夭。现在股灾犹如病毒，在帝国的肌体中快速地吞噬摄政王载沣的改革成果，“商情益为惶骇”。一场势不可挡的金融风暴席卷了整个帝国，生存与死亡的关头，江苏咨议局的议员们在议场猛烈地批判救市前线的两江总督。谁曾想，清执政集团的少壮派执政精英们正在精心布局，一场隐秘攻杀的枢廷较量正在议员们的怒火中烧向了紫禁城。

乔治·麦边（George McBain），英国人，在上海外滩成立麦边洋行，旗下的麦边轮船公司早年在长江航线同轮船招商局价格战，麦边轮船最终败北。1903年，麦边将长江航线的轮船业务、黄浦江的码头卖给日本邮船会社，将日本航运引入长江航线。怀揣二百五十万日元的麦边开始布局橡胶股票，谁都没有想到，麦边的业务转型正在将大清帝国推向死亡深渊。

德国人发明的汽车让橡胶一飞冲天，令大清帝国的民众惊讶万分。“近年欧美新发明之制造，大至水线管、飞船、战舰、宫室，小至微细器物，莫不以树胶为之。”大清驻欧美的外交官都在官方的报章鼓吹橡胶“其坚者可代骨角，其韧者可代皮革”，是工业制造不可或缺的重要制品。舆论还向农民灌输橡胶简直就是防水防毒的利器，“制为靴以畀耕农，可以避烈日暴雨之毒”，“能御气，可以使外气不侵”。

麦边瞄准了橡胶生意，在上海成立了蓝格志拓殖公司（Lan Kets），向公众销售橡胶股票。股票对于上海滩的民众来说一点都不陌生，想当年百元面值的轮船招商局股票涨到二百六十五两，相当于人民币一万八千五百元一股，更让民众难忘的是1883年的大清股灾将首富胡雪岩搞破产了。麦边深谙舆论攻心为上的策略，现在上海滩的各大报纸上刊登《今后之橡胶世界》的软文，宣称种植橡胶可获得暴利，橡胶股票必定大涨，鼓动民众购买橡胶股票。

蓝格志拓殖公司成立时国际橡胶价格一磅不过二先令，民众对麦边的股票毫无兴趣，到了1909年冬天，当人们一觉醒来，发现麦边的公司门口排起了长队。橡胶价格每磅已经涨到十先令了，简直就是“一日之间旦暮异价”，一洋商在伦敦招股，股票在三十分钟内被抢购一空。盛产橡胶的南洋群岛半年之内云集了一百二十多家华洋橡胶公司，蓝格志拓殖公司办公的同一条街上，一天之内成立了十四家橡胶公司。

上海滩的橡胶股票价格扶摇直上，客户的争夺也到了白热化的地步。不少的皮包公司在南洋拍摄橡胶种植园宣传电影，在上海街头向投资者滚动播出，同时还组织股票购买者到南洋的种植园参观。皮包公司为了制造股票供不应求的紧张气氛，组织了大量虚假购买者涌入汇丰银行，拥挤不堪的假象导致汇丰银行不得不暂停营业，皮包公司趁机哄抬股价。麦边甚至向股票购买者承诺，每三个月每股发放十二点五两银子的股息。

麦边犹如一条鲶鱼，将整个上海股市搅得昏天黑地。不少皮包公司喊出了一百股之内只要缴百分之二十的认购款就可领股票的口号，他们同交易场所的老板们勾结操控股价，让股价小跌大涨，同时串通汇丰、花旗这样的国际银行搞虚假的股票抵押借款，制造虚假繁荣的泡沫。蓝格志拓殖公司的股票由面值 60 两哄抬到 1675 两。在麦边的刺激下，上海滩的橡胶股票多达 54 家，《申报》在橡胶股票高潮期每天都有密密麻麻的招股信息。

疯狂的股票让深闺的小姐太太们都按捺不住，典当了首饰陪嫁也要购买股票。在上海逗留的两广总督岑春煊、邮传部尚书盛宣怀、上海道台蔡乃煌为首的枢廷重臣、封疆大吏纷纷解囊炒股。江浙、广东商帮的巨头们也不甘示弱，钱庄的老板们挪借公款，或者向国际银行进行同业拆借，“以为非分之财从此可大发矣”。疯狂的人们梦想“朝投资而夕即致富”，对于橡胶的栽种收获、制造运销、公司治理，“均付之茫然”。

橡胶对于大清帝国的民众来说并不陌生。

1866 年，恭亲王奕䜣派遣了一个低级别的欧美使团，使团翻译张德彝对欧美的“肾衣”进行了详细的调研：“闻英、法国有售肾衣者，不知何物所造。据云，宿妓时将是物冠于龙阳之首，以免染疾。牝牡相合，不容一间，虽云却病，总不如赤身之为快也。”张德彝笔下的“肾衣”实为橡胶避孕套，张翻译骨子里的士大夫精神让他对橡胶避孕套“使人斩嗣”的绝育功能出奇地愤怒，认为使用“肾衣”者简直就是“罪不容诛”。

士大夫们为“肾衣”耿耿于怀之时，橡胶在欧美的发展可谓一日千里。当达官贵人和贩夫走卒们都开始为橡胶疯狂的时候，一场国际狙击开始上演了。1906 年，美国汽车产量三万辆，到了 1909 年已经超过十一万辆，橡胶价格随着汽车产量的提高而价格迭创新高，美国开始采取限制橡胶消费政策，欧洲国家纷纷仿效。1910 年 7 月，橡胶价格从每磅十二先令五便士下跌到九先令三便士。

麦边是一个精明的商人，当欧洲的商业情报传到上海滩时，他将手上的橡胶股票全部抛给了疯狂的中国人。梦想着通过橡胶股票发财的中国民众还蒙在鼓里，“万目睽睽以视其继长增高”。很快，人们发现股票价格高台跳水，“交割期到，股票交面，一落千丈”，曾经千两的股票一下子跌到几十两都无人问津。日本间谍组织东亚同文会向东京提交的报告称，上海橡胶股票总投资高达六千万两，中国人持有百分之七十至百分之八十的股票。

正元钱庄的老板陈逸卿听闻麦边消失了，顿时如五雷轰顶。

陈逸卿是上海滩金融大佬，同美国金融资本关系密切，旗下有正元、谦余、兆康三家钱庄，同时还是茂和洋行、新旗昌洋行和得化洋行三家国际洋行的买办。陈逸卿控股的兆康钱庄另一股东戴嘉宝跟德国人关系密切，是德资控股的裕兴洋行的买办。森源、元丰、会大、协大、晋大五家钱庄同为陈逸卿的金融同盟。橡胶股票风生水起之时，陈逸卿组织的中国银团专门拜访了麦边的蓝格志拓殖公司和汇丰银行的董事们。

麦边在地图上给陈逸卿指了蓝格志拓殖公司在澳洲的橡胶园，看着地图上偌大的一片橡胶种植园，陈逸卿心潮澎湃。回到钱庄，陈逸卿通过利华银行的国际友人打探伦敦橡胶行情，得到了橡胶行情暴涨的确切消息，戴嘉宝向德国友人打探的消息印证了陈逸卿消息的准确性，两人立即合谋通过正元、谦余、兆康三大钱庄融到十天远期庄票，远期庄票到手后立即设法兑现买入橡胶股票。

陈逸卿不知道麦边和汇丰银行做局，进行庄票融资后继续向花旗银行、华比银行和怡和洋行借款，陈逸卿把三家银行的百万借款存放在正元、谦余、兆康三大钱庄。陈逸卿着魔一样，通过三大钱庄向四明银行进行庄票融资二十二万两，向森源、元丰、会大、协丰、晋大为首的同盟钱庄调剂头寸，金额超过两百万两。森源钱庄在上海滩名不见经传，在橡胶股票高峰期，陈逸卿从森源钱庄调走了两万多两庄票。

正元钱庄为首的超级金融同盟成为橡胶股票的庄家，买进股票金额高达六百多万两。当陈逸卿还在盘算继续融资加仓之时，麦边逃跑的消息传来。陈逸卿立即向国际友人打探消息，听闻伦敦橡胶价格暴跌，立即下令三大钱庄及同盟钱庄抛售股票。陈逸卿坐庄联盟的抛售立即导致股市崩盘，股市狂跌，股票无法抛售。到了1910年7月21日，陈逸卿控股的正元和谦余两大钱庄“因周转不良停止进行”。

1910年7月21日，兆康、森源两家钱庄倒闭。23日，元丰钱庄倒闭。24日，会大、协丰、晋大等钱庄倒闭。陈逸卿的钱庄同盟灰飞烟灭，陈逸卿亏损两百多万两，戴嘉宝亏损超过一百八十万两。谦余钱庄的合伙人陆达生亏损超过一百二十万两。上海道台蔡乃煌的股票也迅速变成了废纸，他被雪崩的股市吓坏了，在给两江总督张人骏的报告中愤怒地写道：“华商近因贪购橡胶股票，现银输出过多，钱庄周转不灵，牵累倒闭者层见迭出。”

商人的贪婪令上海的地方官蔡乃煌瞠目结舌，帝国首富胡雪岩就倒在1883年的股市崩盘风潮之中，那一次危机将北洋集团领衔的经济改革推到了峭壁。1900年，八国联军进军北京，逃亡西安的慈禧太后下令全面改革，摄政王载沣继承慈禧太后政治遗产后励精图治，全国财政“岁入逾两倍”，以冶铁为首的工业增长四倍，工业投资超过五亿两。一旦上海滩的金融风潮蔓延开来，摄政王新政府的改革成果将付诸东流，整个帝国将陷入经济萧条之中。

金融稳定是摄政王政府改革的基础，面对突如其来的风暴，蔡乃煌心神大乱。正元和谦余出问题的当晚，蔡乃煌同上海商务总会总理周金箴登上了开往江宁的火车，欲向两江总督张人骏汇报上海的金融问题。蔡乃煌向张人骏详细地描绘了橡胶股票雪崩的可怕景象，希望两江总督能够向北京请援，希望度支部调拨官款注入上海钱庄，以维持市面的流动性，同时批准逮捕坐庄橡胶股票的商人，震慑商人潜逃。

张人骏对蔡乃煌的汇报深信不疑，“据实电奏”军机处，汇报上海股市雪崩的可怕局面，按照蔡乃煌的对策“陈明办法”。张人骏还同意蔡乃煌在上海逮捕坐庄橡胶股票的商人。蔡乃煌从江宁拿到总督的维稳尚方宝剑当天，乘坐火车返回上海。蔡乃煌回到上海立即成立专案组，将正元钱庄的股东、橡胶股票金融同盟庄家陈逸卿、谦余钱庄经理戚雅芳和胡寄园、兆康钱庄经理魏宝贤四人逮捕入狱。

1910 年 7 月 27 日，两江总督府接到了摄政王的谕旨，要求张人骏按照蔡乃煌的谋划妥善处理上海的钱庄票号风潮，责令蔡乃煌“将善后事宜悉心筹划，慎防流弊，以维市面而定人心”。蔡乃煌现在面临一个棘手的问题，上海地方政府的官衙府库根本就没有钱，“道署库款多放于银行生息，道库并无现银，道库正杂各款均放在市面”。现在摄政王下令蔡乃煌对金融市场进行维稳，钱从何来？

蔡乃煌同上海商务总会的董事们召开联席会议，商人们一致提出“非得五百万两不足以资周转”。商人们提出向国际金融机构进行贷款，在钱庄已经出现破产的状况下，希望上海道台衙门能够为商业贷款进行政治背书。7 月 28 日，蔡乃煌会同英国租界公廨官员宝大令、英国驻上海正副领事以及中、西商会代表在洋务局召开紧急会议，商洽救市办法。救市会议决定向国际大银行贷款，向市场注入更多的流动性资金。

洋务局的会议一结束，蔡乃煌立即登上了开往江宁的火车，向张人骏当面请示国际贷款问题。手握摄政王救市谕旨的张人骏额头上直冒汗珠，列强们担心摄政王新政府偿还债务的能力，于 1909 年提出了监理中国财政的野蛮要求。舆论警告政府一旦接受列强要求，中国将重蹈埃及、朝鲜那样的灭国覆辙。列强的无理要求令摄政王“极为焦灼”，连夜召开御前会议商讨对策，摄政王最终命“外务、度支两部赶即调查各省所有赔款之实在数目”，未雨绸缪，“先行设法赶偿外债以图抵制”。

国债令张人骏现在相当尴尬。

摄政王“特谕各军机电饬各督抚及地方官”，希望官员们对各地的“还国债运动”极力提倡，“不得藉事干禁，致负国民殷殷爱国之心”。北京的王公大臣们公推首席军机大臣庆亲王奕劻领衔，出面“广劝各省官员量力捐输”。张人骏在 1910 年 3 月致电东南各省督抚，力陈“东南财赋之区剜肉补疮已难着手”，一旦提前还债市面资金链必将紧张，列强资本必“以乘虚制我”。1910 年 6 月 16 日，天津政商界谴责张人骏的“深谋谨滤”。如果张人骏在敏感时期批准了蔡乃煌的国际贷款方案，将成为“还国债运动”爱国者们千夫所指的罪人。

张人骏总督的两江地区是大清帝国经济最发达的地区，他深知“还国债运动”是枢廷执政精英们利用民情，从民间筹集资本偿还中央和地方外债，如此大规模的民间筹资会加剧民间贫困，使国家更加贫弱。张人骏更担心的是基层精英的贪婪，这些曾经的道德士绅在宪政改革自治浪潮中崛起成为基层权力新贵，他们打着爱国的旗号强行摊派，“用昭惩劝”，将银钱解交他们控制的钱庄票号“存储生息”。基层精英们的强制抽血容易加剧地方动荡，北京的执政精英们会问罪地方，弄不好会丢官下狱。

蔡乃煌的国际贷款主张简直就是撞在枪口上。张人骏想出了一个两全其美的办法，无论是收复新疆的西征贷款，还是《马关条约》、《辛丑条约》的战争赔款，都是政府的关税作保，现在橡胶股票崩盘是商民的市场行为，让商民以自家产业担保就与政府外债无涉。1910 年 7 月 29 日，蔡乃煌从江宁回到上海直奔汇丰银行，英国驻上海领事、中西商会参加了国际贷款联席会议，蔡乃煌提出由上海商家以产业抵押向汇丰银行贷款五百万两用于救市。

汇丰银行的管理层拒绝了蔡乃煌的提议，上海的商家对橡胶股票都有染指，不少商人通过银行融资将现金提供给钱庄炒股，陈逸卿的钱庄联盟一夜之间全军覆没，现在谁能保证贷款商人们资产的安全性？汇丰银行更担心橡胶股票崩盘才开始，潜在的风险没有完全暴露，上海钱庄倒闭的连锁反应还没有呈现，汇丰银行的贷款一旦无法抵御连锁风险，意味着商人们会将风险完全转化为贷款风险。汇丰银行提议上海地方政府提供信用担保，蔡乃煌很遗憾地告知，两江总督没有给上海相应的授权。

摄政王谕旨蔡乃煌要“维市面”，“定人心”，可是没有授权两江总督和上海道台同国际银行家签约贷款的权利。就在蔡乃煌同汇丰银行管理层谈判期间，上海的风潮蔓延到杭州，杭州城鼎记、延德、万兴、庆余四大钱庄“现水飞涨”，整个杭州城金融界“市面岌岌可危”，宁波商帮收紧拆票，慈溪董氏家族的阜生、阜源两钱庄亏空三十八万两。一时间，江浙地区“银根紧绌，商情恐慌”。

蔡乃煌被推到了火山口，贷款问题拖延会加剧风潮蔓延，“商界之资金犹人身之血液，全在时时流动”，7 月 23 日还向钱庄票号拆票八百一十四万两的国际银行听闻蔡乃煌谈判陷入僵局，立即收缩了放款额度，到了 7 月 30 日下降到了六百一十二万两，在上海的宁波、泉漳、广东、山西商帮加速收紧银根，上海金融市面人心惶惶。一旦上海金融发生动荡，势不可挡的金融风潮将摧毁两江甚至全国的工商业，摄政王的经济新政将付诸东流。

汇丰银行的管理层摸准了蔡乃煌的命脉，一口咬定要中国政府出部分资金救市。蔡乃煌一咬牙答应了汇丰银行的条件，汇丰银行组建的国际银团提供三百五十万两贷款，上海殷实商家以产业抵押给国际贷款银团，上海道台从府库拆借一百五十万两财政资金一同注入市场。国际贷款银团担心摄政王政府通过惩处官员的无赖方式毁约，要求上海的政府资金必须从度支部控股的大清银行进行划拨，为政府救市资金的拆借行为背书。

1910 年 8 月 4 日，两江暴雨成灾。当天，蔡乃煌与汇丰银行牵头组建的国际银团签订了“维持上海市面借款合同”，九家银行中汇丰银行八十万两、麦加利银行五十万两、德华银行五十万两、道胜银行四十万两、正金银行三十万两、东方汇理银行三十万两、花旗银行三十万两、荷兰银行二十五万两、华比银行十五万两。上海的钱庄票号老板们奔走相告，“人人无不以此为商业困厄时之幸福”。

国际银团的贷款合同签字后，上海银根紧绌的局面得以缓解。蔡乃煌立即成立专案组清查正元、兆康和谦余钱庄的账目。美国驻上海领事立即照会蔡乃煌，上海道台衙门不能审理正元钱庄的老板陈逸卿。蔡乃煌一愣，陈逸卿是坐庄橡胶股票的钱庄盟主，更是钱庄倒闭的肇事者，身为上海地方行政机构，怎么突然无权审理陈逸卿？美国人以陈逸卿是美资新旗昌洋行买办为由，将陈逸卿关押到租界的会审公廨。

蔡乃煌提审了谦余钱庄经理胡寄园、兆康钱庄经理魏宝贤，两人将钱庄的账目单据呈堂。问题很快出现了，两家钱庄四处拆借资金的同时，还有不少客户拖欠钱庄资金。蔡乃煌将提审情况向张人骏做了详细汇报，张人骏担心国际贷款和财政救市资金注入市场后欠款赖账的客户会越来越多，下令蔡乃煌将钱庄票号所欠账款“一并亲提”。蔡乃煌发布政府公告，要求欠款客户主动将款项缴清，否则严惩不贷。

上海地方政府成立的专案组意图通过“究办各庄以警将来”，可是蔡乃煌没有侦办过经济案件，他派驻专案组负责查账的两位低级官员对金融业更是一窍不通，查账了半个月时间毫无进展，各钱庄票号的账簿、收据积压在上海道台衙门，导致整个金融业人心惶惶，“不能以此债项为资本而营业务”，上海出现了倒闭破产者叫苦连天，拖欠破产者债务的人却逍遥法外。商人们担心恐慌局势进一步恶化，金融业的信誉扫地，纷纷要求上海商务总会介入。

商界的恐慌令蔡乃煌如芒在背，他加大了对破产者的审讯力度。公堂之上，在刑讯和舆论的压力之下，陈逸卿的坐庄盟友们都答应归还正元、谦余、兆康三家钱庄的欠款。蔡乃煌将国际银团贷款的一百四十万两用于归还了正元三家钱庄拆借外国银行的账款，将剩余的二百一十万两存放在源丰润和义善源两家金融巨头之中。蔡乃煌很快就接到一个可怕的消息，陈逸卿在租界的会审公廨自杀了。陈逸卿死讯传出，国际银行立即再度收缩银根，将拆借金额收缩到三百七十八万两。陈逸卿的死打乱了蔡乃煌的救市计划，北京政客正编织的一张大网正扑向张人骏和蔡乃煌。

亡国的股灾（二）

1910 年 10 月 8 日晚上 9 时，喧嚣的上海在夜色中渐归沉寂，金融巨头源丰润银号的伙计插上了门栓，正准备睡觉的时候，突然听到急促的敲门声。伙计卸下了一块门板，见一客户站在门外，忙将其让进钱庄大厅。

客户从马蹄袖里摸出一张七点五万两的汇票，告诉伙计今晚一定要提现。伙计接过汇票一看是源丰润的联号源吉钱庄开出的。聪明的伙计很无奈地告诉大客户，银号的银库已经盘点了，掌柜们已经睡觉了，提取现银只能到天亮正式开门营业时。客户在源丰润枯坐良久，未能提现。消息犹如病毒一般在这个清冷的夜晚蔓延，不断有银号、行号的大客户拿着汇票到源丰润和源吉钱庄提现。

源丰润的老板严义彬顿时方寸大乱，让掌柜们统计了一下提现总额，源丰润和源吉钱庄两家联号超过四十万两的提现。严义彬下令停止兑付，杭州、武汉、福州、北京、天津、广州等商埠总号、分号十七处同时停市。在给上海商务总会的一份说明函中，严义彬力陈“银根牵掣，市面为难”，“甬号突然被封，消息散播速于置邮，各埠震惊，商号闻耗，只得通电各号即日暂停收付，分别清理”。

源丰润的创始人严信厚有宁波商帮第一人之誉，曾经效力于首富胡雪岩门下，经胡雪岩推荐后效力于淮军领袖李鸿章幕下。严信厚多年在直隶掌管盐务，积累了大笔财富，后将财富转移到上海，开设商号钱庄。

严信厚曾帮助邮传部尚书盛宣怀组建中国第一家商业银行通商银行，在上海金融界属于泰斗级人物。严信厚去世后，其子严义彬接掌源丰润整个产业后开始全国扩张，分号“分设各省著名商埠，机关交通久为此中巨擘”。

严信厚在政商界的人脉为源丰润的扩张打下了坚实的基础，源丰润成了清廷中央和地方财政款项的合作者，1901 年《辛丑条约》签订后，源丰润更是承办了江海各关税款及英德俄法赔款。严义彬掌舵源丰润后，除了在各省开设分号，加速网络布局外，还开设了源吉、德源两家钱庄，同源丰润形成互为犄角的金融集团。橡胶股票疯狂之时，源丰润上海总号经理陈子琴鼓动严义彬投机股票，年轻的严义彬没想到自此掉入了陷阱。

陈子琴，宁波人，“尝游日本、高丽、安南，性情伉爽”，一直是严信厚亲密的商业盟友。严信厚去世后，陈子琴同严氏家族的商业合作更为紧密，严义彬对父亲的这位盟友相当的器重，不仅邀请其出任源丰润上海总号的经理，还邀其发起成立了四明银行。陈子琴一跃成为上海金融界的腕级人物，生活也开始奢华起来，“所居飞楼数重，负山面海”。橡胶股票勃兴之时，陈子琴鼓动严义彬同第三方成立金融企业坐庄橡胶股票。

严义彬在陈子琴的鼓动下同一叶姓老板成立了一家钱庄，源丰润占七成股份，叶老板占三成，陈子琴出任新钱庄的经理。陈子琴避开了挪用源丰润银号公款之阻，不断地通过向联号金融机构开出汇票的方式，恣意挪用源丰润整个集团的资金坐庄橡胶股票，总金额超过三百万两。正元钱庄老板陈逸卿坐庄橡胶股票联盟崩盘后，源丰润银行集团立即陷入了巨亏黑洞，严义彬找到荷兰银行买办、道台衙的浙江镇海巨商虞洽卿担保，以南京劝业场地皮和股票抵押，向上海地方长官道台蔡乃煌拆借财政公款一百二十万两，源丰润银号短暂躲过了橡胶股票暴跌的冲击。

蔡乃煌在清理陈逸卿的坐庄联盟钱庄期间，发现上海、江浙、福建、四川、天津、北京等地均有钱庄票号资金流入上海的橡胶股票之中，源丰润集团旗下的源吉、德源两家钱庄买入橡胶股票的金额远远超过500万两。1910年8月4日，严义彬为首的源丰润银号已经将旗下的地产、股票等资产抵押给上海地方政府，没想到源丰润集团持有的橡胶股票已经跌到一股几两银子，简直如同废纸，加之国际银行收缩银根，源丰润集团的风险敞口越来越大。

严义彬同上海的各大金融机构谈判，希望国际资本能够救源丰润于水火，严义彬提出自己愿意"以家产相抵"，可是上海滩的"中西银行皆不受抵"。走投无路之时，严义彬只得"乞援于沪道"，希望上海地方官蔡乃煌出手相救。严义彬向蔡乃煌力陈源丰润的金融网络遍布全国，一旦风险敞口暴露，上海市政府注入的国际银团贷款都可能打水漂。蔡乃煌"以该号甚巨，允为维持"，再从上海地方财政拨款注入源丰润，"计前后维持之款三百数十万两"。

蔡乃煌将地方财政公款注入到严义彬为首的钱庄票号，让上海的金融业有了一个喘息的机会，可是很快严义彬就听到一个绝望的消息。按照《辛丑条约》的还款规则，大清帝国要在每年10月6日向列强们偿还庚子战争赔款，每年赔款额度超过两千五百万两，上海地方财政要向北京解送一百九十万两的赔款。尽管蔡乃煌反复向北京陈请上海市面未稳定，存银"不可骤提"，希望能够暂缓解送赔款。可是度支部向摄政王弹劾蔡乃煌"以市面恐慌为恫吓"，而"不顾国际之交涉失败"。

一场惨烈的权争开始啦。

陈邦瑞，蔡乃煌最咬牙切齿的一位江浙财经官僚，出生于浙江慈溪，1876年考中进士，八国联军进京之前官至太常寺卿。八国联军抢光了陈邦瑞的家，逃离京城的陈邦瑞没有护卫慈禧太后銮驾，而是以丁忧之名逃回家乡。《辛丑条约》签订后，陈邦瑞携龙山黄泥螺和三北藕丝糖进京向慈禧太后请罪，跪在地上的陈邦瑞汗流浃背，慈禧太后尝了黄泥螺和藕丝糖后赞不绝口，封赏陈邦瑞官升三级，擢升户部左侍郎。陈邦瑞后来拜在度支部尚书载泽门下。

镇国公载泽是一位极具野心的皇室精英，他娶了隆裕太后的妹妹，觊觎未来责任内阁总理之位。载泽的政治前途一片光明，因为摄政王推行的宪政改革没有载泽的财政改革作为支撑，摄政王的政治改革犹如空中楼阁。摄政王的两个弟弟以军事改革的名义，不断通过举债的方式侵蚀载泽在度支部的财权，载泽一度拒绝偿还军队的贷款利息，导致度支部同摄政王兄弟剑拔弩张。橡胶股票给了载泽一个打击摄政王兄弟一石二鸟的机会。

蔡乃煌是袁世凯的心腹，载沣监国后罢黜了袁世凯，袁世凯的党羽相继遭遇政治报复。袁世凯的把兄弟徐世昌调离自治的东三省，擢升为军机大臣虚化实权，第一盟友庆亲王奕劻也被摄政王边缘化，蔡乃煌成了一个政治孤儿。蔡乃煌的上司是江苏巡抚程德全，同国际银行贷款时，蔡乃煌越过程德全直接向总督张人骏汇报，只是最后返程之时路过做了一个礼节性的汇报，让程德全为贷款背书。国际贷款签约之后，蔡乃煌对贷款资金注入市场的决策依然抛开了巡抚上司，令程德全心中大为不快。

程德全曾经是一位落魄的穷酸书生，多年在东北军中效力，慈禧太后于 1903 年 12 月 28 日在京召见程德全，慈禧太后赏程德全齐齐哈尔副都统。1907 年东北行省自治改革之前，程德全出任掌管黑龙江军政大权的黑龙江将军，可是袁世凯的盟友东三省总督徐世昌将程德全贬为巡抚，袁世凯的下级武官段芝贵还通过向奕劻之子贿赂歌姬，密谋取代程德全的巡抚之位。光绪皇帝和慈禧太后相继去世后，摄政王载沣调程德全巡抚江苏，程德全成为摄政王在江浙政坛的马前卒。

《辛丑条约》赔款犹如一个火药桶。慈禧太后去世后，美国华盛顿政府一度担心年轻的摄政王载沣并非强权人物，他的摄政王位置很容易被反动势力占据，“倒退到她最初呈现于世人面前的情形”。摄政王相当清楚现在执政集团内部“亲贵尽出专政”，“造谋生事”，他担心拖延战争赔款激怒列强，一旦列强再度出兵，大清王朝将“重新出现导致彻底崩溃的危险”。陈邦瑞弹劾蔡乃煌表面看是打击袁世凯一党，事实上矛头对准了摄政王自己。

上海橡胶股票暴跌之时，北京的各大政治集团、各地督抚们正在为速开国会时间表问题吵得不可开交。隆裕太后厉声质问载沣：“究竟有人能将国会速开之得失及利弊关系断决否？”宣统皇帝的亲爹摄政王在皇权捍卫者太后面前也只能惟命是从，随即将隆裕太后的懿旨传达军机大臣，“并饬速电各省督抚及各部大臣，将缩短国会期限问题详细解释”。在这个敏感时期，程德全连自己的下属都约束不了，这可是关系爱新觉罗王朝安危的政治问题。

陈邦瑞的弹劾报告以度支部的名义递到摄政王手上时，摄政王的家门口云集全国各地的速开国会赴京请愿团代表，不少代表就是地方咨议局的议员，有人割股血书，有人哭天喊地，各地的督抚们为了扩大地方行政之权，为争夺未来的权力格局搞得你死我活。上海的钱庄在这个敏感时期纷纷破产，上海地方官将国际贷款资金挪到关系户的钱庄，金融风潮一旦蔓延开来，长江流域甚至整个帝国的经济将遭遇毁灭性破坏，已经发生了饥民暴动的山东、江苏、湖广地区将动荡不堪，国际社会将失去对大清的信任，整个国家将陷入破产的窘境。

陈邦瑞弹劾蔡乃煌的报告内容很快传到上海，袁世凯的盟友们忙着在中央自保，根本无暇顾及自己的死活，他赤膊上阵，一旦上海的庚子战争赔款抽走，上海金融风潮必定后患无穷。在给军机处的电报中，蔡乃煌警告北京的官僚们，“沪上风潮迭起”，“急切收取为难”，政府一旦“辗转追呼”，一定会“酿成事故”。在电报中，蔡乃煌还提醒北京，大量的中国商人还欠下了巨额的洋行货款，现在钱庄破产商人潜逃，如果政府不能出面清理，很容易触怒洋商影响国际贸易。

蔡乃煌已经觉察到自己卷入了一场残酷的权力之争，无论是度支部打着家国大义的虚伪旗号，还是军机处的谨小慎微，面对惶惶不可终日的商人，蔡乃煌只能为自己找回士大夫最后的颜面。蔡乃煌在听闻度支部火药味十足的弹劾后，颇为悲愤地对无助的商人说：“身为朝廷命官，有保卫地方、补救商业之责，何敢漠然视之。”当陈邦瑞的弹劾报告送抵摄政王手上时，蔡乃煌放在源丰润的一百二十万两“发商生息”公款已经覆水难收了。

陈邦瑞的弹劾意在通过打击蔡乃煌削弱北洋集团在上海金融界的影响力，进而通过隔山打牛的方式削弱摄政王兄弟在地方政务中的控制力。摄政王兄弟在地方政务系统有三驾马车：摄政王亲自在数月内官升三级至署理湖广总督的王乃征、光绪皇帝爱妃珍妃的堂哥伊犁将军志锐和海军大臣载洵力保的江苏巡抚程德全。程德全是载沣兄弟安插在江南遏制袁世凯势力的棋子，袁世凯的党羽在程德全手下引发了外交事件，载沣兄弟岂能置身事外？

无论是蔡乃煌还是程德全他们万万没有想到，载泽结盟隆裕太后之后，正在谋划更大的枢廷话语权。载泽一党正在积极运作原江苏巡抚瑞澄取代王乃征出任湖广总督。瑞澄出生于满洲正黄旗豪门，在巡抚江苏期间同立宪派的领袖人物张謇和载泽结成了政治联盟。在瑞澄走马上任湖广总督之前，江苏咨议局已经对蔡乃煌同九大国际机构贷款“擅自”借债进行弹劾，认定蔡乃煌息借洋款代偿商欠的行为已经违法。

一个环环相扣的政治杀局正在上演。

源丰润遭遇巨额挤兑的前一天，也就是1910年10月7日，江苏省咨议局议决蔡乃煌“以国家行政官厅名义息借洋债代偿钱庄外国银行之质问案”。在当天的咨议局会议上，蔡乃煌同议员们唇枪舌剑，为自己借款提出了两大理由：一是沪市大例，遇有钱庄倒闭，先理拆票，次理庄与庄往来各账，又次其为存款；二是维持华洋贸易信用，免各银行追收放出数千万之拆票。议员们批驳蔡乃煌说，大清同外国签订的所有条约中，华商倒欠洋商款项，只能由官府从严代追，而不能由国家代偿。

蔡乃煌专案组对倒闭的正元、兆康、谦余三大橡胶股票坐庄联盟的清查相当吃力，没想到张謇领衔的咨议局对三大钱庄的财务一清二楚。议员们当场戳穿了蔡乃煌关于三大钱庄欠外国银行拆票的说法，因为外国银行持有的三大钱庄的是一种洋行间间接向银行借贷的更票，这种更票由洋行提供担保，借贷期一般为十天。而拆票是外国银行对钱庄的信用贷款，钱庄依所需要拆借金额做成庄票，存放在外国银行作为担保，这种拆票一般是两日一结算。一个更重要的区别是，拆票为整数，“有畸零小数的必定是更票”。

江苏咨议局的议员们抓住更票和拆票意在将蔡乃煌推向道德的审判席。议员们提供的证据显示，正元、兆康和谦余三大钱庄在破产时开出的庄票高达九百四十二万两，他们用庄票在大清银行和通商银行贷款三百九十万两，在国际银行贷款五百五十二万两，三大钱庄的庄票融资是通过洋行间接向国际银行实现的。可是蔡乃煌向张人骏汇报时说，三大钱庄的庄票超过千万两，“显然是蒙蔽长官”。议员们感到更离谱的是，身为两江总督的张人骏在没有经过慎重考虑的情况下，居然同意了蔡乃煌的贷款救市方案。

江苏咨议局在 1910 年 10 月 8 日将关于蔡乃煌借款违法的决议呈请两江总督和江苏巡抚批答。张人骏简直就如坐火山口，一旦批答了咨议局的决议，意味着自己支持蔡乃煌的决定是错误的，这样很容易给政敌攻击的把柄。可是不批准咨议局决议，他们会将事情闹到北京，度支部对蔡乃煌可谓是穷追猛打，认定蔡乃煌“挪移各省解缴赔款，亏空甚巨”，限蔡乃煌在两个月内还清。度支部还警告蔡乃煌，如果在两个月内不将款项还清，将押解到京城交给法部治罪，“以示惩戒”。

载泽现在需要拿蔡乃煌开刀重塑财政中央集权的威望。

太平军侵袭江南之时，各地督抚成为剿灭叛军的前线主帅，北京逐渐失去了对地方财政的控制。载泽执掌度支部后清理地方财政，发现度支部尽管“有考核外省庶政议准议驳之权”，可是“近年各省关涉财政”大事，“往往事前既不咨商，用后亦不关白，常有巨款出纳，日久竟不报部，莫可究诘”。更让载泽大动肝火的是，“有款已挪用，无从弥补，明知正项必不能拨，并不咨商，径行具奏，以冀仰邀俞允”，度支部往往是“迨阅邸抄”，“始知有其事”。

中央对地方财政收支的失控令摄政王政府的少壮派们极为头大，军方势力一直为度支部拖欠军费耿耿于怀，可是地方督抚们对载泽派下去的财政清理官却相当轻视，简直当度支部为一形同虚设的机构。载泽试图通过清理地方财政的方法将财政大权收归中央，无论是税收还是贷款，都需要地方督抚“咨明度支部分别核定”，可是督抚们阳奉阴违。蔡乃煌擅自同国际银行贷款，简直就是藐视度支部的改革。载泽决定拿蔡乃煌开刀，一方面是要杀鸡儆猴，更重要的是拿下摄政王兄弟的江苏棋子程德全。

载泽选择在这个时候出手，咨议局给了他绝佳的机会。江苏咨议局成立于1909年，以张謇为首的士大夫阶层和新兴工商界精英占据了咨议局的主要议席，地方政府官员将咨议局视为地方士绅精英们发牢骚的场所，并没有将议员们的表决当一回事。1910年10月7日，咨议局的议员们在审理蔡乃煌“擅自”贷款一案时，北京资政院的议员们正在审理全国议案，咨议局的精英们自然不甘心做地方官员的决策龙套，更不愿意将咨议局当作舆论场所，誓言要履行自己作为全省立法机关的职责，行使质问权。

江苏咨议局将蔡乃煌贷款救市行动提到决议日程之前，蔡乃煌向度支部求情展期缴款反遭押解进京的恐吓，无奈之下希望两江总督张人骏能够向度支部求情。度支部对蔡乃煌的弹劾令张人骏忧心忡忡，在速开国会和设内阁的问题上，张人骏警告改革派会“操切急进，仆蹶堪虞”，到时候会“举国骚然、祸起萧墙”，政治对手们对其保守的政治主张嗤之以鼻，一旦蔡乃煌押解进京，自己很容易被政治对手们攻击。作为贷款救市的决策者，张人骏致电度支部"讨限"，载泽以缴款期限是"朝廷钦裁"为由，拒绝"私行展现"。

蔡乃煌被逼到了悬崖边。

陈邦瑞在给摄政王的报告中认定蔡乃煌挪用的战争赔款"无法弥补"，失去袁世凯政治庇佑的蔡乃煌面临押解京城的危险。蔡乃煌已经顾不了好朋友严义彬的死活了，他向以源丰润为首的钱庄下达了催逼归还政府款项的行政命令。严义彬在给上海商务总会的信中近乎哀号地写道，"银根牵掣，市面为难"，自己将旗下的产业、期票都呈送道台衙门，可是自己的银行还是"突然被封"。当江苏咨议局的决议消息传到上海时，已经无现银归还政府公款的源丰润立即遭遇了挤兑。

舆论对源丰润的倒闭相当的悲观，感叹"上海殆无市面之可言矣"。载泽一党对蔡乃煌的弹劾只是一个开始，为了打击摄政王兄弟的势力，陈邦瑞他们对蔡乃煌的调查一刻也没有停止，他们甚至期待能够查出程德全同蔡乃煌的私人交易。源丰润倒闭之时，度支部已经将蔡乃煌推到了罪犯的审判席，摄政王在一份罢黜蔡乃煌的上谕中谴责蔡乃煌在借洋款维持沪上市面的过程中"罔利营私"，简直就是"居心狡诈、不顾大局"。

源丰润倒闭的消息犹如病毒在金融界传染，"各埠震惊"，同源丰润做生意的商号纷纷"通电各号即日暂停收付"。源丰润两千多万两的窟窿浮出水面，政府成为最大的债权人，其中拖欠粤海关六百万两、汉口关四百万两、沪关三百五十万两。国际银行立即叫停汇兑上海二十一家钱庄的庄票。上海金融风潮迅速蔓延到江浙，杭州、镇江，"商家异常恐慌"，钱庄票号纷纷倒闭。两江总督驻跸地南京财政支绌到了极点，政府财政金库里只有白银一万两，面对上百万规模的钱庄倒闭，政府束手无策。

源丰润总号倒闭时，北京分号经理立即向巡警厅呈请查封钱庄，市井无赖趁机煽动，"京城钱店骤倒二十余家，人心惶惶，不可终日"。当时学部经费存在源丰润，教育改革视为宪政改革的先锋，正在如火如荼地进行，没有了经费，教育改革如何推进？而大清社会医疗改革样本工程京师官药局一直将公款存在源丰润生息，正准备提款采购，源丰润突然倒闭，京师官医局面临倒闭的危险。医疗体系改革事关百姓福祉，民政部转饬巡警厅追讨药局官款。

国史馆总纂修官、侍读学士恽毓鼎在向同僚们谈及金融风潮时毛骨悚然，担心“若不亟图补救，恐此风一传，相继者当不止此”。事实上，上海已经因为“日来庄汇不通，竟如罢市”，上海商总会的高层相当焦虑，“上海工厂数十家，工人二三十万人，一经停工，于商业、治安均有关系”，银行、铁路、矿厂均因钱庄倒闭而出现资金链紧张的局面，两江总督张人骏在给摄政王的报告中心急如焚，“江省库币如洗”，“筹维乏术，燃眉急救”。

恽毓鼎跟同僚们提出：“可否请旨饬下度支部速发现银数十万两，交商会承领，设法维持市面，以安商业而定人心。”金融风潮已经席卷了整个大清帝国，甚至连运河工程款都因钱庄倒闭而惨遭损失，各地钱庄票号倒闭的报告犹如雪花般堆到摄政王案头，已经被速开国会的各派政治势力搞得焦头烂额的载沣惊得一身冷汗，钱庄倒闭风潮已经蔓延向工商实业，自己的改革成果恐被金融风潮吞噬殆尽。1910 年 10 月 16 日，摄政王立即电令张人骏：“赴沪体察商情，妥筹办法。”

1910 年 10 月 18 日，张人骏抵上海。

江苏咨议局在张人骏离开南京期间将关于蔡乃煌“擅自”贷款的决议送抵巡抚程德全的案头，程德全对度支部的弹劾深意洞若观火，加之蔡乃煌在向总督张人骏汇报后向巡抚衙门进行过报备，程德全深思熟虑后以借款合同答复咨议局，对于紧急救市中的拆票和更票细节，程德全轻描淡写为“关系出入甚巨，百密容有一疏”。程德全没有主导蔡乃煌的贷款救市行动，所以为了撇清政治责任，在回复咨议局时强调蔡乃煌的行为都是“督部堂主政”，将领导责任全部推到了两江总督张人骏的头上。

亡国的股灾（三）

两江总督张人骏抵达上海，立即召见新任上海道台刘燕翼。

刘燕翼早在1901年就出任过上海道台，当时全国陷入一片混乱之中，刘燕翼同列国领事相处融洽。刘燕翼第一次在上海道台任上的任期长达七年，同上海的商界关系密切，尤其是同江浙商帮的宿老们过往甚密。这一次临危受命再度出任上海道台，两江总督期望刘燕翼能够利用在上海的人脉资源，稳住风雨飘摇的金融市场。尤其是江苏以及两江的官银号裕苏、裕宁也出现了挤兑，两江政府财库一旦倒闭，后果将不堪设想。

刘燕翼很快获得情报，有人在租界造谣，导致凡是储存在中国银行、钱庄的资金都提出存到外国银行，不少人将存款提现购买黄金。当时，上海的金银交易控制权在国际银行家手上，商民的提现异存之法对中国金融机构无异于雪上加霜。刘燕翼立即下达政府通令，要求商民们安心营业，相互扶持，不要胡乱猜疑，“如果有人造谣生事，必定严惩不贷”。政府还鼓动商民将现银存到宁波帮殷实钱庄。

同时，摄政王面对京师的恐慌局面，下令提督衙门进行维稳，禁止“淆乱市面造谣煽惑”，步军统领衙门与顺天府成立了金融稳定专案组，捕究逃跑的钱商，劝令关门的商号复业。广东市面谣言更甚，两广总督下令商会散发传单，要求“大家照常安业，互相维持，免自警扰，万勿误听谣传，将款有收无放，自相排挤，致酿意外”。遭遇八国联军祸害最严重的天津元气还未恢复，金融风潮袭来顿时市面大坏，政府紧急出面晓谕商家，安定市面。

两广总督袁树勋饬令地方官员提出财政款填补源丰润亏空，并向各大钱庄、票号注入流动性资金，广东市面“谣言顿息”。可是张人骏没有袁树勋那样的家底，在召开的商人救市联席会议上，商人们希望政府能够向市场注入资金救市，可是张人骏两手一摊说“库款支绌”，无论是江苏巡抚衙门的裕苏官银号，还是两江总督衙门的裕宁官银号，政府都没有现银注入，现在国家和地方都没有财政能力救济上海市面。

救市的会议开了两天，上海的商人们提出再贷洋款救市。

两江的财库如洗，防营新军饷银、劝业官股等款都是挪借，张人骏要完成摄政王下达的救市任务，只有同意再贷洋款救市。刘燕翼同江浙商帮的宿老们商量后决定向各国银行贷款三百万两。可是三百万两实在是杯水车薪，可是极少有银行向上海提供大笔贷款，刘燕翼同商人们再次开会，决定向有胆识的汇丰银行求助。汇丰银行同意商人们用私人产业提供担保再贷二百万两，前提是由地方政府担保背书。张人骏同时承诺发行三百万两的政府债，提取部分款项偿还正元钱庄三大坐庄联盟所欠庄票。

江苏咨议局的议员们从报章上看到再借洋款救市的消息后，立即给在上海维稳的张人骏发电报：云报载借洋款三百万两由宁筹还，有无其事？乞速赐覆。张人骏正在上海为贷款问题同国际银行家们讨价还价，一旦回复双方正在商洽贷款，咨议局一定会从中阻挠。张人骏以公务繁忙，所带书吏“不敷缮写”为由，将咨议局的电报压下来不予回复。咨议局的议员们立即情绪高涨，再次审议《借款维持市面质问案》。议员们提出，贷款救市不是机密，两江总督应该答复咨议局，若两江总督认为必当秘密者，应将大致缘由声明。

张人骏没有理会议员们的质问，更没有将 1911 年 11 月 4 日决议的《借款维持市面质问案》中关于总督借款代还商钱违法问题当一回事。

张人骏回到南京后，发现贷款救市问题已经演变成了政治问题，巡抚程德全将蔡乃煌“擅自”借洋款的责任全推到自己头上。张人骏于11月10日给江苏省咨议局回复，自己批准了蔡乃煌借洋款，根本原因是“当日蔡革道面禀浮混之词”，自己也是蒙在鼓里。

江苏省咨议局的议员们对张人骏的含混之词很不满意，于11月15日给军机处的电报中愤懑地写道，鸦片战争以来从未有任何合约规定中国政府应该代商人偿还洋债，身为南洋通商大臣的张人骏“应该知道藩篱一撤，以后洋商就有借口，而且钱庄也会肆无忌惮”。议员们追问张人骏，“何不博询士绅，或照章召集常驻议员询考”，“竟据一面之词准予出奏”，身为两江总督的张人骏难道也“确信商欠洋款应由国家代偿”？

张人骏对咨议局议员们的轻视令这一帮唇舌之士怒火中烧，他们的一纸电报将张人骏告到了摄政王那里。当江苏省咨议局的电报呈送到摄政王手上时，摄政王正为速开国会问题焦头烂额，载泽的政治盟友隆裕太后在御前会议上批评摄政王的执政能力。载泽也到资政院的预备国会上演讲，提醒资政院的精英议员们，“财政困难已达极点”，现在度支部只能“就节流的办法，会商各省督抚，会同筹度”。两江的地方官们开了举债替商人还债的恶例，简直就是有碍宪政进行。

资政院的议员们已经令摄政王头疼不已，江苏咨议局的议长张謇在士林中一呼百应，已经成了宪政领袖，在张謇的鼓动之下，全国各地的立宪激进分子进京请愿，他们要求中央速开国会，激进者在摄政王府前静坐示威，更有甚者割股血书。摄政王担心两江政府出钱替商人还债的消息传开，将加剧民众同政府的对立，活跃在江南一带的革命党就会乘虚而入，煽鼓激进的议员同政府作对。摄政王接到江苏咨议局电报的当天，立即下令军机处给张人骏致电询问贷款救市事。

军机处的电报令张人骏惶恐，摄政王亲自过问蔡乃煌借款救市，自己不能再向搪塞议员们那样含混其词了。当天，接到军机处电报的张人骏回电北京，并以致军机处电稿答复江苏省咨议局，上海钱庄票号倒闭引发市面危机，两江总督府的裕宁官银号、裕苏官银号也被挤兑，“岌岌已有停止交易者，商情益为惶骇，各处汇兑不通，浸淫及于长江一带”。当时情势刻不容缓，不能拘泥定章，延误大局，在筹惟乏策之下，只有派员与各国银行商议借款，各国银行最大限度贷款三百万两。

张人骏的答复令咨议局的议员们相当愤怒，两次借款都没有交咨议局决议，张人骏将咨议局当成了议员们发牢骚的场所。为了保护咨议局权限，预防督抚滥用权力，江苏咨议局于1910年11月23日上呈《呈请资政院核办议决张督堂违背法律并侵夺咨议局权限案》，弹劾张人骏在以正元为首的三大股票坐庄钱庄倒闭时偏信了蔡乃煌的蒙混之词，私自同意蔡乃煌借洋款代商人偿债违法，事后又将责任推卸给蔡乃煌。更严重的是，张人骏10月在上海直接同国际金融机构商洽三百万两借款，侵夺了咨议局决议权限。

两江简直乱成了一锅粥。

江北数万饥民结队南下，张人骏派出军队截留江北难民，程德全的巡抚驻地苏州及常州各地驻军以“寡不敌众”为由拒绝执行总督的命令，江北治安一片混乱。江北的四五万饥民围城，巡抚驻地的“兵丁拍手大笑而散”，“清江镇兵正在这时候意在谋叛”，饥民在恶棍们的鼓噪之下抢夺了海州的面粉、油饼公司。张人骏派出专案组调查后，将饥民哄抢定性为一般的爬抢事件，被抢公司的议员代表弹劾张人骏“偏听授意，任情违法，摧残实业”。

江苏咨议局议长张謇曾经是光绪年间的状元，戊戌变法后开始潜心实业救国。饥民哄抢公司产业，令张謇心有戚戚。摄政王监国一直在国际上树立改革的良好形象，可是两江的军队在饥民哄抢现场拍手大笑，简直就是“纵容徒棍扰害地方”，张人骏没有按照《大清律》将抢夺村市的不法之徒治以绞刑之罪，反而以公司“率行开枪，伤毙九人”为由将公司经理革职法办。资政院的议员们接到江苏咨议局的报告大愤，痛批张人骏“大背朝廷振兴商务之至意”，议员们在预备国会现场厉声质问张人骏“一味摧残”实业，不知是何居心?

饥民问题已经威胁到摄政王新政府的稳定，山东、江苏、湖北数地均发生了饥民围城、哄抢的群体性事件，在革命党的煌鼓之下，不少地方的群体性事件已经上升为武装的政治敌对状态，严重地扰乱了地方治安，成为新政府最不稳定的因素。两江作为满清政府税赋膏腴之地，饥民破坏了地方稳定，股民扰乱了金融市场。张人骏是地方督抚唯一站出来明确反对速开国会的封疆大吏，现在江苏和北京的议员们将饥民问题上升到破坏国家实业改革的高度，股灾救市问题更是破坏了宪政的游戏规则。

张人骏越来越觉得不对劲，咨议局的议员们将火烧到了北京，江苏巡抚程德全给摄政王的汇报是“督部堂主政”，将蔡乃煌以及第二轮的贷款全部责任推给了张人骏。张人骏于11月26日给咨议局进行了详细的回复，蔡乃煌身为上海地方政府的主官，当时三大钱庄倒闭，事机急迫，“全沪岌岌，间不容唤，时机一误，势将不可收拾”，而“本部堂身任疆寄”，岂能在关键时刻“置大局于不顾，持异议以掣其肘”。张人骏对批准蔡乃煌的救市觉得自己是“加以辨证，已属格外审慎”。

借款的决定到底是谁做出的?身为蔡乃煌的直接上司，巡抚程德全已经洞察了度支部弹劾的真正的目的，张人骏站在宪政改革者的对立面，面对咨议局的指责和控告，张人骏不能将自己推到政治的靶心之中，他在给咨议局的回复中将上海商会推到了前台，两次借款都是商会联席会议的决策，作为沪商全体机关，“例无不认之理”，蔡乃煌为各商家“倚以为请，当挹注无从”，“事关临时政策，不能俟召集议员从容办理”。

商会是一个商人之间的自治组织，在国际上贷款没有地方政府的信用背书，国际银行家们是不可能在金融风潮袭来时贷款给大清商人的。江苏咨议局中以张謇为首的议员深谙官场游戏规则，张人骏非常清楚自己的说辞自然不能令议员们满意。张人骏在给咨议局的回复中抬出了摄政王做挡箭牌，蔡乃煌“擅自”借款救市之前，两江政府已经向北京进行了紧急汇报，贷款救市的一切决策皆是“奉旨慎防流弊”，作为两江总督自己只是“钦遵转饬办理”，贷款救市均是蔡乃煌“同商会奉行之责”。

张人骏连续的解释没有能让江苏咨议局的议员们满意，他们没有撤回对张人骏的弹劾。1910 年 12 月 2 日，资政院成立了以宗室长福、议员罗杰、议员易宗夔等十八名议员的特别事件审查股，宗室中的镇国将军、军机大臣毓朗之弟毓盈担任股长。特别事件审查股的议员中，不少议员毕业于日本法政大学、早稻田大学、日本警察学校等，还有不少出生翰林，游历欧美，是宪政改革的激进分子。12 月 6 日，特别事件审查股召开股员审查弹劾案，最终决定将弹劾案提交资政院预备国会审议。

两江总督的北京坐探第一时间将资政院的消息告知了张人骏。1910 年 12 月 10 日，张人骏再次给江苏咨议局陈情蔡乃煌“擅自”贷款问题：“沪道（蔡乃煌）与周道（周金箴）来辕面陈上海市面岌岌可危，外国银行迫收庄票，只能靠借款维持市面，况且与两位道台反复讨论，要还清借款也不难。”蔡乃煌和周金箴信誓旦旦，有上海股实商人用产业提供抵押担保，他们一定能够还清贷款，政府担保只是一种信用背书。

舆论早已对救市过程中的政府信用背书大不以为然：“今日上海之市面借外款以救目前之急，由商人交易而入国际矣。自后外商又得一国家之保险，而倒账者可以更加胆大妄为也！然而正当之商家其难矣哉！”舆论谴责让政府为商人的商业行为买单的做法，无论是蔡乃煌还是张人骏，他们用政府信用为商业贷款提供担保的做法简直就是曲突徙薪，各国政府一旦将两江的政府担保行为默认为外交商业政治，那么张人骏的决策无异于引狼入室。

张人骏在陈情中强调，自己只是答应代蔡乃煌和上海商会向北京奏请借款。张人骏将蔡乃煌“擅自”借洋款的决策责任推的一干二净，意在挽回自己在两江的声誉。江苏咨议局的议员们没有宽恕张人骏，资政院预备国会的弹劾案如期进行，张人骏同咨议局的往来文件成了预备国会审查弹劾案的证据。12 月 13 日，特别事件审查股股长毓盈在提交预备国会的报告中认定：“两江总督张人骏蒙借外债代商人偿还亏倒欠洋行之款，确有侵夺咨议局权限及违背法律情事。”

毓盈委托江苏籍民选议员方还宣读将特别事件审查股的审查报告，报告中弹劾张人骏在蔡乃煌第一次借款和决定刘燕翼第二次借款均未交咨议局决议，“显系侵权违法”。特别审查股弹劾的理由是：“中国向来没有官吏替人民还债的责任，并且洋商将来借款皆以为官吏代还，而不肖商民也恣意借债，倚仗官吏可以代还，将来关系实在很大。”特别事件审查股提醒预备国会全体议员，张人骏的行为“实在违背法律侵夺权限，是关系全国事情”。

江苏籍议员许鼎霖揭开了一个更令人震惊的内幕：橡胶股票疯狂时，“江苏士绅看破是买空卖空且系赌博性质，实在是一种流氓骗人事情，曾向两江总督张人骏说明，请其禁止，将来市面实不得了”，可是张人骏没有采信江苏士绅精英们的建议。橡胶股票崩盘后，正元钱庄的老板陈逸卿“以为华人的账可以搪塞，洋人的款必难支吾。”宁波出生的陈逸卿找到了在两江总督府当幕僚的同乡李子川，请李子川在张人骏面前游说代还洋款。

陈逸卿让李子川在张人骏面前说：“现在市面甚为恐慌，应请筹借款项维持市面，非五百万两不能周转，若是借得洋款，将来市面维持好了，可以享大名。”许鼎霖就是被抢的海丰面粉公司股东，他批评张人骏在两江“做的天怒人怨”，“与江苏人感情很坏”。李子川一游说，张人骏“亦乐得借此一举，见好商民，挽回以前恶感”，于是命蔡乃煌和周金箴照他的意思去借洋款。许鼎霖相当激动地连发数问：“上海市面被洋人拿去几千万现银子，何以要江苏全省人民替一个宁波人弥补亏空？试问世界上有这种公理没有？”

张人骏的借款救市激怒了资政院的议员精英们，江苏不是第一个，也绝不是最后一个不拿议员们当回事的跋扈官员。就在议员们弹劾张人骏之时，山东劝业道以“劝业道”三个字的名义，向德国人借款两百万，名目依然是维持市面。议员王佐良毫不留情地弹劾山东劝业道的行为就是为“一己私利”，他很好奇“这债是劝业道还，还是人民还”？王佐良对大清官僚集团已经绝望了，别说两江总督侵权违法了，“一个劝业道就这样子借债，将来各督抚借债必定无底止”。

“现在各省督抚借洋款为什么呢？”议员于邦华一针见血地抛出一个令人触目惊心的真相，“自有国会缩短年限的上谕”，“正当财政困难之际，内政未修，外交棘手，各省督抚一切不顾”，“他要趁此一二年中，出公家名义，借外国人之巨款，饱一己之私囊”，因为“借外债即按九五（折）扣计算，如果借一百万他就有五万，一千万他就有五十万”。议员吴赐龄警告，张人骏借外债代还商款是给外国人掠夺中国财产的一个危险政策，若不顾条约替私人还洋款“此端一开，我们中国就可以立刻破产”。

议员们义愤填膺谴责地方督抚们借洋款的背后，他们将矛头真正对准的是度支部的载泽。陈邦瑞逼宫蔡乃煌时，载泽和政治盟友盛宣怀正在同美国驻华公使嘉乐恒密探一笔巨额借款，这一笔以币制改革之名的借款以“尚未抵押出去的关税和厘金为担保”。议员罗杰质问度支部特派员娄思诰，度支部应该早已查悉上海借款之事，“究竟是归国家还，还是归地方还”？罗杰给度支部下套，如果归国家还，度支部不提交资政院就是违背资政院章程，如归江苏还，两江总督不交咨议局则违背咨议局章程。

载泽没想到自己一石二鸟之计现在烧到了自己身上。江苏巡抚程德全将责任全部推给了张人骏，在“还国债运动中”张人骏站到了民族主义者的对立面，这一次宪政改革最大空头的张人骏成了资政院那些议员们的活靶子。资政院那一帮“激进”的民族主义者在欧美列强眼中就是一群“毫无训练的政客”，可是他们这一次“叫嚷着要行使权力”，他们咒骂政府借外债的一切行为，他们坚信上海连番借洋款救市不是两江总督一个人能够决策的，两江总督的背后一定有更大的人物。

罗杰议员曾经混迹于军界，毕业于日本法政大学，北上资政院前是湖南咨议局审议长，深谙满清官场的潜规则，借洋款救市追责过程中程德全同张人骏相互推卸的背后，掌握帝国财政大权的载泽一党岂能不知决策经过？度支部一直强硬地要求蔡乃煌归还战争赔款，为何在借洋款的弹劾案中毫无反应呢？在“激进”的议员们看来，度支部急于切割蔡乃煌挪用战争赔款和借洋款的行为是诡异的。载泽意识到，罗杰质问的目的性很强，只是此时他们并不知道度支部的货币改革贷款是同美国人的秘密谈判。

娄思诰秉承载泽的意思，将上海借款救市的责任全部推给两江总督张人骏：两次借款都不是度支部上奏的，“是由两江总督电奏奉特旨准的”，至于偿还一层，“据原奏声明归本省分年偿还”。吴赐龄议员听后拍案而起，“若都不顾条约，替私人还洋款，这个南洋大臣可以如此，各省督抚亦可以如此，于中国前途殊大有危险”。吴赐龄担心列强将张人骏的主张上升为外交政策潜规则，那样一来列强就会让中国财力枯竭，中国就真的“不亡而自亡了”。资政院的议员们觉得这不是江苏一省的事，关系中国前途，希望“皇上宸断”。

张人骏“悍然不顾”咨议局的章程，挑战咨议局的权限，“若不奏请明降谕旨加以处分”，资政院的议员们担心“恐怕不但江苏一省如此，将来各省也都效尤了”。易宗夔和林绍箕议员主张上海借洋款救市的偿还由两江总督张人骏自己负责。王佐良担心上海借洋款的问题会招致国际政治外交，建议：“以后无论督抚司道，非经咨议局议决后上奏旨允准，不得私借外债。”资政院议决张人骏两次借款违法，侵害了咨议局权限，主张对张人骏的行为予以严惩。

咨议局的权限是资政院在北京权力中枢的基石，将官僚集团的公共行政管理权限关进宪政的笼子里，资政院才能获得法律上的绝对权威，资政院议长溥伦决定亲自操刀撰写弹劾张人骏侵权违法的报告。溥伦希望摄政王“饬下两江总督张人骏将第一次所借外债代还洋款者，应令其如数担偿，绝不能由国家和人民担其责任，以符约章而塞祸源”。对于江苏省咨议局最为关心的第二次借款由本省偿还问题，溥伦在给摄政王的弹劾报告中建议，“至于第二次所借外债，是否由本省应办之公债，应照章交付咨议局议决办理”。

罗杰议员有着湖南人的倔强，在弹劾张人骏案决议结果出来后，罗杰还是没有放过对度支部的质问。罗杰询问议长溥伦：“本员要质问度支部的还没有说完，可否质问？”溥伦曾经与皇位失之交臂，资政院成为他在枢廷立足的最大根基，他自然乐见议员们“行使权力”质询清执政集团的任何党阀领袖。在溥伦的明确肯定下，罗杰希望度支部的特派员能够回答度支部在上海借款救市案中的角色问题，度支部特派员徐文蔚很机巧地回复说：“质问行政大臣事件，照章应由行政大臣答复。”

载泽第一时间掌握了资政院议员们义愤填膺的决议，他对“湖南骡子”罗杰对度支部穷追猛打相当头疼，现在度支部已经不是要打击摄政王兄弟棋子的问题了，必须在第一时间站到民族主义者一边弹劾张人骏，因为度支部推出的整体财政改革计划需要资政院那帮议员们的支持。载泽以度支部尚书的身份给摄政王写了一份弹劾张人骏的报告，参劾张人骏“擅自”决策借洋款救市“所为殊属不合”，简直就是藐视王法，摄政王曾经批示了度支部的新规，“凡各省拟借外债，无论多寡，并先商由本部核准，不能擅借”。

摄政王还没有朱批资政院和度支部的弹劾报告，议员们又开始怀疑张人骏在两次救市贷款过程中涉嫌贪腐，希望外务部和度支部就国际外交、借款陈例以及上海救市问题进行详细调查。无论是侵权违法、贪污腐败还是国际外交，都事关清政权的安危，外务部、度支部迅速组成了联合调查组，派员赴南京和上海调查张人骏两次贷款细节。张人骏一看度支部、资政院和咨议局三面围攻，愤恨地向摄政王提交了辞职报告。张人骏还没有意识到，一场更大的风暴正在席卷而来。

亡国的股灾（四）

蔡乃煌逃跑了。

张人骏的辞职报告送抵摄政王手上时，张人骏“为监国所倚重，颇有倚任之意”。度支部和外务部的调查组见摄政王没有批准张人骏的辞职报告，洞悉摄政王有袒护张人骏之心。当时摄政王刚刚宣布宣统五年召开国会，各地督抚还不依不饶，放纵辖区的激进分子到北京请愿，摄政王再三警告均不奏效，当时只有张人骏冷眼看宪政，摄政王有用张人骏钳制那些激进的宪政派督抚们。

度支部和外务部的调查组迅速将调查上海借款救市的报告提交给摄政王，结论是两江总督张人骏“当时因迫于维持上海市面，故未及交议，并非故背局章”。张人骏当时长舒一口气，向度支部提议不要催逼蔡乃煌的欠款，因为蔡乃煌所欠款项已经有着落了，如果加紧催缴反而横生枝节。度支部同意了张人骏的请求，张人骏在回复江苏咨议局时抬出了度支部“奉旨准行”的大旗，咨议局只有“奉旨毋庸议矣”。

张人骏觉得“大风云散归乌有”之时，突然找不到蔡乃煌了。

当时，蔡乃煌亏欠官府款项高达六百多万两，有抵押的只有三百多万两，还有三百多万两没有抵押物。资政院的议员们弹劾张人骏期间，度支部已经给摄政王提交了一份措辞严厉的弹劾报告，蔡乃煌身为地方行政长官“玩误要款”，在办理上海救市的过程中“罔利营私、居心狡诈”，简直就是一个“不顾大局”的庸劣之徒。蔡乃煌的行为与张人骏向摄政王的汇报“诸多不符”，建议派江苏巡抚程德全“将该道经手各款确切查明”，如果蔡乃煌“倘逾限不缴，将押解进京交刑部”。

蔡乃煌逃跑之前一直在筹集款项，可是载泽发现资政院的议员们将矛头对准张人骏时，同时对准了度支部，度支部一石二鸟的斗争策略落空，还招惹上蔡乃煌借款救市的麻烦。载泽决定先下手为强，在弹劾张人骏之前，将蔡乃煌归还欠款的日期由之前的两个月限期缩短为一个月，同时让一直想置身事外的江苏巡抚程德全专案调查蔡乃煌。载泽之心昭然若揭，压缩了还款期限，蔡乃煌岂能在期限内还款？蔡乃煌一旦不能如期还款，程德全将落得个庸顽之罪，度支部就可以名正言顺弹劾程德全。

资政院议员们的愤怒和度支部的弹劾将张人骏逼到辞职地步，蔡乃煌已经是心惊肉跳。蔡乃煌在两江官场人缘太差，他管辖的江海关奉旨管理巨额的庚子赔款，时任江苏巡抚陈启泰试图进行地方财政改革，蔡乃煌自恃“中枢有人”，嘲笑陈巡抚“不明时局”，陈巡抚一怒弹劾蔡乃煌“类似汉奸”。慈禧太后一度命两江总督端方调查，端方以“厄于陈蔡之间耳”拖延不查，蔡乃煌大骂陈巡抚“叉八圈之麻雀，横一榻之乌烟”。程德全岂能重蹈陈启泰活活被气死的覆辙？总督都深陷漩涡之中，官场同僚开始袖手旁观。

孤独的蔡乃煌没想到度支部缩短了还款期限，自己就是砸锅卖铁，一个月也还不了巨额的欠款，甚至连抵押物都凑不够。蔡乃煌自知“难逃追究”，“遂将上海所有存款收回，私行潜逃”。摄政王挽留张人骏后，张人骏欲将度支部、外务部调查组结论告知蔡乃煌，发现找不到蔡乃煌，立即征询负责调查蔡乃煌经济问题的程德全，程德全一听傻了，立即联手张人骏向度支部发电报。载泽第一时间收到了江苏的电报，江苏方面希望度支部明示下一步办法。

蔡乃煌在程德全负责调查期间逃跑令载泽相当意外，蔡乃煌一案一直是度支部挑头督办，现在主角儿跑了，一旦蔡乃煌逃跑消息公开，地方官员跑路形成风潮，摄政王一定会拿度支部开刀。载泽谴责张人骏和程德全失职的同时，不敢立即将蔡乃煌逃跑消息上报摄政王，在给江苏方面的电报中相当谨慎："蔡革道亏款甚巨，贵督既未能追缴补偿，复行疏忽致彼潜踪远飏，本大臣为慎重公款起见，实无别法，惟有暂行缓奏。贵督抚当自行设法弥补亏款。"

载泽试图隐瞒蔡乃煌潜逃的消息，已经落下监控不力话柄的程德全可不想一错再错，张人骏也不想替载泽遮掩，程德全立即联合张人骏向摄政王发电报，措辞相当谨慎，"革道蔡乃煌擅自离沪"。江苏的督抚二人向摄政王建议"请将革道蔡乃煌鲜有押产，交由各省大清分银行，确查估计，分别变价催赎"。电报中，江苏督抚请求摄政王签署通缉蔡乃煌的命令，在全国范围内通缉蔡乃煌。

摄政王一看江苏地方长官们的联名电报，当即朱批："蔡乃煌亏款甚钜，未经完结，私自逃匿，殊属胆玩已极，著民政部、步军统领衙门、顺天府、各省督抚，一体严缉务获，解交张人骏等严行监追，认真究办。"摄政王对两江地方政府长官相当不满，同时责成张人骏、程德全、刘燕翼督同县廨，"勒限缉拏，务获究追，该督抚亦不得置身事外"。摄政王对载泽隐匿蔡乃煌潜逃信息亦不满，批示让载泽按照江苏方面的建议加速回收公款。

程德全接到摄政王的批示如坐针毡，作为蔡乃煌的顶头上司，一直领导专案组在调查蔡乃煌的经济问题，程德全对蔡乃煌在调查期间潜逃负有不可推卸的责任。摄政王的批示令载泽也是如芒在背，江苏官场如果追讨不回蔡乃煌的欠款，在庚子赔款这一项的国家任务面前，只能度支部买单。度支部对江苏官场的失职进行了强烈谴责，严令程德全缉捕蔡乃煌，追讨欠款。当时江苏的财政已经一贫如洗，程德全只有咬牙拿出 30 万金，悬赏缉捕蔡乃煌。

重赏之下，消息源源不断传到巡抚衙门。

蔡乃煌逃到青岛去了。青岛名义上是山东巡抚的地界，可是青岛早已成为德国人的天下。令程德全头疼的是，当时陆军部正在同德国秘密谈判陆军改革合作计划，江苏巡抚贸然向德国人提出引渡，很容易引起国际外交麻烦。更要命的是，尽管北京同柏林关系密切，可是两个国家没有签署引渡条约。程德全试图通过山东巡抚孙宝琦斡旋，孙宝琦曾经出任驻德国大臣，也同德国就青岛归还问题进行了长时间磋商，可孙宝琦是袁世凯的政治盟友，岂能在敏感时期在德国人的地盘缉捕袁世凯的党羽？

程德全最终选择了直接同德国青岛总督交涉，当时德国青岛总督特鲁伯将军退休，海军上校黑乃尔暂时代理总督职务，黑乃尔只想平稳度过他的代理总督日子，特鲁伯将军退休就是因为主管青岛事务的德国海军部国务秘书蒂尔皮茨的弹劾，黑乃尔可不想在没有引渡条约的情况下让蔡乃煌问题断送自己的政治生命。程德全眼睁睁看着蔡乃煌在青岛逍遥，自己顶着摄政王和度支部的压力无能为力，程德全硬着头皮找到山东巡抚孙宝琦。

程德全同黑乃尔交涉期间，摄政王签署的全国缉捕蔡乃煌的命令已经到了山东巡抚衙门。孙宝琦立即同黑乃尔进行谈判，一开始黑乃尔拒绝了孙宝琦的谈判。正在这时候，曾经出任过代理总督的德国海军上校瓦尔代克被任命为新总督，瓦尔代克一直协助特鲁伯管理青岛事务，对孙宝琦印象良好，考虑到摄政王的密使正在柏林同德国皇帝洽谈合作，瓦尔代克从两国邦交的大局出发，同意将蔡乃煌引渡交给摄政王政府。

听闻德国驻青岛新总督要将自己交给满清政府，蔡乃煌当时汗如雨下，连夜携带金银细软逃亡海外。一直没有出过国的蔡乃煌不敢逃亡到欧美，只有向清朝周边国家逃亡。当时印度、缅甸是英国人的殖民地，老挝、越南是法国人的殖民地，朝鲜是日本的殖民地，留给蔡乃煌的只有独善其身的暹罗。蔡乃煌逃到了曼谷时，德国驻青岛总督瓦尔代克的卫队才去查抄蔡乃煌在青岛的据点，最后只能很遗憾地告诉孙宝琦和程德全，蔡乃煌据点已经是人去楼空了，程德全当时绝望了。

蔡乃煌逃跑后，三百多万两的政府欠款彻底成了烂账，度支部无法向摄政王交差，一石二鸟之计成了载泽的烫手山芋。灰头土脸的载泽正愁眉苦脸想策略应对摄政王追责之时，度支部突然得到一个秘密信息，川汉铁路驻京总理乔树枏到了汉口，同署理湖广总督王乃征进行了秘密会晤。乔树枏同王乃征商议在汉口设立铁路银行，将川汉铁路剩余的股款存放在铁路银行。乔树枏主张川籍湖北候补道台施纪云“总办其事”。

川汉铁路可是出了大事。

正元钱庄老板陈逸卿在橡胶股票崩盘后被蔡乃煌逮捕，川汉铁路驻上海总理施典章慌了，因为当时川汉铁路有八十多万两的股款存在坐庄橡胶股票的正元等三钱庄里，陈逸卿将铁路股款全部买了橡胶股票。股东们听闻施典章“滥存路款”，立即陈请四川总督赵尔巽专案调查施典章。赵尔巽当时给程德全发电报，希望程德全“严谕蔡道切实押追归款”。没想到蔡乃煌“代借他款先偿洋款”，施典章走投无路之时请求保释陈逸卿，让陈逸卿出狱还债。当时蔡乃煌弹劾施典章干涉地方长官查办专案。

蔡乃煌潜逃前一门心思筹钱还欠款，痛斥施典章坚持华洋债务“持平办理”的主张为“鼓动风潮”，川汉铁路的股东们对蔡乃煌“漠视路款”的行为相当愤怒。四川总督赵尔巽致电军机处，意欲派员到上海调查路款倒账问题，当时江浙的金融风潮已经席卷京城了，军机处同意了四川总督异地办案的行动。赵尔巽在乔树枏只身赴上海查账时，派施纪云赴上海川汉铁路驻沪办事处专案调查。

1910 年 10 月 16 日，四川京官开股东会，乔树枏知道出席会议没有好果子吃，拖延不到场，股东们扬言要“齐聚乔宅”。乔树枏无奈到场，股东们连珠炮的问题令乔树枏苦不堪言，支吾推责，“公司三权分立，于己无关”。四川总督派出的几位查账董事调查发现，施典章“经理无法”，愤怒的在京川籍官员股东们谴责乔树枏，“徒糜薪费，不作一事，及委任施典章经理股款亏倒两百万两”。在京四川同乡政、商、学界召开川汉铁路维持大会，欲向摄政王控告乔树枏。

载泽抓住了这一难得的机会。

度支部主事杜德舆聚合一批川籍京官，向都察院弹劾三品官乔树枏联合施典章共同串骗川汉铁路股款。都察院一看杜德舆他们弹劾的是三品大员，拒绝将弹劾报告向摄政王代奏，只咨行邮传部代查。杜德舆立即向邮传部上呈弹劾报告，希望有监督之权的邮传部应该罢黜乔树枏的总理职务，提醒“施典章有巨款，恐其携款逃跑”，请求邮传部致电江苏巡抚程德全，将施典章逮捕，邮传部再咨行四川总督专案调查。

四川总督赵尔巽的弹劾电报很快到了邮传部，赵尔巽指控川汉铁路股款被倒，乔树枏罪不可恕，请求邮传部将乔树枏撤职。四川潼川人、内阁侍读学士甘大璋直接向摄政王上书，揭露川汉铁路倒款根源是乔树枏任人唯亲，经理、财务等管理人员多为乔树枏亲友，管理层营私贪墨，请求邮传部派员监察，彻底追缴亏倒款项，逮捕违法官员治罪，“以伸国法息公愤”。四川和北京两股政治力量合围乔树枏，目标直指邮传部，这令载泽欣喜若狂。

邮传部尚书唐绍仪早在朝鲜就是袁世凯的书记官，袁世凯总督直隶期间开始重用唐绍仪。在同英国谈判西藏问题之时，作为袁世凯助手的唐绍仪以全权议约大臣身份挫败了英国分裂西藏的阴谋，袁世凯奏请晋升唐绍仪为外务部右侍郎。晋升为中央高级干部的唐绍仪成为袁世凯操控北京政治的重要同盟，甚至在摄政王罢黜袁世凯后，唐绍仪于1910年全权掌管邮传部，为袁世凯的北洋集团看护铁路、航运、电报、银行等庞大的工商业。

摄政王一直对袁世凯的北洋集团耿耿于怀，罢黜归乡的袁世凯依然是北洋集团的灵魂领袖，削弱北洋在军政界的力量一直是摄政王的计划。蔡乃煌已经成了北洋集团的丧家之犬，蔡乃煌潜逃让施典章的问题成了邮传部的政治问题，邮传部一开始下令江苏巡抚程德全追查川汉铁路倒款，在东北受制于北洋集团的程德全拖延邮传部的命令，只要川汉铁路股款追不回，摄政王就可将邮传部的北洋势力定点清除。

载泽对邮传部的北洋资产虎视眈眈，金融、实业纳入自己旗下，竞争责任内阁总理将有了坚实的财力基础。摄政王定点清除邮传部的北洋势力，谁能够真正接管邮传部呢？摄政王兄弟的党羽多为军政界的官僚，愤怒的四川人已经将邮传部推向了火山口，他们岂会在敏感时刻接盘邮传部这个烫手山芋？载泽有信心将邮传部控制在自己的旗下。没错，盛宣怀，一个挖空心思走了镇国公门子的技术官僚，现在已经成了载泽的铁杆政治盟友，北洋集团的金融和实业都是盛宣怀多年的心血，只有盛宣怀才能在危急时刻管控好庞大的北洋产业。

载泽准备给邮传部添一把火，帮助摄政王清除在邮传部的北洋势力。

邮传部尚书唐绍仪正在病休期间，度支部主事杜德舆联合 70 多名川籍京官，鼓动资政院议员刘纬、李文熙向资政院提交议案，将川汉铁路倒款提交预备国会议决。杜德舆一行人的行动吓坏了邮传部路总局局长梁士诒。梁士诒是袁世凯总督直隶的文案秘书，袁世凯遭遇罢黜之前已经扶摇直上成为中央高级官员，掌管铁路、金融领域。乔树枏一旦落马，身为铁路总局的长官，梁士诒将成为政敌们攻击的重点。在唐绍仪病休期前，梁士诒已经代乔树枏在高层进行了秘密运作，试图保全乔树枏。

蜀中“五老七贤”们听闻邮传部在搞秘密政治，以画家杨重岳为首的一帮地方精英千里迢迢进京，苦苦在摄政王府前守候，终于有一天在摄政王出府时拦住了摄政王的肩舆。杨重岳将控告乔树枏营私舞弊、亏倒路款的状子递给摄政王，步军统领衙门立即逮捕了拦舆告状的杨重岳，提督乌珍耐心地听闻了杨重岳的陈说，按照摄政王的吩咐将杨重岳的控状转交大理院。同时，在京川籍官员邓镕一行立即向都察院递交弹劾乔树枏的奏章，要求撤销乔树枏的职务并追收欠款。听闻摄政王过问川汉铁路倒款案的都察院也立即答应代奏。

梁士诒在邮传部成了孤家寡人，在摄政王载沣的介入之下，杜德舆、杨重岳为首的川籍精英们弹劾乔树枏贪腐路款被大理院立案。1910年12月4日，大理院开庭审讯乔树枏贪腐案，身为三品官的乔树枏拒绝到法庭对质。在京川籍官员立即致电四川总督赵尔巽，希望总督能够向邮传部施压。第二天，赵尔巽致电邮传部，谴责川汉铁路倒款案中乔树枏“难辞其咎”，请邮传部撤掉乔树枏的总理职务。

川汉铁路驻汉口总理李稷勋受四川总督赵尔巽之命到上海再度成立调查专案组。李稷勋一到上海立即召开专案组会议，调查发现施典章亏倒路款高达二百多万两，川汉铁路股东们提议将施典章交官府查办，为防止施典章家族赖账，建议查封其家产。乔树枏给邮传部提交了一份答辩状，拒绝承认施典章是自己任命的，自己不能承担施典章亏倒路款的责任。梁士诒立即抓住把柄，川汉铁路在成都、汉口、北京的三位总理是原四川总督奏请，川汉铁路已经是商办，邮传部不得不走程序批准任命，施典章的问题邮传部只能代为追偿。

摄政王一看川汉铁路倒款案在中央、地方之间相互踢皮球，朱批让邮传部彻查。

1910年12月13日，摄政王下令邮传部彻查川汉铁路股款倒款案，邮传部派出的专案组很快查出：陈逸卿为首的三大橡胶股票坐庄联盟钱庄共亏倒一百四十万两，利华银行借款六十万两，施典章购买英国商人麦边的蓝格志拓殖公司（Lan Kets）股票五十五万两。川汉铁路股款存于上海的总计三百五十万两，施典章一次性亏倒二百五十万两。专案组将施典章逮捕，司法审判监禁三年，罚金一万两，赔偿川汉铁路股款三十万两，勒令两年内缴足，否则改为终身监禁。

邮传部的调查令川汉铁路的股东们相当失望，施典章只是一个小角色，三十万两的赔偿岂能挽回巨额的损失？案子最终闹到了资政院，曾经留学德国的川籍议员李文熙御史出身，在资政院是有名的刀子嘴，在杜德舆为首的川籍京官的弹劾下，早已对北洋集团操控的邮传部深恶痛绝。李文熙警告摄政王，川汉铁路不是四川一省的问题，“实关西南大局，若川汉铁路不通，则川藏、川滇、川黔铁路均无着手处，商业发达尚是第二问题，万一一旦有警，用兵、运饷，动经数日，其危险有不可思议者”。

梁士诒以邮传部特派员身份到资政院答辩，将问题一股脑儿地推给了逃跑的蔡乃煌，说施典章问题暴露后，邮传部致电蔡乃煌，蔡乃煌没有回复邮传部，邮传部见上海没有回电立即派了银行中人去查账，发现正元钱庄倒闭后，川汉铁路的款项已经开列到上海总商会去了。突然，梁士诒把话锋一转，对度支部主事杜德舆到邮传部控告相当气愤，“这个商办铁路应以股东为主，请问各位，普通商业的法律，随便哪一种人都可以来部控告，可以不可以呢？那是一定不行的，必须股东才可以控告，杜德舆等以个人的资格，焉能来本部控告呢？”

资政院预备国会现场的火药味儿十足，梁士诒将枪口对准川籍京官背后，对度支部的咄咄逼人已经忍无可忍。可是议员们没有理会梁士诒的愤怒，不停地追问梁士诒：“上海已经亏空二百多万，邮传部何为不去问乔树枏呢？现在邮传部特派员说了千言万语，何为独不提乔树枏三个字呢？”议员们对杜德舆两次据情具奏，摄政王两次谕旨饬邮传部查办，邮传部“何以迟至二三月之久？”资政院最终决议弹劾邮传部“玩视路政，破坏商律”。

载泽要的是资政院议员们的决议，这是对邮传部动手的最好筹码。载泽的姐夫、湖广总督瑞澄立即给摄政王提交了一份弹劾邮传部尚书唐绍仪的报告，“以假外势自重”为弹劾准心，将唐绍仪说成了袁世凯隐退政坛后掌控北洋资产的代理人。唐绍仪在出任邮传部尚书后“日食非白金不乐，一切举动，皆模仿西洋豪华，非中国诸王大臣所可及”，同时对同僚“异常刻薄”，跟自己的副手左右侍郎“言语冲突”，甚至到了“两不相下之势”，这位一把手为了满足自己奢华的生活，只有“裁员减薪”。“唐之为人，京官排挤者甚多”。瑞澄的弹劾令丧妻的唐绍仪心情恶劣。

湖广总督瑞澄同唐绍仪素无瓜葛，突然在唐绍仪休假期间弹劾他，唐绍仪很快弄明白瑞澄背后，度支部尚书载泽“嗾使瑞澄弹之，行政务掣其肘”。在此期间，摄政王的兄弟、海军部部长载洵提议以铁路总局收入为担保向国际银行贷款，唐绍仪暗中支持铁路总局一把手梁士诒拒绝载洵的提议，载洵向摄政王控告邮传部成了独立王国，一直意欲清除袁世凯党羽的摄政王火冒三丈。唐绍仪“知势弗敌”，没有袁世凯的北洋集团岂能跟摄政王兄弟和载泽一党抗衡？唐绍仪“吁请开缺，决不再回该部以避贤路”。

1911 年 1 月 6 日，在载泽的运作下，盛宣怀走马上任邮传部尚书。盛宣怀一直觊觎邮传部之位，因为早在大清铁路总公司成立之初，盛宣怀执之牛耳长达十年之久。1908 年，光绪皇帝去世，摄政王同袁世凯势同水火，盛宣怀依附镇国公载泽成功晋升邮传部右侍郎，袁世凯担心盛宣怀重掌铁路、航运、金融等北洋产业，以“国家之公事”之名将盛宣怀派赴上海同各国修订商约，将盛宣怀调离邮传部核心圈。载泽将政治盟友盛宣怀推向了他梦寐以求的邮传部一把手位置，没想到盛宣怀的一场政治狙杀计划将满清王朝推向了死亡深渊。

亡国的股灾（五）

盛宣怀走进了邮传部尚书的办公室，死亡气息扑面而来。

铁路总局局长梁士诒如坐针毡，因为1906年满清裁撤铁路总公司时，梁士诒佐时任邮传部侍郎负责铁路交通的唐绍仪“钩核清厘，欲扫除荡涤一切”，结怨于盛宣怀。唐绍仪病休期间，摄政王和载泽为首的皇族少壮派精英们对北洋势力越来越厌恶，图谋责任内阁总理的庆亲王奕劻是袁世凯的政治盟友，意欲维持北洋集团在政坛的势力，在“（盛）宣怀谋擢尚书”时，“（梁）士诒为（沈）云沛画策”，沈云沛得到首席军机大臣庆亲王的支持，开始代理邮传部尚书。

拥有度支部尚书载泽的支持，盛宣怀对沈云沛同自己竞争邮传部尚书嗤之以鼻。进士及第的沈云沛一直醉心于医学，曾靠给光绪皇帝针灸而跻身于铁路系统。梁士诒出谋划策让奕劻成为沈云沛的支持者后，盛宣怀的幕僚提醒，邮传部在拆撤驿站问题上同陆军部关系紧张，摄政王的弟弟、陆军部大臣载涛深得太福晋宠爱，盛宣怀现在“不能不结交者，涛公一人”。盛宣怀“介府中管人事”者“通殷勤”，沈云沛相形见绌，盛宣怀捷足先登邮传部尚书宝座。

曾经“服阙还朝，遍交权贵皆不得欢心”的盛宣怀，岂能忘记梁士诒夺铁路管理大权，导致自己“卧病僧舍”的不堪？盛宣怀进入邮传部才发现一个问题，梁士诒已经将邮传部建立成自己的独立王国，“在铁路和邮传部里的空缺，只要能捞到手的都安插了自己的亲属和姻亲，或者他的广东同乡”，梁士诒“在邮传部任职期间所任命的四百个人中，有三百五十个是他安插进来的”。梁士诒网络了一大批行政和技术官僚，他们有着敏锐的政治洞察力和丰富的行政经验，他们对梁士诒忠诚，群奉梁氏为首领。

在同沈云沛竞争邮传部尚书期间，在载泽的支持下，盛宣怀就开始上演了“七煞除五路”的政治攻杀游戏。盛宣怀联络各部给事中及御史七人，弹劾给沈云沛出谋划策的梁士诒“把持路政，任用私人，虚靡公款”。盛宣怀上任邮传部尚书后的第一件事就是亲自弹劾梁士诒：“平时任勇事往，款项悉归其动拨，路员听命于一人，遂不免有把持之名，致烦圣廑，应请撤销铁路总局局长差使及交通银行兼差，其经手路局、银行款项通盘彻查。”

“亏挪路款”成了盛宣怀专案调查梁士诒的理由。

可是盛宣怀很快发现梁士诒才是真正的邮传部大佬，梁士诒担任局长的铁路总局专管借款及各路行政事宜，同时还提供着邮传部百分之九十五的经费，成为邮传部最重要的官僚机构。在主政铁路总局期间，梁士诒还建议设立交通银行，成为交通银行的实际控制人。梁士诒的权力从铁路向金融扩张的过程中，不断在重要部门安插亲信，这一批行政和技术官僚相互支持合作，形成了一张错综复杂的关系网，“无数粤闽同乡，勾结一气，上下把持，内部事无巨细，非闽粤两省人不能预闻”。

梁士诒的身后是北洋集团，尽管在洹上村垂钓的袁世凯已经远离了紫禁城，可是北洋集团强大的政治联盟还相当的稳固，袁世凯身后的以英国为首的国际势力警告摄政王不要诛杀袁世凯，美国也提醒北京的清廷少壮派别失去袁世凯，否则会带来不可估量的损失。尽管资政院的议员们三番五次弹劾军机处，逼宫摄政王要裁撤军机处，可是摄政王面对贪劣的庆亲王奕劻总是那么软弱无力，坐在首席军机大臣位置上的奕劻拒绝同摄政王兄弟的军机盟友商定国事。奕劻在没有袁世凯的日子里，他必须保持北洋集团的整体实力，否则他将死无葬身之地。

盛宣怀希望调查组能够找到梁士诒贪墨的把柄，可是调查组面对庞大的梁氏网络无能为力，交涉、计程、稽核各科皆有梁士诒的党人，调查组历经月余毫无进展。盛宣怀决定在梁士诒担任帮办的交通银行做文章，因为银行每天都有数万两的流水，一旦出现亏短，就可以将罪责推到梁士诒头上，梁士诒的关系网就可以撕开一个口子。

李经楚，两广总督李瀚章的二儿子，淮军领袖李鸿章的侄儿，曾经以参赞官的身份游历欧洲，在官二代圈子里堪称“才学广博、融通中西”，早在江苏官场就是三品官。1907 年，梁士诒谋划组建交通银行时，力荐李经楚出任银行总理。李经楚向邮传部提交了一份庞大的海内外发展计划，立即引起了官场商场的震动，摄政王总摄朝政时，有官员向摄政王建议将与政体不合的交通银行合并到大清银行。梁士诒、李经楚为代表的交通系势力抬出度支部厘定的银行则例坚决反对，那时威胁压力最大的莫过于盛宣怀。

邮传部以四成国有股成为交通银行的大股东，垄断了铁路、航运为首的交通系资金。而此前中国铁路款项均走大清银行和通商银行，盛宣怀控股的通商银行能够获得五分之一的额度。盛宣怀的幕僚提醒：“今则大清、通商俱系交通劲敌，恐将来纵分得存款若干，少则无济于事，多则大清必思分润。”尤其是川、粤、汉铁路所经之地，“于交通银行大有利益”。盛宣怀岂能眼睁睁看着交通银行做大？一度谋划分三期收购交通银行。

梁士诒在邮传部经手借款“凡二万万余元”，无论官款民资，“取之尽锱铢，用之如泥沙”。一直觊觎交通银行的盛宣怀坚信梁士诒和李经楚问题很严重。盛宣怀派出的专案组很快就呈上一份重磅报告，李经楚在出任交通银行总理期间，还持有义善源钱庄七成股份，宁波巨贾严义彬的源丰润钱庄破产时，同时破产的钱庄亏欠义善源百万两之多，加之上海道台蔡乃煌从义善源提走了数百万两的海关款项，无奈之下李经楚从交通银行贷款二百八十七万两，其中二百三十万两有抵押物，五十六万两没有提供任何的抵押物。

蔡乃煌潜逃后，新任上海道台刘燕冀到上海后，李经楚还获得了六十万两的地方财政存款。刘燕冀听闻邮传部调查李经楚，立即提走了在义善源的财政存款。盛宣怀看完调查报告后，勒令义善源提前归还交通银行的贷款。李经楚只得“将义善源所借交通款，悉数移往交通”，整个钱庄只有现银七千余两。同时，盛宣怀下令“将交通银行与义善源往来款断绝”，义善源全国二十七家分号“遂失周转之运用”。李经楚决定将票号中抵押的各个厂矿股票进行再抵押，希望地方长官刘燕冀能够给义善源提供十万元的财政贷款支持，刘燕冀拒绝了。

一千四百万两的负债将义善源逼到悬崖，李经楚只有宣布破产一条路。当初从蔡乃煌处领取财政款，并接受蔡乃煌“擅自”所借洋债“维持市面”的钱庄，在义善源倒闭之后全部破产，整个上海金融系统拆借总额只有六十万两，整个上海金融界“银根奇紧”，百分之五十的钱庄关门了。英国公使朱尔典照会外务部，要求1910年底张人骏主导的汇丰银行贷款中二百万两用于优先偿还华商欠款。而各地官员担心重蹈蔡乃煌覆辙，勒令钱庄提前归还官款，拒绝再向当地金融机构提供财政贷款救市，犹如惊弓之鸟的地方官们“以重公款而保前途”。

义善源的破产加剧了金融风潮的扩散，两江总督张人骏向摄政王上书，汇报整个两江至少需要一千万两白银救济市面，蔡乃煌潜逃后两江财库如洗，希望度支部和邮传部能够各拨二百万两抒困两江市面。度支部尚书载泽一心欲打击摄政王兄弟的势力，没想到上海的金融风潮越闹越大，当即拒绝了张人骏的请求，“库款支绌异常，无力指拨”。邮传部也拒绝了张人骏，“京张、京汉两路余利挹注，尚属不敷应付”，交通银行也“无力筹拨”。风潮席卷北京后，摄政王勒令铁路总局划拨五十万两救济市面。

曾经欲对盛宣怀“扫除荡涤一切”的梁士诒被推到了风口浪尖，全国的金融风潮将摄政王的改革推向了毁灭之路，湖广总督瑞澄在载泽的默许下开铸旧式银元，破坏了摄政王的财政、货币整体改革计划。盛宣怀“痛下杀手，发纵指示，参揭益厉”，誓要将梁士诒整成金融风潮的替罪羔羊。短短一段时间内，铁路总局的图书局、测绘处、交通研究所、官报处疑虑裁撤，梁士诒为首的交通系势力被裁掉一百三十多人。

盛宣怀清除北洋集团在邮传部势力之时，郑孝胥突然进京。

郑孝胥曾经在李鸿章、刘坤一、张之洞、岑春煊等大佬处充任幕僚，这位福建解元在官场有“诸葛”之誉，理财能力被大佬们推崇备至。1897 年 2 月，盛宣怀在上海同郑孝胥相遇，一见郑孝胥就“极相倾倒”，当晚召集一帮宾朋同郑孝胥夜饮。盛宣怀同郑孝胥一直保持着书信往来，甚至在官场抉择之时两人会书信相商。郑孝胥在出任湖南布政使之前，一度出任过锦瑷铁路督办。郑孝胥进京后，立即秘密会晤了盛宣怀。

在会晤的过程中，盛宣怀感叹川汉铁路股款倒款的一连串问题，郑孝胥侃侃而谈：“国力之强，全在铁路，交通干路之外，各省支路皆须同时并举。今之办铁路者多以省份为界，争竞多则用人不公，财力薄则假贷无门，半途而辍，讼狱滋兴。”郑孝胥建议盛宣怀在邮传部推动“铁路国有”改革，针对川汉、粤汉等一批地方政府官员搞的政绩工程，邮传部“宜一并收为国有，大借外债，用西人包办，十年之后，全国铁路交通，兵机迅速，百货流通，如此始可言富国”。

郑孝胥的一番话说到盛宣怀及度支部尚书载泽的心坎儿上了，大清设立邮传部的宗旨是馆合路、轮、邮、电四政，铁路是邮传部重中之重，当时铁路每年收入超过四千万元，电政七百五十万元，邮政只有二十八万元。邮传部一直长时间掌控在北洋集团手中，一把手们对梁士诒相当的信任，铁路总局成为邮传部第一大政局，而梁士诒主政铁路总局期间，经手借款“凡两万万余元”。无论是从全国军事、经济的发展，还是邮传部的中央集权谋划，铁路收归国有都是整体改革至关重要的一步。

度支部尚书载泽一直觊觎邮传部的大宗收入。北洋大佬徐世昌主政邮传部期间，注意到交通事业之发达，“欲将各路余利尽归邮部，以为推广新路之用”，“而泽公之意以该部综核度支，所有各路余利应归该部支配，不能全归邮部支出”。袁世凯遭遇罢黜时，载泽意欲接管邮传部的财务，徐世昌再三向摄政王请辞，摄政王温谕挽留。留下的徐世昌自然希望做大邮传部，在给载泽的回信中强调，铁路盈利状况各异，货运和客运相差甚远。

邮传部担心度支部一统收支财权后会限制铁路的发展，拒绝让度支部查收邮传部财务。满清政府的财政已经处于破产状态，载泽一度欲将邮传部的财务纳入度支部统一规划之中。在给徐世昌的信函中，载泽并不关心铁路的长远发展：“但求目前可以支持，十年以后之事，非我所知。”载泽剥夺邮传部财权的短视行为令徐世昌“大为不快”，掌权邮传部的北洋集团势力形成了一个潜规则，“凡与度支部往来公牍，一律延搁，即该部统计表亦尚未送度支部”。

载泽力挺盛宣怀执掌邮传部，一方面是摄政王有清理北洋集团势力的考量，度支部可借机控制邮传部财权；二方面度支部正在秘密同美国洽谈货币改革计划，度支部需要巨额的财政来保证货币改革的顺利推进；三方面是度支部为了完成整合财政中央集权，正在同英美德法四国洽谈一笔巨额的借款，四国银团希望用清朝的铁路资产进行抵押，令载泽头疼的是日俄正在密谋破坏这一贷款计划，俄国在伊犁和东三省陈兵示威，日本的关东军虎视京畿，度支部需要在日俄军队没有准备好战争的情况之下同四国银团签署贷款协议。

川汉铁路一直是满清政府西南政局稳定的最大隐患。1903 年四川总督锡良推行了官办，公司成立后一直没有动静，到了 1905 年改为官商合办，商人们对地方官的招股策略嗤之以鼻，到了 1907 年无奈将川汉铁路公司改为商办。公司在上海、北京、汉口和四川四地招股，四川的股东主要系“抽租之股”，凡是对抗招股之民，地方政府都会对其“鞭挞箠楚，监禁锁押”，不少人家为了缴纳股金只能“卖妻鬻子”，铁路

“涸泽而渔”的招股将四川搞得暗无天日，民众视“官吏为豺狼，胥役为鹰犬”，数百万股款被倒，愤怒的川民岂能善罢甘休？

盛宣怀接掌邮传部伊始，邮传部派出专案组调查川汉铁路倒款案，令四川的士绅们一阵高兴，没想到只是将施典章监禁三年，罚款 30 万了事，对股民的赔偿只字未提，川民对邮传部的行为相当不满。盛宣怀一旦立即采纳郑孝胥的铁路国有之策，四川的士绅们一定会煽动川民同国家对抗。可是在美国人看来，摄政王政府已经别无选择，虚弱的中央政府只有通过修建铁路来重振它的权威，如果中央政府向地方势力让步，那么，这将是一个莫大的政治错误。无论是盛宣怀还是载泽，都需要舆论支持。

在盛宣怀他们的运作下，都察院给事中石长信给邮传部提交了一份长篇报告，批评以川汉铁路为首的这种已办未办铁路在资金、盈亏问题上导致民间集股不能踊跃，各省绅民狭隘的乡土观念让铁路支线未能全盘考虑，建议邮传部对铁路进行国有化，因为在一个时局艰难的时期，人民生计困难，商务衰退，军事、实业、财政、民生都要受到交通的影响，因为当务之急是边防需要：“若国家不尽快将东西南北的主干铁路次第兴筑，那么，一旦强邻四逼，就会出现无所措手的情况，人民不足责，其如大局何？”因此，铁路国有势在必行。

在盛宣怀的授意下，曾经留学日本的邮传部路政司低级官员、《邮传公报》编辑张嘉璈更是在邮传部的机关刊物上系统地鼓吹铁路统一的必要性：“凡百行政赖有交通机关以普及全国。交通不便，决不能行政之普及。行政既不能普及，更遑论统一哉？是以欲求国家政治之统一，不可不先谋交通行政之统一。”张嘉璈提醒摄政王政府，现在全国各大铁路的管理章程不一，账目容易混乱，其后果就是客货往来不便，公司联络困难，营业将会衰落。因此，铁路之统一是当今急务中的急务。

当时的铁路成为地方督抚同中央分权的重要筹码，全国十六个省成立了铁路公司，可是只有一个公司按照预期完成了资金募集，完成率不到百分之七；只有两个公司完成预期集股的百分之七十五，其他的十三个公司都未能完成预期的一半，甚至还有六个省的根本就没推行过。在石长信公开提议铁路收归国有时，湖北路段仅筑路基数里；湖南路段仅修成一百多公里；四川路段在经历了铁路银行亏损三百多万元后，仅完成土方七十至八十里，按照四川段的进展，川汉铁路至少要修筑百年以上。

盛宣怀抓住机会向摄政王提交铁路国有的报告，摄政王看到报告后异常激动，在盛宣怀的报告上批示："中国幅员广阔，边疆辽远，绵延数万里程途，动需数阅月之久。朝廷每念边防，辄劳宵旰，欲资控御，惟有速造铁路之一策。况宪政之咨谋，军务之征调，土产之运输，胥赖交通便利，大局始有转机。熟筹再四，国家必待有纵横四境诸大干路，方足以资行政而握中央之枢纽。"摄政王对"全国路政错乱纷歧"的现状相当不满，点名批评了广东、四川、湖北"竭万民之膏"，"上下交受其害，贻误何堪设想"？

德国皇帝威廉二世的铁路国有政策大大地刺激了年轻的摄政王。石长信的报告是 5 月 5 日提交，摄政王在 5 月 9 日就昭告天下。在批示中，摄政王强调："特明白晓谕，昭示天下，干路均归国有，定为政策。所有宣统三年以前各省分设公司集股商办之干路，延误已久，应即由国家收回，赶紧兴筑。除支路仍准商民量力酌行外，其从前批准干路各案，一律取消。"各地督抚一直把铁路当作地方政府的小金库，摄政王警告封疆大吏们："无得依违瞻顾，一误再误，如有不顾大局，故意扰乱路政，煽惑抵抗，即照违制论。"

摄政王急迫签署铁路国有化的上谕背后，载泽和盛宣怀领衔的四国贷款遭遇了日俄的阻挠，俄国在伊犁进行大规模的军事演习，同时还联合日本在满洲地区集结军队。德国皇帝威廉二世警告俄国，一旦日本联手俄国将中国同欧美的借款搅黄，日本接下来就会与中国一道在"亚洲是亚洲人"的口号下把俄国人驱逐出去，到时候日本领导中国，"这是俄国与欧洲最大的威胁”。威廉二世诅咒俄国：“这些俄国傻子不通过与中国保持友好亲睦的关系来阻止这个可能，反而用愚笨政策一再更重地给中国人当头打击，并把他们推向日本方面。”

盛宣怀向摄政王建议，俄国正在秘密联络法国，希望法国能够退出四国银团，一旦日本同俄国的联盟稳固性加强，他们很容易影响法国人的决策，如果北京方面拉拢日本，可以化解日俄在满洲地区的同盟稳固性，进而可以通过日本的借款来钳制四国银团的漫天要价。在摄政王签署铁路国有之前，盛宣怀同日本横滨银行签署了一千万日元的贷款合同，华盛顿方面觉得盛宣怀“这样做是为了给东京一点甜头”，不过他们担心一旦日本人掌管了邮传部，四国银团“做任何事情来支援中国是完全无望的”。

四国银团在同载泽、盛宣怀的谈判过程中发现，摄政王政府的改革简直就是一个笑话。度支部尚书载泽竭力使混乱的财政制度集中在中央，可是各省的统治者消极抵抗，地方长官们为了自私的理由“宁欲财政混乱”。德国驻北京公使雷克司在给德国皇帝威廉二世的报告中担心，摄政王推动的“币制改革仍是个神话”，“一个帝国银行是个可悲的丑剧”，教育改革越出常轨，国家的司法和行政没有改进，反而更加败坏，新的法律不断引起不正常的混乱，没有人知道哪一种法律是现行有效的。

威廉二世对北京的朝廷相当担忧。

摄政王的改革受到了欧洲报纸和集会的颂扬，可是在雷克司的报告中嘲笑那只是“对世界的一种虚伪的骗局”，北京出现的对外国借款的反对是完全愚笨的，因为现在摄政王“得到任何现款来改进它的经济状况已是很幸运了”。令人匪夷所思的是，“中国报纸老是转载外国人对新政的赞颂并且自鸣得意，这只能助长中国人的骄傲”。雷克司提醒威廉二世：“这将为中国人民导致更大的黑暗，他们将以为不再需要外国人的意见和忠告了，只有一次不可避免的灾祸，才能使盲目的中国人最终觉醒，知道他们自己是走着怎样错误的道路。”

雷克司向威廉二世报告后一个月，广州将军孚琦在咨议局附近遭遇革命党人温生才暗杀，已经升任两广总督的张鸣岐亲自审理温生才，温生才嘲笑自己一个人就吓跑了广州将军的卫队。广州将军是两广地区军队的司令官，孚琦的死震惊了正在洽谈贷款的四国银团政府，他们担心摄政王的“官员和士兵能有什么用处和他们同外人打仗时是否可靠”？中文报纸登载着极厉害的咒骂，他们在嘲笑皇室软弱的同时还预测英、日、德、法、俄五国将瓜分中国。摄政王对革命党的煽动和阴谋无可奈何。

1911 年 4 月 27 日，革命党领袖黄兴在广州发动起义，率领上百名起义军试图攻占两广总督府。摄政王对这“一次严重的政治起义”感到了恐惧，尽管“久已为人们担心的革命”被镇压了，可是武器私自从外国运入，甚至新式军队也对政府感到不满，似欲加入反清起义，整个华南“处于一种危险的心理状态”。舆论不断地警告欧美正在密谋瓜分中国，革命党倾向于这种结论，“如果瓜分是不可避免的，则他们要自己先动手”。摄政王已经到了别无选择的地步，他需要向民众释放改革的诚意和红利。

责任内阁是各省代表在资政院提出的三大要求之一，摄政王希望通过实行责任内阁来缓解华南地区的危险局势。1911 年 5 月 8 日，摄政王批准了《新订内阁官制》的上谕，下令裁撤旧内阁及军机处，成立由十三名国务大臣组成的责任内阁。庆亲王、首席军机大臣奕劻最终出任总理大臣，军机大臣那桐、徐世昌为协理大臣，下设十大部委。奕劻内阁中满洲贵族有九人，皇族少壮派成为内阁主力，度支部大臣载泽、邮传部大臣盛宣怀成为内阁成员。摄政王希望通过责任内阁来稳步推动政治结构的转型。

摄政王设法使舆论对国内政治改革、责任政府以及区域局势安心的时候，他需要一笔大的财政资金来让责任政府有效地实行他的改革计划，让民众重建对紫禁城的信任，同时通过铁路国有政策来取悦四国银团背后的政府信任。责任内阁成立的第二天，摄政王在盛宣怀的铁路国有报告上进行了长篇批示，措词非常严厉地要求地方官员们必须按照邮传部的计划推进铁路国有政策。德国皇帝威廉二世很快收到北京的报告，摄政王接受四国借款“已成为当前最重要的问题”，摄政王需要四国协助北京加强他的权威。

1911 年 5 月 20 日，盛宣怀同美、英、法、德四国银团在北京签订了粤汉、川汉铁路借款合同，总金额为六百万英镑，以两湖厘金、盐税作为担保，允许四国银团享有优先借款权。美国借款谈判代表司戴德曾经提醒美国总统：“为了将来，我们要极稳极稳地坐守以待那必然要来的一天，像埃及一样由一个国际委员会来共管中国的财政。”无论是华盛顿、柏林、伦敦还是巴黎，长达三年的铁路借款谈判，还有橡胶股票风潮、革命党的起义不断，这些都无疑是摧毁了摄政王的改革成果和脆弱的心理防线，也终于让他们等到了共管北京财政的这一天。

宪政领袖张謇看完四国借款合同，立即联合各省咨议局和已经休会的资政院议员，他们给摄政王撰写了措词激烈的抗议信：“借债政策，关系国家存亡大计，一日无确当之解决，即国家大计，日陷于杌陧之危境，此议员等所以仓皇呼吁，不能遽息者也。”中国之贫窘达于极点，借债简直就是“饮鸩自毙”。议员们警告摄政王：“埃及、波斯之覆辙，稍治历史者皆能言之。”更何况“立宪各国，慎举国债，必经国会之议决”，光绪皇帝“钦定资政院章程，亦以议决公债之职权，畀诸资政院”。议员们提出：“不经资政院议决而起之国债，遵先朝之法律，原应归于无效。”

四国借款的抵押条款令湖南人愤怒不已，长沙举行了各阶层人士参加的万人大会，决议拒外债、保路权；长沙、株洲一万多铁路工人游行示威，倡议商人罢市、学生罢课、人民抗租税；湖南各界人士聚集在巡抚衙门前，抗议卖国的“铁路国有”政策。在湖北宜昌到万县的筑路工人和商人立即聚集起来与之抗争。两湖的民众谴责盛宣怀为了自己在长江流域的私人利益而推动借款，他们扬言要开会举代表赴摄政王府第，泣求收回成命。

两湖的局势超出了摄政王的预期，盛宣怀希望摄政王能够对湖南人的不安分采取强硬的措施。摄政王下令调兵镇压，数千筑路工人抡起铁锤，挥动棍棒，同前来镇压的清军展开激烈搏斗，当场打死清军 20 多人。令四川人意想不到的是，盛宣怀在压制湖南人的同时致电新任四川总督王人文，邮传部拒绝对因橡胶股票风潮造成倒款的股款负责。德国皇帝威廉二世收到北京的电报感到情况不妙，因为日本人的阴谋和北京的宫廷暗斗可能会让湖南、四川的局势复杂化，柏林建议摄政王政府安抚一下“激动的湖南人”。

湖南人还没有安抚好，四川犹如火山爆发了。因为盛宣怀作为汉阳铁厂的大股东，却在借款合同之中明确汉阳铁厂为川汉铁路以及粤汉铁路的铁轨供应商，这显然是运用公权为私人谋利。1911 年 6 月 17 日，四川保路同志会成立，推举咨议局议长蒲殿俊为会长，副议长罗纶为副会长。二千人的成立大会一致推举八十五岁的翰林院编修伍肇龄为带队人，游行到四川总督府，群情激愤批驳四国借款合同，散发《保路同志会宣言书》。

四川总督王人文一听老编修伍肇龄来了，吓坏了，这个伍肇林是道光皇帝一朝的进士，门生故吏满天下，有“天下翰林皆后辈，蜀中名士半门生”的美誉。王人文接下了伍肇龄呈递的四川保路同志会的抗议书。当晚，王人文向摄政王写了一份弹劾盛宣怀的报告——《粤汉、川汉铁路借款合同丧权辱国并请治邮传部尚书盛宣怀误国治罪摺》。王人文的支持令川民极度兴奋，四川一百四十二个州县的工人、农民、学生和市民纷纷投身于保路运动之中，保路同志会的会员不到十天就发展到十万人。四川的危险局势开始给摄政王政府的生命倒计时了。

弹劾军机案（一）

杨文鼎在湖南巡抚衙门如坐针毡。

“湖南巡抚不遵守咨议局章程，既是不尊重钦定的法律，既是无目居上的举动。”1910年10月31日，北京资政院预备国会现场，湖南湘潭籍议员易宗夔义愤填膺，弹劾杨文鼎发行一百二十万公债“违法侵权”。杨文鼎办理公债时未交湖南省咨议局临时会议决，事后也未通知常驻议员，咨议局常年会期间也不提交追议，易宗夔觉得杨文鼎不是个案，大清的“督抚大臣往往不能遵守”各省钦定的咨议局章程，这种违背钦定宪法的行为，“就是违旨欺君”。

杨文鼎给摄政王提交了一份报告，非常委屈地说，湖南乱后“既不能请拨部款，又不能剥削商民，除了发行公债，并无别的办法”。湖南咨议局的议员们对杨文鼎发行公债的利息提出了弹劾，高利息问题一直闹到了资政院。湖南资政院将同杨文鼎往来的公函电禀北京，杨文鼎自辩湖南发行公债仿照湖北、安徽的办法，第一年年息七厘，之后每年增加一厘。杨文鼎振振有词：发行公债是各省通行，并不是湖南一省担任。

资政院议员许鼎霖弹劾杨文鼎狡辩，因为湖北、安徽发债之时还没有咨议局，湖南公债是在咨议局成立之后，“若说乱事以后，时势仓促，不能交议”，湖南咨议局开临时会议时，“何以仍不交议？”许鼎霖对地方督抚无视法律已经失望，“向来外省督抚拿着上谕，就没有放在心里，一经发布后即如取消”，“所以外国人说我们中国为无法律之国”。杨文鼎担心：“现在预备立宪之时，咨议局是立法机关，资政院也是立法机关，所定之章程若是不能遵守，则将来开了国会，亦是一个无法律之国。”

杨文鼎坚信资政院的弹劾是湖南地方精英对他的一种报复行动。

1909年夏天，辰州、永顺等府县淫雨兼旬，山洪暴发，沅澧诸水同时并涨，导致洞庭湖水位剧升，常德、沅江、益阳等滨湖地区均罹巨灾，水灾至秋不退，饥民超过数十万人，杨文鼎的前任岑春蓂向摄政王报告，除了滨湖地区的水灾，长沙、衡州、永州等府县遭遇旱灾和虫灾，整个湖南的灾情为“二百年未有之奇灾”。整个湖南粮食歉收，“省城粮栈存数仅九百余石”，“综计公私存谷不满三十万石”。全省十万饥民“鸠形鹄面”，“每日饿殍死亡相继”。不少地方出现了“生人相食”的惨剧。

湖南的十万饥民涌进长沙之时，湖北的灾荒蔓延，地方长官担心缺粮引发民变，下令进入湖北的大米免交厘税。一时间，华洋商人纷纷抢购湘米运往湖北贩卖，不少湖南士绅伙同洋商，将湖南大米通过湖北转运他省牟取暴利。岑春蓂向湖北和外务部提出交涉，强调湖南灾荒人心惶惶：“值此岁歉米贵，济鄂尚虞不足，何能再任他运？”湖北往年从湖南进口一百五十万石大米，经过谈判湖南连四万石都无法向湖北调运。岑春蓂准备下达禁湘米外运令，在给外务部的电报中哀求道，“全省人心甚为惶惑，目下情形如是，自顾不遑，何能从井救人？”

武汉是湖广总督驻跸重地，北京在给岑春蓂的回答是“保鄂为要”，汉口是英国人的势力范围，英国驻汉口领事拉木塞 (H. E. Ramsay) 则以1902年与北京签订的《续议通商行船条约》为借口，阻挠岑春蓂的禁运令。更为关键的是，通商条约规定中国地方政府禁止大米出口，在禁令发布三周后才能生效。洋商们决定利用三周时间大肆抢运，湖北地方政府以“武汉无湘米接济，立召变乱”，“鄂危则患在腹心，天下均被其影响”为由，对外省粮食运输比照非常时期的政策，以军粮办法继续从湖南运粮。

湖南的饥民熬过漫长的冬天，澧州、安乡为首的灾区“室如悬磬，衣食俱无”。岑春蓂在给摄政王的报告中忧心忡忡，“湘中民情素称浮动，伏莽尤多”，政府不能抚辑灾黎，饥民“流而为匪”，“借灾抢劫，滋扰闾阎”。摄政王同意从北京拨款十六万两白银给湖南赈灾，时任湖广总督陈夔龙同意岑春蓂动用地方财政救济灾民，很快民众发现巡抚的赈粜委员会“引用私人，滥费上款，肆意中饱，不知国法之有在”，饥民们谴责巡抚的赈粜委员会，“遑问天理之何存？”

1910 年 4 月 12 日，愤怒的饥民围住了善化知县郭中广，郭知县欺骗民众承诺开仓赈灾。第二天，当饥民们不见官府开仓放粮，开始大骂县令是“狗官”，县令立即调派巡警镇压。饥民将亲自率队的巡警道团团围住，摘了官帽和花翎，捆吊到树上进行暴打。随后，饥民们捆着巡警道浩浩荡荡游行到巡抚衙门，岑春蓂闭门不见。天色渐黑之时，忍无可忍的饥民们打砸辕门，捣毁照壁，锯断旗杆，掀翻石狮。当有人向巡抚衙门内堂冲击时，岑春蓂下令开枪，死伤十多人。愤恨之极的饥民涌向街头，一夜之间，长沙八百多家米店抢掠一空，军警岗哨捣毁殆尽。

4 月 14 日，湖南巡抚衙门前围聚的饥民越来越多，不少人冲进署衙大堂，岑春蓂再次下令巡警向民众开枪，当场打死民众二十多人。巡抚的鲁莽进一步激怒了饥民，饥民们放火焚烧巡抚衙门，顿时整个巡抚衙门浓烟滚滚，大火烧到了当天下午，余烬犹炽。饥民中有人鼓动粮荒跟洋商贩运湖南大米有密切关系，愤怒的民众涌向了美资美孚洋行、英资怡和洋行、日资三井洋行、教堂、领事馆，捣毁焚烧了洋行、教堂以及趸船。整个长沙陷入混乱之中。

湖南咨议局的议员弹劾岑春蓂治下“城关警察林立”，一个多月竟然未能完成“贫民户口清查”，赈粜委员会无法设局赈灾，“致令弱者僵卧于家，狂夫铤而走险，因循酿乱”。失控的社会治安管理和失败的赈济行动，身为湖南省的行政长官，巡抚岑春蓂难辞其咎。咨议局弹劾岑春蓂跟当地士绅设套有关。在饥民围困巡抚衙门之时，岑春蓂同当地士绅在后堂秘密开会，士绅们鼓动岑春煊，“抚台何不将建筑咨议局巨资，并咨议局经费，及铁路股款、各学堂耗费，移缓救急。下等社会闻之，鼓掌欢迎，赞美之声，填街塞巷”。

镇压太平军后，湘军将校衣锦还乡，仅湘乡一县二品以上军工的官僚士绅就超过二千家，这批还乡的文臣武将逐渐形成一个庞杂的基层精英集团，他们“性情狂妄，武断乡曲”，他们意图左右地方公共行政管理。新任湖广总督瑞澄向摄政王奏禀：“咸同以来，绅权大张”，“地方官筹办各事，借绅力以为辅助，始则官与绅固能和衷共济，继则官于绅遂多遇事优容，驯致积习成弊，绅亦忘其分际，动辄挟持，民间熟视官绅之间，如此侵越，亦遂借端聚众，肆其要求。御史哄堂围署，时有所闻。”

岑春蓂病急乱投医，咨议局是皇帝下令组建，为地方立法机关，咨议局的议员都是湖南全省的精英，一旦岑春蓂将咨议局的资金挪用，岑春蓂就是违旨欺君，更可怕的是身为地方行政长官将站到全省精英的对立面。岑春蓂赈粜失利跟士绅们的阳奉阴违有密切关系，岑春蓂一开始希望士绅们成为赈济灾民的慈善楷模，没想到士绅们“迁延”推诿，岑春蓂两次发布了措辞强硬的通令，要强行对绅富豪族“据实验明仓囤”，留足家用外，余粮全部用于赈粜，士绅们对岑春蓂咬牙切齿，他们给岑春蓂出谋划策只是将他推向咨议局的火坑。

当饥民们冲进巡抚衙门之时，湖南布政使庄赓良的家宴上正是高朋满座，国子监祭酒王先谦、吏部主事叶德辉、候补道孔宪教、知州杨巩等嘲笑岑春蓂“无识无才，本难胜疆寄”，“倚父（云贵总督岑毓英）兄（两广总督岑春煊）势，滥膺封疆”。岑春蓂“性多疑忌，胸无泾渭”，在湖南巡抚任上“思欲闭门卧治，一律深闭固拒，于是官绅之隔阂由此愈深，其君子皆望然而去之，其小人则以怨望而生恶意”。在官场混了四十年始终未能爬上巡抚位置的庄赓良对岑春蓂“不无嫉愤”，士绅们鼓噪庄赓良在民乱之际取岑春蓂代之。

庄赓良很快被士绅们包装成了青天大人，民众“每于来去时辄让道致敬，且皆以庄青天呼之，相戒勿惊犯宪驾”。王先谦一干人等在饥民焚烧巡抚衙门后，找到岑春蓂警告其“抚臣信用已失，迫令藩司示谕”，“岑春蓂见众怨萃于一人，似专与抚臣为难，遂电奏自请治罪，恳恩饬藩司护篆”。士绅们的逼宫大戏终于到了高潮，庄赓良在爆竹声中接受巡抚大印。庄赓良第一道命令就是一反岑春蓂的“剿道”而行抚策。王先谦为首的士绅们联名致电湖广总督，企图迫使朝廷承认庄赓良李代桃僵的事实。

王先谦们“其实并非真有爱于藩司，实欲借此以排陷抚臣，即乱民亦非实欲得抚臣而甘心，因绅士既倡此议，遂亦群相附和”。庄赓良假戏真做，天真地以为可借士绅和乱民之力取岑春蓂而代之。庄赓良在接抚臣大印当天，为了汇报饥民拥护他护理巡抚之功，命人高脚牌大书“众绅会议，平粜申冤，藩台担保，诸君请退”，并“往观受伤之良民，给伤费四十金，死者给抚恤金二百金”，承认民众抢米的合法性。

庄赓良混了四十年官场对政治一窍不通，岑春蓂的哥哥岑春煊在1907年试图通过慈禧太后之手清除袁世凯及其政治盟友庆亲王奕劻，没想到袁世凯伙同上海道台蔡乃煌 PS 了一张岑春煊同康有为的合影照，慈禧太后对岑春煊同死敌合谋极度失望，岑春煊淡出了权力中枢。摄政王执政后，皇族少壮派结党争权，镇国公、度支部尚书载泽同垂帘听政的隆裕太后结成政治同盟，载泽觊觎未来责任内阁总理之位，一心欲把控湖广官场。载泽的姻亲盟友瑞澄坐上了湖广总督的位子，瑞澄向摄政王举荐了杨文鼎。

瑞澄出面推举杨文鼎，意在巩固载泽一党在地方的控制权。杨文鼎早年乡试南归路过直隶，以乡谊谒见直隶总督李鸿章，李鸿章颇重其才，留他在总督府做幕僚。军机大臣荣禄与刚毅、闽浙总督许应骙、直隶总督袁世凯、两江总督端方都对杨文鼎相当器重，慈禧太后特意召见这位众人口中的奇才。瑞澄举荐杨文鼎之时，杨文鼎正在湖北布政使任上。

庄赓良的抚策在当天就失效了，“众人恣横，如入无人之境，到处火起，竟夜焚掠，城内外之学堂、教堂，及外人商店、居宅，咸被焚劫”。

整个长沙陷入一片混乱，电报线遭到破坏，电信通讯一度中断，整个城市谣言四起，岑春蓂身亡之说甚嚣尘上，日本驻长沙领事、外国商民纷纷逃奔武汉。1910 年 4 月 14 日晚，英国公使朱尔典照会外务部：长沙因米案滋事，官署被围，教士房产被毁三处，拟派兵轮前往，并电请该省官吏切实保护。当时，外务部尚未接到湖南电报，意识到长沙问题严重，一面与朱尔典商洽外国军舰毋进入长沙，一方面不断致电岑春蓂，要求认真弹压，从速解散，查拿首要，并切实保护外人。

饥民焚劫了洋商犹如踩到国际外交地雷，朱尔典同外务部交涉之时，英、美、日、德等国家已经从上海、厦门、武汉调派数十艘军舰开赴湖南，摄政王听闻湖南乱成一团的消息，担心列强借此将驻军权深入帝国腹地，电令湖广总督瑞澄调集大军赴长沙维稳。湖北巡防营二营、新军第八镇第二十九标及炮兵队迅即赶到长沙，长沙水师营也调来二十多艘军舰向城里开炮示威。总督的军队在长沙城扬起沾满鲜血的马刀，提着血淋淋的人头，在大街小巷杀气腾腾地对民众进行恐吓，连日“无辜受戮者，时有所闻”。

北京对长沙局势的恶化相当震怒，罢黜了岑春蓂巡抚之职，不同意由庄赓良护理抚篆。4 月 17 日，杨文鼎已经接到了北京的任命，当天由副将黎元洪率领楚材舰护卫到长沙。诡异的是，湖南的新旧士绅对杨文鼎的到来不欢迎，同一天“御史黄瑞麒接湘绅王先谦、龙璋等电谓，湘抚调新军枪毙饥民激变，乞联名奏恳易一巡抚”的联名信，湘“绅谭延闿、胡璧、龙璋、陈文玮致电湖南京官，恳请诸公呈奏，并谒枢邸，请旨简任庄赓良署理湖南巡抚”。

民乱成了湖南士绅精英扩权的契机，庄赓良由于在政坛毫无背景，在湖南官场从知县到布政使花了四十年时间，士绅精英们试图通过控制庄赓良来操控湖南地方行政管理之权。湖南士绅们一方面通过北京的湘籍京官运作巡抚人选，一方面争取湖广总督瑞澄的支持。4 月 19 日，瑞澄接到了湖南咨议局议长谭延闿领衔的士绅联名陈请电 ：“岑抚因庄藩司久得民心，坚请署篆，业经电奏，时当万急，不得已即刻从权交卸，以安民心，现当弭乱，抚民尤为吃紧，惟两日未奉电旨，人心惶惶，绅等目击斯情，未敢缄默，务求俯念大局，即日据情电奏。”

湖南士绅们反对杨文鼎的巡抚任命。在长沙民乱之前，杨文鼎出任湖北布政司，一直同岑春蓂商洽湘米运往湖北 ：“此次湘省酿祸，实由米价腾贵而起。米贵缘由，实因岑抚徇杨护督乞籴之请，湘米出境过多，遂至米价骤增，酿成大祸。故特命杨署理湘抚，责以料理此事。”在给瑞澄的陈请电中，以谭延闿为首的湖南士绅们将长沙民乱的责任推到杨文鼎身上，他们对这位镇国公党羽的厌恶之情溢于言表，在陈请电中毫不客气地说 ：“杨文鼎与湘人毫无感情，现擢署湘抚，恐难慑服。”

载泽志在谋取未来责任内阁总理之位，岂容他人染指湖广官场任命之权？

杨文鼎从湖北启程后，瑞澄才接到谭延闿他们的陈请电，瑞澄对湖南士绅干政行为“殊堪诧异”，在给摄政王的报告中对湖南士绅大张挞伐 ：“伏念地方官吏之委任无不遵守朝廷之命令，巡抚乃系疆臣，用舍尤应钦定。况湘省民气素嚣，绅权颇重，若不防微杜渐，窃虞政柄下移，且查岑抚迭次来电，只称请旨饬派庄藩司接署抚篆，并无从权交印之说，该绅等竟数以藩署抚，冒昧请为电奏，纵无他意，已属迹近干预，当经正词电复，以明权限。”

无论是王先谦还是谭延闿都曾是翰林院的饱学之士，内阁学士王先谦素有“湘绅领袖”之名，谭延闿更是湖南省咨议局议长，瑞澄担心杨文鼎到长沙难孚众望。“惟查公电联名各绅中多曾列仕籍，岂于朝章国典一无闻见，而谬妄若此，瑞澄初六日（4 月 15 日）电奏，曾以劣绅倡和为虑，此次公电，难保无捏名冒递之人，其中有无别情，亟应确查核办，用肃纲纪。”瑞澄为了给湖南士绅一个下马威，树立杨文鼎在湖南官场的威望，希望摄政王“饬下署理湖南巡抚杨文鼎，归案一并严密查办”。

1910 年 4 月 21 日，摄政王下令瑞澄、杨文鼎调查士绅们的公电“有无捏名冒递”。瑞澄很快就给摄政王提交了调查结论，“湘乱之始，固由地方官办理不善，而肇乱之源，实由于劣绅隐酿而成”。瑞澄为打击王先谦为首的守旧士绅，建议将有内阁学士身份的“湘绅领袖”王先谦“交部从严议处”。更令瑞澄头疼的是掌握立法权的咨议局议员们，他在报告中提醒摄政王：“现值朝野筹备宪政之际，正官绅协合进行之时，如任听此等劣绅把持阻挠，则地方自治恐无实现之望。”

瑞澄的指控令湖南的开明士绅精英们如芒在背，他们在给杨文鼎的私信中不无委屈地写道：“近年以来，小人道长而君子道消，黠者挟其文章学术欺世盗名，愚者蝇营蚁附以助其恶。于是向之所谓绅权者，遂尽归诸小人之掌握、把持、垄断，官民皆受其害。而不知者遂以湖南之绅权为诟病，乃不探其根源之所在也。夫吏治固在得人矣，而有所以补吏治之不及者，则惟引用正绅。”信中赞誉咨议局议长谭延闿为首的开明士绅精英“公正明达，众望素孚，足以仰赞鸿猷”，希望政府不要与所有士绅精英为敌。

4 月 24 日，湖南咨议局的常驻议员们联名致电湘籍京官，希望湘籍京官能够向枢廷联合弹劾瑞澄的调查结论：“瑞督袒庇岑抚，归咎士绅，颠倒事实，预为抵制官赔地步，且恐外人借口要挟，即电枢府请旨复查，乞联名参奏。”谭延闿联合咨议局同仁向军机处弹劾瑞澄：“湘乱由官酿成，久在洞鉴”，“岑抚始则偏执成见，玩忽迁延，临事畏葸无能，但思卸责，巡抚为一省政权所出，贻误至此，咎何可辞？鄂督分罪士绅，为岑曲脱，殊失情理之平，业经奉旨，本不应冒昧渎陈，惟咨议局为代表舆论机关，事实昭然，不敢缄默。”

湖南咨议局在弹劾瑞澄的时候预料到总督和巡抚为岑春蓂开脱背后的玄机，英国为首的列强开着战舰到长沙保护各国官、商、教士，可是焚毁的洋商产业和教堂的赔偿已经成了国际外交问题。赔款由度支部拨款？还是由肇祸的湖南官吏赔偿呢？欧美的报纸一直鼓噪中国仇洋，摄政王担心重蹈1900年的悲剧，电令驻海外公使辟谣，同时下令庆亲王奕劻主持了外务部会议，为了安抚激动的列强，外务部会议决定："所有应赔湘乱英、日两国之款，仍请度支部预先筹备，俟该两国查明损失确数复京后，本部再向度支部咨商拨款办法。"

瑞澄将湘乱推给士绅精英，意在弱化外交问题，为度支部赔偿列强卸包袱。因为杨文鼎赴湘路过岳州遇到赴长沙的英国驻汉口领事拉木塞，拉木塞登上杨文鼎的楚材舰，要求比照《辛丑条约》赔款惩官。在交涉的过程中，拉木塞辞色激烈，杨文鼎担心一旦满足拉木塞的无理要求，会给外交部留下棘手的外交问题。更紧要的是，如果答应了拉木塞的条件，列强干涉中国内政成了外交的潜规则，八国联军进京屠官的悲剧将再次重演。

财政问题一直困扰着瑞澄的政治盟友载泽，载泽一直同欧美国家秘密谈判财政借款，希望欧美的资金能够帮助度支部完成财政和货币该给，那样载泽就有了谋取责任内阁总理的最大筹码。载泽可不希望这个时候的湘乱上升为外交问题，他在第一时间申明："此项赔款不得由部担任，应责成湘抚自行筹画。"当载泽听闻外务部的决定后，立即提醒摄政王："部款支绌，不暇他顾。此次赔款，若由部中担任，各省必任意废弛，有所恃而不恐。况湘乱系由该省大吏不善抚恤酿成，与部毫无干涉。且部中即使出而担认，无非责令各省摊认，不特无济于事，且贻笑外人。不若责成湘省大吏自行筹划，较为正当。政府皆韪其言。"

湘省大吏到底怎么自行筹划？

就在这个时候，摄政王突然下了一道极度震怒的谕旨，对咨议局密谋联合在京湘籍官员弹劾瑞澄，以及咨议局议长谭延闿冒天下之大不韪攻讦总督的行为进行谴责："咨议局权限载在章程，不容逾越，乃于朝廷处分官绅，督臣查办奏案亦欲借端干预，希图翻异，措词谬妄，殊属不安本分，著传旨严行申饬。"更令咨议局议员们失望的是，摄政王在谴责咨议局的同时，授权杨文鼎“随时查察该局议长谭延闿等，如借咨议局之名，于不应与闻之地方公事，藉词抗阻，即著从严参撤。”

有摄政王的谕旨，曾经说服瑞澄弹劾“挟私酿乱之绅士”的杨文鼎立即派出专案组调查洋商产业和教堂损失情况，经过调查估计赔款约需一百余万两。杨文鼎向北京提交了赔偿方案，奏请由大清银行暂借120万两，由湖南分三年本息归还。经过与英国为首的六国谈判，最终赔款银80余万两。湖南咨议局没有忌惮摄政王的谴责，临时会议狙击了杨文鼎的赔偿方案，拒绝由湘省承担外交赔偿，认为“应由肇祸官吏分赔，无累湘人”。谭延闿跟杨文鼎万万没有想到，湖南民乱犹如一只亚马逊蝴蝶，最终引发了一场不可收拾的枢廷较量。

弹劾军机案（二）

湖南籍议员易宗夔弹劾杨文鼎藐视君主："宪法大纲十二条所定君主大权有云，一在议院开会之时，得以诏令筹措必需之财用，惟至次年会期，须交议院协议等语，杨抚当此预备立宪之时，胆敢僭用君主大全，尤为不合适。"易宗夔对"督抚大臣往往不能遵守"已经颁布的法律相当失望，杨文鼎侵权违法试办国债一案不能归入税法公债股审查，他建议资政院议长指定特任股员组成特别小组审查杨文鼎试办公债案，将审查结果上奏摄政王。

易宗夔在县学读书时就在《湘报》上鼓吹民主，提出中国的祸患在于"君权太重，民权不伸"，中国应该仿效英国君民共主之法，"利之所在，听民自主之；害之所在，听民自去之"。湖广总督张之洞读完易宗夔的文章，痛斥易宗夔为"匪人邪士，倡为乱阶"。张之洞愤怒之时大骂"悖谬"的易宗夔为"杂种"。易宗夔后来在日本学习法政归来，成为湖南宪政改革的饱学之士，资政院成立后，易宗夔成为湖南咨议局在北京的核心代表，他希望能够将杨文鼎试办公债的行为推到"违旨欺君"的法律高度。

议员籍忠寅觉得杨文鼎不会担心资政院弹劾他"侵权违法"的，在此之前，广西巡抚张鸣岐因禁烟期限问题同咨议局闹僵，资政院议决张鸣岐侵权违法，可是张鸣岐反而擢升为两广总督。籍忠寅提醒议员们："督抚在各省办事，向来是惟我独尊，除却几个幕府，都要听他们的指挥，并没有第二个人可以说话，他并不晓得有监督的机关，所以肆然甘冒侵权违法之法令。”张鸣岐的前车之鉴是“徒有侵权违法的名目，而不能惩罚，亦属无益”，籍忠寅提议，对于湖南巡抚“然既侵法，必须有相当处分，方可惩警其余”。

籍忠寅最后放出狠话，如果不对杨文鼎“稍加处分”，“将来各省督抚更不以咨议局为意，这个事情我们资政院若是办不好，以后督抚侵权违法的事情可以不必交资政院核议”。遗憾的是作为立法机关的资政院没有处分权，籍忠寅提议：“资政院不能侵夺君上之大权，若在奏折上加上‘应如何处分之处，恭候圣裁’两句。”籍忠寅的建议将球踢给了摄政王，一旦杨文鼎没有遭遇处罚，证明摄政王不遵循钦定宪法，宪政改革毫无诚意，如果摄政王惩罚杨文鼎，那么督抚的行政行为将受到咨议局和资政院的约束，这将是一场法律的胜利。

北京的指控令杨文鼎相当失望，长沙饥民之乱割裂了地方政府同士绅的纽带，新上任的巡抚不仅没有得到湖南士绅精英的支持，相反“绅士经此挫折迁怒于鼎，时思报复，以拽其怨”，新旧士绅把持的咨议局“因公债事未交议，遂大起风潮，痛加排斥”。杨文鼎在给资政院的电报中毫不示弱，再三强调湖南发行公债已“奉旨允准”。在给资政院的电报中，杨文鼎反问，“咨议局是否有更改奏案之效力”？资政院是否能取消奉旨允准的奏案？

杨文鼎抬出摄政王谕旨以示发行公债的行为是合法的，咨议局没有权利诘责。咨议局的议员们对杨文鼎巡抚湖南一直处于对抗状态，摄政王谴责咨议局局长谭延闿后，杨文鼎同咨议局的矛盾进一步激化，议员们岂能在公债问题上放过杨文鼎？面对杨文鼎的反击，咨议局谴责杨文鼎：“杨抚受任封疆，有协赞宪政的责任，煌煌领章，岂容不知，知之而故认一奏尝试，其欺罔朝廷，蔑弃宪典。”

“上侵君权，下压舆论，湘抚罪名不止违旨背法而已。”议员胡柏年专门查询了湖南咨议局和杨文鼎提交的证据，杨文鼎“恃其已经奏准，而欲加咨议局以更改奏案之罪名”，胡柏年弹劾杨文鼎“不知《咨议局章程》亦是钦定的章程，不交局议”，“已显然违旨更改奏案”。胡柏年质问杨文鼎，在湖南咨议局召开临时会议的情况下，“政府中焉知其未交该省咨议局议决的”？“如其交咨议局决过的，自应照准”，杨文鼎担心咨议局否决政府创办公债，所以越过咨议局直接向摄政王提交创办公债案，“正是湘抚蒙蔽朝廷，巧行私意之处”。

资政院议决湖南公债案期间，东三省总督锡良将发行公债问题交咨议局审议，资政院的议员们抓住锡良案，进一步证明杨文鼎违宪侵权，建议朝廷惩处杨文鼎，因为“向来各省督抚惟我独尊，任意自由，已成习惯，故对中央机关的命令，往往视为具文”，“在官者个个皆有违法侵权之思想”。在湖南公债案之前，广西咨议局全体议员辞职以维护《咨议局章程》，可是当事巡抚“不惟不加以相当之处罚，反因此而升署两广总督”。籍忠寅警告说：“若是再不加惩处，资政院对于各省督抚毫无权力了。”

督抚惟我独尊的问题令摄政王头痛不已。

雍正皇帝时期西北战事频繁，雍正皇帝进行政治框架改革，设立直接向自己汇报的军机处。凌驾于内阁和六部之上的军机处成为大清最高政务机构，军机大臣均由皇帝的亲信组成，直接秉承皇帝意旨，中央各部首长和地方督抚互不统属，都直接接受皇帝的命令。当洪秀全的农民起义军席卷江南时，以湘、淮为首的汉族武装集团崛起，地方督抚权力坐大，逐渐形成了实际政治架构“内轻外重”的局面。八国联军侵华期间，以李鸿章为首的督抚联合实行“东南互保”，进一步削弱了朝廷的威信。

1901 年逃亡西安的慈禧太后幡然醒悟，通电全国宣布改革，派出多路高级官员到欧美考察宪政，宣布“预备立宪”。宪政改革首当其冲的是官制问题，日本提醒清执政精英们：“欲解决清国之立宪问题，不可不先解决督抚制度的存废。今之督抚，事实上为副主。此制不废，中央集权制度不得告谓成功，则不外模仿联邦制度而已。”可是北京枢廷既无实力，也没有能力解决督抚问题，在预备立宪时期需要设立代表舆论的资政院，清执政精英试图通过资政院借舆论的力量帮助朝廷解决该问题。

“庶政公诸舆论”的宪政改革精神一度令资政院的议员们振奋，摄政王通过湖南公债案给督抚一个警告，是朝廷重塑权威的良机。一直在封疆大臣幕下的杨文鼎深谙帝国政治潜规则，摄政王意图通过咨议局削弱地方督抚的权力，而咨议局则欲抓住地方公共行政事务的议决权，只要自己向朝廷请旨，就不会落得藐视皇上权威的把柄，相反咨议局否决奏准奉旨的行为就是蔑视皇权。资政院本是皇上收天下之权于中央的工具，如果朝廷反过来支持资政院的决议，无异助长了资政院扩权的气势，摄政王岂能顾此失彼开罪天下督抚？

资政院的精英们对杨文鼎的心思洞若观火。“工于演说，剖析毫芒”的议员雷奋突然站起来说：“我们资政院要认清楚，此事不仅关系湖南一省，中国二十二行省，凡有咨议局的省份都有关系。为议决的正当，各省都受其福；如不正当，各省都被其害。在咨议局的章程明明定好的，湖南此事应当交议，巡抚不交议就出奏，是明明用奏案以取消咨议局章程。”宪法起草者议员汪荣宝更是痛心疾首地提醒资政院的诸公：“不是湖南一省的事，也不是咨议局的事，是中国全国的事。”

杨文鼎和咨议局对峙之后，广西、四川、江苏咨议局纷纷致电资政院，咨议局和资政院的精英们一样担心，现在国会未开，地方财政大权掌握在巡抚手上，财政监督处于盲区，这个敏感的时刻巡抚岂可随便借用外债？地方精英们在给资政院的电报中忧心忡忡：“此案名为湖南公债案，实则各省攸关。倘湖南巡抚可以侵权违法，湖南咨议局放弃不问是坏先例，先例若坏各省随之。”汪荣宝警告说，“若各督抚相率效尤，则国家法律将同虚设”，给杨文鼎一定的处分“实为维持国家法律之必要”。

资政院的议员们对雷奋和汪荣宝的发言“多次拍手赞成”,“各民选议员因湖南公债案，杨抚无处分一事，多主张停议力争者，一时大局溃决，资政院几有解散之势”。副议长沈家本及二十多名议员仿效西方议会形式，假座财政学堂会议开一次议员谈话会，谈话会上民选议员批评君主命令变更法律，非立宪原则。钦选议员大声喝斥民选议员“轻蔑朝廷”，双方“随声喝打，议场秩序大乱”，部分民选议员愤然退场，只留下雷奋、易宗夔一干议员同钦选议员相互辩驳，最终双方不欢而散。

溥伦向摄政王提交一份措词严厉的弹劾报告，弹劾杨文鼎在创办湖南国债的行为“侵夺权限、违背法律、轻蔑朝廷”。溥伦的报告送抵摄政王案头时，各省的速开国会请愿团正在摄政王府门前割股血书，锡良、赵尔巽为首的封疆大吏们电报犹如雪片般飞抵北京，速开国会浪潮越来越高，摄政王主持召开的御前会议上，垂帘听政的隆裕太后训斥摄政王毫无主见。经过激烈的讨论，摄政王最终决定宣统五年召开国会。资政院的议员们三呼万岁之时，更关心湖南公债案的“圣裁”，摄政王对杨文鼎的态度将是资政院精英们眼中宪政改革的标尺。

1910 年 11 月 9 日，摄政王签发对湖南公债案的上谕：“此次湖南发行公债系奏经度支部议准之件，该抚未先交咨议局议决系属‘疏漏’，即经部议奉旨允准，著仍遵前旨办理。嗣后各省有应交咨议局议决之安民，仍著照章交议。”上谕既没有提出处分杨文鼎，又没有叫停公债发行，只是以“疏漏”二字敷衍。在为杨文鼎回护同时，上谕警告督抚们要警遵法度。清廷欲“调停两面，而卒出于两歧，用心良苦”。

摄政王的上谕在同一天召开的资政院会议上宣读后，整个议场大哗。

上谕刚一宣读完，易宗夔第一个站出来说：“这回湖南公债事件请旨裁夺，现在已经奉旨，一点处分都没有。既有军机大臣署名，应该处分而不加处分，我们须请军机大臣出席说明理由。”易宗夔的情绪相当激动，他突然话锋一转：“就是一个御史参一个督抚，亦不致如此无效。资政院全体议决之件如此无效，何必设立资政院？”易宗夔话还没有说完，整个议场掌声雷动，易宗夔义愤填膺地说：“既然如此，资政院何必设立？咨议局又何必设立？”

日本政法大学毕业的光绪年进士李榘提醒资政院的同僚们：“湖南发行公债案，湖南巡抚处分不处分，本出自君王大权，资政院不能过问。不过这件事当初湘抚不交咨议局议，以具奏钳制人口，是湘抚蔑视《咨议局章程》欺罔朝廷。至于度支部，就应据《咨议局章程》议驳，度支部率为议准，是度支部蔑视《咨议局章程》，欺罔朝廷。”李榘站到易宗夔一边，担心“如果朝廷可以欺罔，不但我们资政院议决之案都可取消，近今朝廷所定新法律都可以取消”，“将来资政院所议决之事件皆失效力”，希望军机大臣能够给资政院一个理由。

议员们将怒火烧向军机大臣。

清执政精英们推动宪政改革，意图借鉴立宪国的治国方略救大清于危亡。议员于邦华翻遍各国律令，发现西方国家尽管有法律和命令二者，“若非紧急时候，则命令不能变更法律，此各国立法之通例”，大清在颁布了宪法和《咨议局章程》后却出现了命令变更法律的怪事，“疏漏”二字的背后到底是谁在对抗法律庇佑杨文鼎？于邦华将矛头对准了操持权柄的军机大臣：“我皇上尚在冲龄，我监国摄政王虚心采纳各事，多注重于军机大臣，而军机大臣何以以命令变更法律，致乖我皇上、我监国摄政王法治之盛意？”

宪政官制改革一度提议解散军机处，成立对资政院负责的责任内阁，国家一切行政大权均受法律约束，皇帝就真正成为天下寡人。作为皇帝亲信的军机大臣在责任内阁问题上已经和资政院有了隔阂，资政院试图以宪政之国的责任制度约束军机处，军机处一直同资政院处于对抗状态，资政院任何权力的扩张都会引起军机处的高度警惕，军机处的态度自然会影响谕旨的内容。摄政王还有更深层次的用意，朝廷回护杨文鼎是要给资政院敲警钟，大权统于朝廷，绝不允许资政院肆意扩张权力。

湖南咨议局对杨文鼎侵权违法“很愤激”，“各省咨议局很注目”，对资政院的议决寄予厚望。1910年11月8日才从湖南赶赴京城的议员黎尚雯第一次参会就遇到上谕仅以“疏漏”二字了之。黎尚雯对清执政精英们推动的宪政改革极度失望：“天天说立宪，亦是假立宪，何救于亡？最可恨者，行政大臣任意蹂躏资政院、咨议局章程，万一人心解体，何以立国？现在国家救亡之法，好在人心未死，不避刀斧，敢于直言。”黎尚雯觉得湖南公债案“是军机大臣有意隔阂上下，危害国家”，“岂是朝廷立宪之初心”？“岂是实行立宪之办法”？

易宗夔提议资政院议长溥伦请军机大臣出席答辩，此时议长溥伦正躺在病床上。

溥伦真的病了吗？1908年10月，慈禧太后已经病入膏肓，秘密下令各地督抚召天下名医进京，袁世凯和政治盟友、庆亲王奕劻在这期间一起面见慈禧太后，强烈支持道光皇帝的曾长孙溥伦为皇位继承人，“尽管慈禧太后自己保守秘密，大多数观察者都认为她会选择溥伦”，可慈禧太后在生命的最后时刻将皇位送给了摄政王的幼子，将资政院议长的位置给了溥伦。摄政王试图通过资政院加强中央集权，却一直提防溥伦执资政院之民权操控枢廷。摄政王的上谕在资政院宣读之时，溥伦病了。

议员们现在已经热血沸腾，易宗夔非常失望地告诫主持议会的副议长沈家本，“别项事情暂刻可以不议，就议决也是无效”。沈家本无奈，立即联系军机处，军机处告知公务繁忙不能到院。易宗夔嘲讽说，从广西咨议局集体请辞和湖南公债案看：“资政院全可不要，且御史以个人之资格随便上一折奏或可有效，至于全体议决的事情反为无效，可见中国立宪到底是靠不住的。”议员陶镕建议议员们“静坐以待”。议员们纷纷站起来，大声要求沈家本“从速打电话请军机大臣赶紧来院”。

一直沉默不语的清朝最后一位状元刘春霖突然站起来发言：“我皇上、摄政王对于臣民一视同仁，毫无成见，所以‘庶政公诸舆论’一语屡见于上谕，今资政院所议决的，不能不算舆论，现在何以忽然不公诸舆论呢？”刘春霖觉得造成这个原因的根源就在军机大臣，“军机大臣所以要使资政院议决的事无效力，因为军机大臣有意侵资政院权，违资政院法，借此议案以为尝试”，“推军机大臣的本意，不过借此稍示其端，且看资政院权之可以侵不可以侵，资政院之法可以违不可以违”。

资政院是皇上钦定的预备国会，激进的宪政改革派为了保持人民代表地位，同军机大臣发生龃龉不可避免。枢廷高高在上的权威受到了严重的挑战，当资政院议员要求军机处对资政院负责之时，这已经触及到政治架构的敏感神经，军机处领衔的政府遂感到有裁抑资政院权威的必要。刘春霖一语道破湖南公债案背后军机处的深意：“若本院不复质问，便是默示承认，默示承认之后，恐军机大臣对于资政院侵权违法之事必相逼而来。”

议员们在资政院肃坐三十分钟。

主持会议的沈家本看了看表，非常无奈地征询议员们的意见：“军机大臣现已散值，我们于下次开议时再请军机大臣到院如何？”易宗夔突然站起来回应：“请军机大臣首座庆亲王来院，军机大臣首座我们认他当作立宪国内阁总理大臣。”许鼎霖也欲登台发言，立即有议员打断：“现在静候军机大臣，请不必发言。”许鼎霖以“言论自由”依然登台演说。

“我们中国向来无有法律，所以才贫弱到如此。自皇上设立资政院、咨议局，方有个立法机关，我们要再不好好保守法律，危亡就在旦夕了，所以本院议员言语激烈，并不是为一身一家之计，实为中国大局存亡之计。”许鼎霖将杨文鼎的侵权违法行为由之前的欺君罔上，上升到国家存亡的高度，“看中国历史所载，历代诸侯尾大不掉，都是不遵守法律之故，诚足为前车之鉴。这样看来，朝廷甚愿督抚遵守法律，现在我们中国民不聊生，全由督抚不遵守法律所致。”

“中国内政不修，外患日迫，都是由军机大臣及各省督抚违背法律所致，就是军机大臣、各省督抚不怕对先朝不住，我们人民还恐无以对皇上及先朝，所以不能任行政大臣违背法律以危国家。”黎尚雯建议沈家本再电请军机大臣。“为尊崇皇上起见，为安靖国家起见”，议员们静坐在资政院等候军机大臣的到来，议员们警告军机大臣们，“若不顾大局商量，政府抵制议员，致生冲突，恐不惟无以对天下人民，亦无以对我皇上也。”

突然这个时候有人提议议长宣告散会，理由是不少议员都出场喝茶去了，在场人数不到三分之二。议员们群起辩驳，议场骚然。易宗夔勃然大怒：“现在静候军机大臣，到时开议，何得倡说散会？汝畏军机大臣吗？恐怕军机大臣来时无话可说吗？”有钦定议员突然冒出一句：“无议过一事，这个光阴甚属可惜。”罗杰议员谴责冷嘲热讽的钦定议员，资政院的立法之权是皇上赋予的，法律是钦定，“议员所争是尊重皇上、尊重民权、尊重法律”。

吴赐龄准备好了一份质问军机大臣的说贴：“自古圣帝明王都以纳谏容直为盛德，此次上谕即使出于我皇上独断之明，苟未尽善，犹必乐闻谠议，况我皇上正在冲龄，颁布一切法令皆军机大臣议决事件，所以必须质问军机大臣。”于邦华觉得现在督抚把法律和命令混为一谈，大家要遵守法律，所以要质问军机大臣，无论军机大臣哪天出席答辩，都是希望资政院议决的具有法律效力的案件生一效力。

登台演说的议员李搢荣搬出了光绪皇帝的遗训：“现值国势积弱，事变纷乘，非朝野通信，不足以图存立。朝野同心者，同此尊重法律之心也。”光绪皇帝在身前昭告天下预备立宪，警告天下臣民：“非纪纲整肃，不足以保治安。纪纲整肃者，上下同处于法律范围之内也；非官民交勉，互相匡正，不足以促进行而收实效。交勉者，官民以遵守法律交勉，有逾越者，则互相匡正也。”李搢荣演说中一声长叹：“国之有法律，如人之有精神，人无精神则死，国无法律，其危殆不可胜言。”

资政院群情激奋之时，军机大臣们已经回到府上喝茶。于邦华愤怒地责问军机大臣们：“脑袋中所贮何物？”整个议场再次哗然，不少钦定议员纷纷离场。汪荣宝和沈家本见状，立即召集十多人成立维持会，打算以维持会为基础，“阴备组织入政党”，汪荣宝和雷奋就组织政党问题进行了深入的商讨，为了达到制衡政府的目标，维持会秘密组织院外同志会，同议员们联络一气，为议员们进行舆论声援。议员们万万没有想到，资政院的静坐和秘密行动已经刺痛了枢廷最敏感的政治神经。

弹劾军机案（三）

议员们在资政院枯坐，议长不断给军机处电话，苦等不见军机大臣们的身影，更听不到他们的一句回音。议场群情激奋之时，军机大臣们正在府邸端着茶杯，同一帮幕僚高谈阔论，面对激动的议员们要向摄政王提交弹劾报告这一看上去非常麻烦的问题，军机大臣们不屑地抛出一句话，“不过借弹劾政府以邀誉也。”

“署名之制必须与组织完备之责任内阁相依而始显其用。”军机大臣们拒绝到资政院就湖南公债案接受议员们质询，一旦军机大臣站到资政院的讲台上接受议员们质询，那么意味着资政院颠覆了大清的政治框架。副署制度是乾隆年间加重军机处权力，防止泄露枢廷机密而制定的政策。军机大臣们向资政院传递一个明确的信号：军机处只是奉旨办事而已，无能力承担责任，更妄谈具有宪政体制国家的国务大臣拒绝副署、驳斥上谕的权力。

议员们认定在责任内阁没有成立之前，“摄政王虚心采纳各事，多注重于军机大臣”。军机大臣副署制度在清执政集团的权力框架内是个极度敏感的问题。1906 年，中央改革官制期间，权势熏炙的直隶总督袁世凯提倡仿西方体制设立内阁，以及与此相适应的军机大臣副署制度，关系机密事件，由总理大臣、左右副大臣书名，“内阁各大臣奉旨，皆有署名之责”。袁世凯此议一出，京城官场一片哗然。

“我朝名分最严，天泽之分，冠履之辨，断无臣下署名谕旨之理，应仍旧称某衙门奉上谕为正。此则名义所在，亦即预防专政之萌者。若夫用人之柄尤为君上之特权，非臣下所敢暗干。”御史赵炳麟对袁世凯的副署制度反对强烈，他在报告中提醒慈禧太后：“立宪精神全在议院，今不筹召议院，徒将君主大权移诸内阁，此何心哉？”赵炳麟警告枢廷提防袁世凯“欲以立宪为名，先设内阁，将君主大权潜移内阁，己居阁位，君同赘庆，不徒免祸，且可暗移神器”。赵炳麟甚至担心“太后一旦升遐，必祸生不测”。

直隶总督是天下总督之首，肩负拱卫京畿之重责，却成为天子脚下的权力盲肠。北洋领袖李鸿章拒绝做权力的盲肠，成了令清执政集团头疼的河豚，食之鲜美却致命。李鸿章死后，袁世凯继承了李鸿章的政治衣钵，慈禧太后发现袁世凯“入议官制气凌朝贵，摇动枢臣，颇有唐室藩镇朱温”之风。朱温曾经是李唐王朝的殿下之臣，最后却成了李唐王朝的终结者，慈禧太后自然不希望爱新觉罗王朝终结在袁世凯手上。言官们抓住机会弹劾袁世凯，“时言者蠭起，率以攻项城”。副署制度也随着袁世凯离京负责“彰德秋操”无疾而终。

历史是一出幽默剧。

1908 年 11 月 15 日，“精神崩溃”的慈禧太后走完了自己的一生，醇亲王载沣出任监国摄政王，各国驻华公使不看好年轻的摄政王，认为他不是“一位强有力的人物”，“所接受的教育和训练”不能“推动大清帝国沿积极的道路向前发展”，驻华公使们发回国内的密电中非常担心北京发生政变。在光绪皇帝的典礼仪式上，群臣跪听恭读祭文时，“前列诸臣，竟笑语喧哗，焚化衣冠时，并有轿夫多台横绝拥挤”。面对“殊不成事体”的现象，驻华公使摇头叹息，士大夫精英们相当失望，只能惆怅“监国暗弱，不足镇压政府”。

枢廷诸臣的无礼令年轻的摄政王怒火中烧时，内廷暗流涌动，“懿亲意气甚盛，在内廷时有呵斥从官，责打太监”的狂逆之举。恭亲王奕䜣的孙子小恭亲王溥伟在光绪皇帝大丧期间“忽传旨诣内务府，有所指挥，自言太后令己总理内外丧事”，“内务府大臣奎俊疑之，密启监国。监国闻有口传懿旨，大惧。急邀奕劻入见隆裕，言溥伟悖状”。垂帘听政的隆裕太后身为皇权的捍卫者，岂容亲王乱朝，立即发懿旨昭告天下：“自皇帝以下，皆当服从摄政王命令。”跋扈的亲王被震慑住后，内廷方归平静。

军机处是清廷全国政务中枢，袁世凯的政治盟友、庆亲王奕劻一直垄断着首席军机大臣的位子，满洲镶黄旗“三才子”之一的内阁大学士那桐是奕劻的同盟，“庆、那皆狂呆横肆”，时人讥笑两人把持的军机处为“那庆公司”。两人暗嘲毫无政治经验的摄政王无经邦济世之才，摄政王“虽恶之，而格于隆裕，无如何也”。身为枢廷重臣，奕劻外结北洋领袖袁世凯，“朝有大政，每由军机处问诸北洋”，摄政王相当担心“朝权移集”。

面对朝廷的内忧外患，期冀强化自己权力，抬高自己监国地位的摄政王，决定利用“朝廷耳目之官”御史大夫们的口舌“首重大权”，“据实指陈”弹劾“纠察行政”，为自己的施政扫清障碍。摄政王很快就“召见江春霖、赵炳麟两侍御”。“谏垣入对”在清朝“绝迹已三十年”，御史突然成了摄政王的宠臣，一时间整个朝堂“台谏风生，海内动色”，“尝有七御史同日各递封奏，称极盛焉”。

春风得意的赵炳麟立即向摄政王提议恢复乾隆皇帝时期的副署制度。三年前，赵炳麟曾极力反对副署制度。在给摄政王的报告中，赵炳麟提醒摄政王监国后：“传谕以无考覆，前后不免参差，保人无以责成，而贤佞不免杂进，甚且善则归己，过则归君。其弊至于无所底止。”赵炳麟担心“一谕失当，一人失机贻祸至不堪设想，而求其罪之所在，有泛无归属询可虑”，建议摄政王“凡传谕之事，无论为明谕，为密谕，皆署拟旨大臣衔名，以备考覆”。

赵炳麟的一番话让摄政王茅塞顿开，光绪皇帝宾天之前已经昭告天下宣布预备立宪，乾隆时期的副署制度“亦有立宪之性质”，现在自己恢复副署制度，清廷就有了与立宪政体国务大臣副署体制相匹配的制度，可以向天下臣民昭示自己宪政改革的决心，收天下士庶之心。同时，摄政王还可以加强自身集权，彰显摄政王之威权。副署制度一出，舆论兴奋异常，枢廷决策都是经过摄政王亲自裁决的，“非大臣所专擅，亦非内监之口传，天下之信用克坚，海内之觊觎自息”。

副署制度推行后，副署摄政王上谕的常为军机大臣，遇到政治体制改革的重大决策，清廷全国改革总机关会议政务处王大臣也要在会议后共同副署。立宪派的精英们对副署制度有着相当高的期望，因为摄政王推行的副署制度会让只听命于皇上的军机大臣“担负国家之责任”，让“我国数百年来之行政方式为之一变”，实为“预备立宪第一年之佳现象也”。立宪派希望摄政王能够以副署制度为突破口，迅速地推动中国从专制政体走向立宪政体。

“凡君上大权作用，必须内阁副署，犹之制定法律必得国会协赞。”副署制度一出，督抚们讥笑：“照内阁制度，专其措施于总理大臣之身，即使才智殊绝，而求胜位愉快，究恐不易，若仍分责阁臣，则日久又将与旧制无异，应如何通筹妥计？”督抚们并不看好尸位素餐的枢廷大臣们，可是摄政王在推行副署制度的同时，将一直令清执政精英们夜不能寐的地方军权和财政权收归中央，“军政、盐政厚集中央，督抚权削矣”。

摄政王的改革令督抚们牢骚满腹。

光绪皇帝诏令预备立宪期为九年，北京十一个部门同时推进改革，地方推进自治试点。遗憾的是，改革计划宣布之时，度支部已经一贫如洗，军队的粮饷只能依靠向银行贷款维持。为了避免清皇族的龙兴之地落入日俄之手，北京的高级官员们为东三省的自治改革一直在同欧美银行家、政治家们商洽贷款。东三省总督锡良在给摄政王的一封信中相当忧虑地写道：“今日情隔事歧，民穷财尽之状，欲持兵力以图强，非五十年不能收效，持政治以自振，非三十年不能见功。”

年轻的摄政王希望通过副署制度让枢廷阁臣们为整个帝国的改革负

责。可是督抚们对以军机处为首的枢廷重臣们穿上副署制度外衣替代责任内阁而不负责的行为相当不满，因为宪政国家的政治责任“惟政府负责任”，“故一切筹划、支配皆在政府酌盈、剂虚亦在政府”。相反，摄政王的国家行政、军队等改革各项经费需要督抚筹措，地方行政也要督抚筹划，“无一非督抚之责，是中央集权而四方负责也”。督抚们怨声载道：“今日之患，在民穷财尽，新政太繁，各不相谋，无主脑，无秩序，兼营并进。”

“十一部同时经行，各不相谋，财政力挫，情势日彰，各省同处困难，各部且同时有冲突，于是知非握定主脑为简单重要办法无当也，至国会只议决之权，而执行仍在政府，士大夫有政治思想者日多，国会即可为羁縻之地，且可杜局外之妄伦，淆乱是非。”山东巡抚孙宝琦向摄政王的一通埋怨令风口浪尖上的湖南巡抚杨文鼎感同身受，中央催促地方督抚完成教育、警察、基层政务等等方面的立宪改革任务，可是“监理官与咨议局同时并对峙，对付已属不易，用人用财之权，渐渐无效果，疆吏更无能无矣”。

杨文鼎听闻军机处对湖南公债案不负责相当失望，舆论谴责军机大臣们“雍容雅步，旅进旅退，仅为天子司传宣，过则归君，功则归己。于是中国官吏自上至下，自尊至卑皆茫然，不知其责任之所在”。督抚们向摄政王提议，一定要剔除弊政，“不能不猛力求进，以冀捷于收效”，改革的顶层设计就是成立责任内阁，“新内阁成立之责任，必先有统一之机关，而后有执转之能力也”。督抚们警告拖延成立责任内阁只是“后顾茫茫，弥增一巨惶”。

湖广总督瑞澄、东三省总督锡良为首的十六省督抚联名上奏摄政王，现在帝国“时事艰难，臣民望治，内阁为行政枢纽”，希望摄政王能够速设责任内阁，以尊皇权。督抚们在秘密联合的过程中嘲笑枢廷用人“一个不如一个”，扬言只有重组政府才能拯救大清帝国。摄政王面对督抚们的联名电如芒在背，中央削弱督抚们的权力相反遭致他们的联合，摄政王决定调虎离山，将部分性格坚强的督抚调进北京枢廷，排除来自以督抚为首的地方利益集团对中央各项新政的长期抵制。

在推行副署制度的背景下，地方政治强人进京重组政府，责任内阁呼之欲出。镇国公、度支部尚书载泽因娶了隆裕太后的妹妹为福晋，经常“往来宫中，通外廷消息”，同湖广总督瑞澄、东三省总督锡良、四川总督赵尔巽“引为同志”，觊觎内阁总理之位，甚至以隆裕太后“挟制监国”。肃亲王善耆“促立宪，开国会，凡诸新政，皆极赞助”，为谋得内阁总理之位，在取得梁启超为首的立宪派支持的情况下，暗中联络同盟会，同盟会大佬章太炎都赞誉善耆“营州贵胄，首推贤王”。

北京的官员提醒摄政王，地方督抚们联名通电组建责任内阁背后，是“督抚既因咨议局謪迫于下，又因各部钳制于上”，地方政治强人们担心权力迟早被削弱，在“中央政府显无统一机关”之时，借机进京阴附皇族亲贵们“以集政党”，操控枢廷。两江总督张人骏也突然警告摄政王，“内阁全权，必持国会为对督”，在选举制度不完善的情况下，“政党从违，道谋取舍，既鲜的平，善者因执杀之，歌而即去，措理无从，不善者出其权位、资财，勾结党援，势倾主人，萧墙之祸，曷以御之？”

摄政王宠信的御史们更是刀刀见血，批评宪政改革以来，“刑罚不中，贿赂公厅，内外私相指目，无可知何，穷民转死沟壑”，而官吏们“恣为淫侈，权归私室，政出多门”，无论是责任内阁还是国会，都只是皇族权贵和政治强人们维护私人利益集团的工具。宪政改革已经成为满清王朝最后的救命稻草，别无选择的摄政王希望血缘亲贵们能够通过内阁维护皇权独尊，可是清朝的权贵们分列门户，相互倾轧，一个可怕的现实正在走向年轻的摄政王，“枢府久不餍于人心，革命心理乘之，固意在推翻政府，另组内阁也。而热衷者更怂恿之，暗中住持，思睨而代之”。

副署制度一度被宪政改革派视为责任内阁的预演，可是位居枢廷的皇族亲贵们除了结党弄权外，心中毫无副署责任可言。而那些掌握着宪政改革大权的政务处大臣“承某老之鼻息，唯唯诺诺而已”，在商讨军国大事之时“各不敢多言，偶发数语，率视庆王意旨而定，常无决议，唯自主稿者揣摩附会，拟稿奏复”，政务处会议简直就是形同虚设。更令人失望的是，整个枢廷从各部尚书到政务处会议要政，尽管改革的大政方针“已交政务处王大臣共同阅看”，可是决定权最终以首席军机大臣奕劻为主。

奕劻一直觊觎责任内阁总理的交椅，面对载泽、善耆为首的皇族精英，奕劻一直团结政治盟友袁世凯的北洋势力，同时交结皇权捍卫者隆裕太后。摄政王试图重组军机处以削弱奕劻的势力，没想到在隆裕太后的干预下，摄政王在军机处的代言人毓朗不能出席有奕劻在场的决策会议。资政院的议员们在副署制度推行后，一直视奕劻为未来责任内阁总理，没想到湖南公债案一出，奕劻只是淡淡的一句“敬奉君命，列明敕尾”将责任推给了摄政王。推动副署制度的赵炳麟一怒之下，弹劾庆亲王奕劻“贪庸亡道，负国背君，罪大恶极，天怒人怨”。

军机大臣们的冷漠令资政院的议员们怒火中烧，这时候广西和云南咨议局送来两件议案。广西筹办高等警察学校，广西巡抚向北京奏请在本省举贡生员和曾经在中学堂毕业者外，可以在外省招收具有同等学历的学生，广西咨议局提出要限制外省学生名额为百分之三十，巡抚和议员们坚持己见，电请资政院核议。云贵总督在盐价加价问题上闹得水火不容，总督以盐务属于国家行政范畴，拒绝将加价问题提交咨议局审核。

警校已经划归肃亲王善耆执掌的民政部主管，资政院派出专人参照民政部的《奏定高等巡警学堂章程》进行审查，发现巡抚以桂省生员搜罗殆尽的扩招理由牵强，而“中学同等之程度”的扩招标准难定，不易区分，民政部的章程规定不能招收外籍学生，资政院的审查小组议员们提请裁决此案应该最终交咨议局议决。在预备国会现场，议员们对广西巡警学堂招生案分歧不大，拟稿具奏，请旨裁夺。

云南的盐价问题更为敏感。在给摄政王的报告中，云贵总督抱怨禁烟之后云南“财源困涸，生计奇窘”，加上云南同缅甸交界边境私盐猖獗，马脚（运费）低贱，盐价渐落，总督决定每运百斤盐加价白银5钱。总督同咨议局最终将问题闹到了资政院，总督向资政院提交了宪政改革总机关宪政馆于一千九百零九通电全国的电报为依据：“凡属国家行政，皆由督抚照常奏咨，非议局所能置议，毋庸交局议决。”咨议局批评盐价上涨增加了人民负担，加之滇省盐务官员营私舞弊，盐价陡涨导致群情惶恐，已经成为地方“政体之污点”。

盐税是国税大宗，资政院审查股的议员们认定将盐税变名为马脚就不能归国家行政之内。议员们嘲笑云贵总督巧立名目，阳避加价之名，阴收加价之利，因为马脚是运盐者的酬劳，涨落无常，身为地方行政长官，应该“减轻成本，恤商恤民，以期抵制交缅私盐之不暇，此时若加收马脚，银两多取，为虐地方，更何以堪”？议员们议决云贵总督“侵权违法”，应该将议案提交咨议局议决，云南籍议员张之霖建议摄政王“将总督命令立即取消”。

资政院按照议事规则向摄政王具奏议决案。1910年11月18日，资政院议长溥伦在会议开始“出临议台”，恭读了摄政王的一道上谕，议员们落座后，许鼎霖议员突然站起来问溥伦：“前天的上谕是三道，现在议长只宣读一道，还有两道，请议长宣读。”溥伦连忙解释说，两道未宣读的摄政王上谕是因为关于广西巡警学堂招生案和云南盐价加价案系阁抄，不是对资政院交旨，所以没有宣读。议员们一听溥伦此说，议场大哗。

摄政王将广西巡警招生案交民政部察核具奏，云南盐价加价案交督办盐政处察核具奏。湖南公债案已经让议员们对行政官僚侵权违法的行为深恶痛绝，对军机大臣不负责任怒火中烧，现在资政院议决的地方案件竟然让行政衙门察核，“隐然视资政院为盐政处和民政部的下级官厅”，第一个站起来的议员易宗夔情绪激动，无论是广西还是云南案，“既是军机大臣拟旨、军机大臣副署，则军机大臣有应负之责。军机大臣岂不知道这个立法机关（资政院）是独立的么？既然知道为独立的机关，就不能将立法机关所议决的案子交行政衙门去察核。可见军机大臣是侵资政院的权，违资政院的法了”。

易宗夔提议直接弹劾军机大臣。议员陶镕更是泪如雨下：“前次于议员演说速开国会之事痛哭，今天更不能不哭了。军机大臣敢侵权违法不负责任，我们资政院还成个立法机关么？我国之国计民生现在如此困苦，而资政院每年费去数十万金，我们议决的事毫无效力，要我们做什么呢？”军机大臣们只是轻描淡写地说副署制度是仿乾隆年间旧制，陶镕质问乾隆年间军机大臣能不负责任？《诗》云“衮职有阙”，摄政王日理万机，奕劻为首的军机大臣们却“蔑视先朝法令，置国家危急存亡于不顾”，弹劾军机大臣已经刻不容缓。

陶峻议员对军机大臣将资政院决议推到无效的尴尬境地很不理解：“军机大臣把资政院推倒之后，试问军机大臣能否把中国闹到不亡？试问中国亡了，军机大臣身家何在？富贵何在？明朝将亡之时，那一班图富贵的臣子，到了李闯来的时候，个个身家都不能保。”陶峻警告高高在上的军机大臣们：“若是保不住国家，保不住百姓，则自己的身家亦是万万不能保的，何况富贵？到那时候，除非是走到美、日等国去，但试问人家能否留你这样的人？”

“现在中国国计民生闹到如此，而军机大臣尚醉生梦死，用上谕的名义运自己的私意，舞文弄墨，有何益处？”陶峻对军机大臣们不负责任的行为相当失望，一声长叹，“试问天下事还怎么办？”议员牟琳警告军机大臣们：“我国自秦而下，君民隔阂数千年，朝廷设立资政院，是君民接近的地方，而军机大臣直要推而远之，是使全国的人民、全国的舆论都归过于皇上。”

整个议场言辞激烈，军机大臣俨然已经成了亡国罪人，皇帝已经成了负谤天下的昏君。令人意想不到的是身为皇族的议长溥伦没有谴责言语过激的议员，只是提醒：“方才有位议员说为君上结怨于天下，这句话似欠检点，以后请诸位议员说话，格外注意。”江辛议员不以为然：“凡隆盛之朝，王圣臣直，断没有唯唯诺诺者。若是讳而不言，深恐国将瓦解。”议员们扬言不弹劾“不负责任”而有责任内阁之制度的军机处，宪政改革就断了出路。

弹劾军机案（四）

资政院预备国会现场群情大愤，首席军机大臣奕劻听闻怒不可遏。

奕劻同袁世凯一度欲将溥伦推向龙椅，慈禧太后在最后一刻选择了溥仪。坐上资政院议长的溥伦迅速站到了宪政改革精英们一边，挟舆论欲图枢廷显位，令奕劻和他的政治盟友们经常陷入舆论的暴风口。湖南公债案中，军机大臣们拒绝了静坐议员们的逼宫，没想到广西和云南两案将军机大臣们丑化成亡国佞臣。奕劻将溥伦叫到军机处每日起坐的板房内"痛加申斥"，"嗔其不将此案压置"。一直沉默的溥伦最终"无法申辩而退，回至南书房太监屋"。

溥伦带着一肚子委屈回到资政院，找了一干皇族亲贵在会议休息期诉苦，贵胄学堂大臣、皇族议员载润为首的皇族亲贵们听闻溥伦"受奕劻申斥之事，众人默然无语"。载润对皇叔奕劻的跋扈与无知非常惊讶："奕劻不知立法机关程序，提议即经多数议员赞成，既成定案，议长无权可否。"枢廷的亲贵们没有因为奕劻训斥溥伦而结束对资政院的积愤，相反有大员扬言要把全体议员"逮捕系狱"。

奕劻训斥溥伦的消息很快在议员间传开，议员们"莫不愤愤"，不少议员对宪政改革极度失望，建议摄政王解散资政院，更多的民选议员希望大家团结起来弹劾军机大臣，陈请速组责任内阁。民选议员们在全蜀会馆秘密集会，商讨对付枢廷的方法。奕劻很快得到情报，资政院将有更大的风潮。参会的议员许鼎霖担心激进的议员激化资政院同枢廷的矛盾，那样一来很容易将宪政改革扼杀于摇篮之中，于是将当日全蜀会馆秘密会议的情形告知曾经在民政部任职的议员汪荣宝，希望政府“预筹平和了结之法”。

军机处派驻资政院的特派员李家驹试图为军机大臣们辩护，资政院是独立机关，朝廷也有自由咨询之权，无论是湖南公债案，还是广西、云南案，军机大臣让行政衙门察核“断不至把资政院议决的话再加置议之词”。议员吴赐龄立即反驳了李家驹的说辞，“现在既经表决，又要民政部、盐政处察核，就是不信任资政院”，军机大臣在给资政院的回复中“不负责任”一句就该弹劾，“既然大臣不负责任，国家要此军机大臣干什么事？”

李家驹很快陷入议员们的口水之中，易宗夔“滔滔作数万语，听者神往，记者腕疲”，他让李家驹给军机大臣们带口信：“军机大臣自己见得不是，就应自己辞职，若以资政院为不是，就应奏请解散资政院，断无调和之理。”黎尚雯议员接着易宗夔的话很直接地说：“这样看来我们与军机大臣势不两立。”雷奋议员担忧，一旦广西、云南两案开了行政衙门察核资政院决议先例，“照此解说起来，以后资政院所有一切议决具奏案都要交行政衙门察核了”。

资政院的议员们最终“众决参劾枢臣”，到会的一百三十四名议员中，有一百一十二人起立赞成弹劾军机大臣。弹劾军机案通过后，无论是钦选还是民选，议员们激昂慷慨，言论一致，“大有气吞云梦之慨，不可谓非豪举”。军机大臣们听闻议员们“驳辞锋利，受窘殊深”，一方面暗中笼络几名议员援助，一面发布了广西、云南两案“著依议”的上谕。而一心图谋责任内阁总理之位的督办盐政处大臣载泽、民政部尚书善耆同意资政院的处理方法。

军机大臣和行政长官们向资政院示好意在化解弹劾危机。在军机大臣副署的两道依资政院议的上谕在资政院宣读的当天，陈懋鼎提议取消弹劾军机大臣的决定：“情形已经改变，具奏案自然可以取消。”陈懋鼎出生于官宦之家，他的叔父是“清流派”名士、宣统皇帝老师陈宝琛。陈懋鼎这位官二代在担任驻英公使期间，第一个将《基督山伯爵》翻译成中文本。在弹劾军机大臣决定通过之后，陈懋鼎成了枢臣们拉拢的对象，他的取消弹劾案之说一出，立即陷入了民选议员们的舌剑之中。

遭遇奕劻训斥过的溥伦也希望给自己同军机处修复关系的台阶，在议员们争论不休之时突然宣布：“我们现在表决，应否将这个奏稿取消？”慌乱之中，多数议员起立。议员闵荷生就在溥伦欲宣布取消弹劾军机大臣之时高声抗议：“不能说全部取消！”整个混乱的议场瞬间凝固一般，易宗夔担心有人鱼目混珠，立即登台演说：“今天不过是取消奏稿，而弹劾军机还没有取消的。”易宗夔提议再行起草弹劾军机大臣的奏稿，新的奏稿中可以取消“违背法律”四个字，但是不能取消“不负责任”四个字。

黎尚雯抓住易宗夔提出的军机大臣不负责任的问题，慷慨陈词：“我国近年来内政、外交弄得这样坏，皆由于军机大臣不得其人，现在军机大臣既然不负责任，就不应用不负责任的军机大臣主持国事，应赶紧组织负责任内阁，并不得用现在不负责任之军机组织之。”黎尚雯提议在新的弹劾军机奏章中：“应罗列近年内政外交之种种失败，皆由于军机大臣不负责任所致，危而不持，颠而不扶，此等不负责之军机尚可容留而不去之耶？”

陶峻议员担心弹劾军机大臣不负责任的提案在资政院通不过，因为资政院有两派，一派是民选的，一派是钦选的。陶峻提醒议员们：“议院责任在于维持国家的安宁，军机大臣不负责任，置国家安宁于不问，我们百姓就危险得很，所以民选议员要弹劾他。但如果国家亡了的时候，试问钦选议员还能坐在这个地方吗？现在我国家到这个地步，大家想一想，是谁之咎？”陶峻立即意识到自己的话有分裂议员的危险，马上补充道：“本议员想起来，我们议员之中绝没有人为军机大臣袒护，而置国家之危亡于不顾的。”

陶峻的一番话立即让整个议场空气紧张起来，曾经在弹劾军机大臣议决时同心协力的钦选议员们立即跳出来反对。宪政改革中枢宪政编查馆钦选的陆宗舆反驳说："这个话是不对的，本院议员无论钦选、民选，对于国家都是一样的责任，愿大家都平心静气把国家各种机关日求改良。"陆宗舆担心："今若弹劾军机大臣，就将乾隆以来的制度不合说起，不但代远年湮，就是弹劾上去，恐皇上也没有办法。"陆宗舆提醒同僚们不要轻用资政院的弹劾权，建议"从实际有益着想，奏请即行组织内阁，而内阁未成以前，则请明定军机大臣责任"。

陆宗舆也成了民选议员口水的对象。雷奋议员的不断追问令陆宗舆如坐针毡，他对军机处制度不善相当失望，提议"裁撤军机处，赶紧组织责任内阁以代军机处"。最终会议决议以"不负责任"为题，指定易宗夔等六人为弹劾奏章起草员。因为会上发言议员太多，之前拟定的奏稿大量内容要变更，六位起草员草拟好初稿后，约请雷奋为首的精英共商弹劾奏稿的措词，希望更加完美，直击要害。

听闻资政院的议员们情绪激动，枢廷的亲贵大臣怒拍桌子："资政院议各议员如此嚣张，断难再事优容，且此次交旨，业经政府特派员解释明白，何以该院复无理取闹若此，将来弹劾案后，只有二法可以解决，一立时解散，一则置之不理。"站在旁边的一位显贵磕了磕烟袋，恶狠狠地说了一句话："他们如此胡闹，解散不足以敝辜，非严加禁锢不足以儆后来而挽嚣风。"首席军机大臣奕劻"宁见义和拳匪，也不愿见资政院"。军机大臣那桐私下拜访了议长溥伦以及六名议员代表，试图取消弹劾奏稿，未果。

1910年12月10日，弹劾军机大臣的奏稿呈资政院议决。议会秘书长金邦平朗读奏稿时满腔愤恨：今日危急存亡之际，内忧外患相迫而来，民穷财尽，不可终日，军机大臣受国家莫大之恩，居人臣最高之位，谓宜惧惕厉，殚竭忠诚，共济艰难，稍图报称，乃以不负责任则如彼，不知行政又如此，旅进旅退，虚与委蛇。上无效忠皇室之思，下鲜顾畏民垒之意。持禄保位，背公营私，视国计之安危，民生之休戚，若秦人视越人之肥瘠，漠然无动于其心，坐令我监国摄政王忧劳感叹于上，四万万人民憔悴困苦于下。

弹劾奏稿尖锐指出摄政王经常以谕旨“责以警觉沉迷，勉以扫除积习”，可是枢廷“诸臣蹈常袭故，置若罔闻，前后相师，如出一辙”。在议员们看来，摄政王和皇上“以天广地厚之恩优加倚任”，“而诸臣以阳奉阴违之习，坐致危亡”。这份以议长溥伦之名上的弹劾奏章建议摄政王“迅即组织内阁，并于内阁未经成立以前，明降谕旨，将军机大臣必应担负责任之处宣示天下，俾无诿卸，以清政本而耸群僚，实于宪政前途不无裨益”。

金邦平在朗读的过程中，整个会场掌声不断。资政院的议员们代表的是全国人民，弹劾军机大臣是在《资政院章程》和《宪法》的法律框架范围之内，以全国立法总机关身份对最高行政衙门不负责任的弹劾。作为资政院弹劾军机大臣第一案，也是“吾国有史以来第一案”，情绪激动的议员孟昭常在朗读一结束就登台演说，弹劾案“宜庄重不可浮泛，宜博大不可琐碎，宜顾全大局不可落边际”。令枢廷失望的是钦选议员在“轻躁者虽欲妄为建议”时未能发挥“老成者必不漫为雷同”的作用，弹劾奏稿最终以一百二十九人高票通过。

资政院的弹劾奏稿通过决议后，舆论界沸腾了，“军机之在中国政界视为其权至高莫敢或犯者也，而资政院乃一再要其到会，甚而至于弹劾，于是军机处之威信扫地，而资政院之价值亦由此而起”。枢廷的亲贵大臣们突然意识到，资政院可以通过立法权、财政预决算审核权来监督政府，国家的行政权力已经随着弹劾、议决而逐步脱离上千年的皇权轨道，潜移资政院独立运行，立宪派将通过资政院的立法、监督之权来全面制衡行政衙门。

“无权而负责，谁肯为之？”军机大臣们突然意识到资政院不是士大夫精英们的舆论场所，他们以人民的名义正在一步步颠覆清朝的政治结构。可是清朝的军机处同国外的内阁总理有着天壤之别，国外的“内阁总理者，于用人行政上皆有身使臂”，宪政国家的各部行政大臣皆由总理组阁，而军机处“军机大臣聚四五人于一室，人各一意”，无论是北京的各部行政大臣，还是地方的督抚均听命于皇帝，内外均请旨办事的军机大臣“实则朝廷一书吏耳”。军机大臣们扬言，“无论何人为之者，皆不肯负责任”。

议员们同军机大臣交恶之时，一直图谋内阁总理的镇国公、度支部尚书加紧同欧美银行家谈判，期冀国际巨款推动财政改革和货币改革，为角逐总理之位增添筹码。同时，载泽向议员们释放友好信号，全面推动财政预决算制度，亲自到资政院演讲，不断跟议员们私下接触。为了成功上位，载泽向庆亲王奕劻示好，支持奕劻出任元老院领袖，承诺“遇有国家大事”，随时咨询元老院领袖。肃亲王善耆秘密同易宗夔、雷奋为首的宪政激进派联络，御史们提醒摄政王，善耆在私邸设宴招待弹劾军机的宪政活跃分子，“欲收为己有”。

皇族少壮派们蠢蠢欲动之时，军机大臣徐世昌到庆亲王府同奕劻密商对策，两人决定由徐世昌出面“求计于项城（袁世凯）”。遭遇摄政王罢黜的袁世凯在洹上村指点江山，最终由徐世昌秉笔的辞职报告非常谦卑地写道：“臣等奉命先后入赞枢廷，适值国家多故，内忧外患，迭起交乘。臣等仰秉宸谟，殚精辟画，从不敢少遗余力，窃冀补救万一，稍解占危，乃日兢兢致力于富强”，非常遗憾的是庶政“迄无起色，非惟鲜成效之可言，危迫情形转日甚一日。此皆由臣等才庸时闇，施措乖方，上无以分宵旰之忧，下无以尽辅弼之责。”

“国步艰难，正人臣效用之时”，议员们弹劾军机，军机大臣自请开缺，让励精图治的摄政王和尚在冲龄的皇帝情何以堪？军机大臣们在辞职报告中很无奈地说，“非万不得已，何敢以引退为卸责之地？无如智尽能索，力不从心”，如果“长此素餐，不但于政治前途毫无裨益，窃恐贻误有甚焉。臣等在四焦思，已辞职而辜恩其罪小，以溺职而辜恩其罪大”。在辞职报告最后，军机大臣们建议摄政王在内阁没有成立之前遴选洞明政体、精通学理的干臣“以资历练”，“较之临时接替，更当措置如一进退间，即可隐收无形之效”。

摄政王看完军机大臣们的辞职报告欲罢黜奕劻，奕劻听闻内廷信息“大惊”，立即重金贿赂太监总管小德张，希望小德张能够在隆裕太后面前美言。隆裕太后身为皇权捍卫者享皇太后尊荣，奕劻功不可没。光绪皇帝死后，奕劻强请慈禧太后在皇帝遗诏中加入“承继穆宗，并兼祧大行皇帝”这么一段话，让隆裕太后享有了慈禧太后那样可垂帘听政的合法身份。摄政王担心一旦罢黜奕劻，奕劻同北洋势力联手反击，推隆裕太后垂帘听政，将威胁到摄政王的监国之权。

镇国公载泽嗅到了内廷不同寻常的政治气氛，频繁“往来宫中”，因为载泽的福晋是隆裕太后的妹妹，妹妹希望太后姐姐能够襄助载泽坐上责任内阁总理的位子。幕僚们鼓动载泽同地方督抚们结盟，加强中央和地方官僚的互动，降低地方行政衙门对北京改革的阻力。幕僚们建议载泽首选东三省总督锡良、湖广总督瑞澄结盟，东三省作为清朝龙兴之地，日俄成为皇族最大的外来威胁，拥有地方自治权的锡良在宪政改革中拥有绝对的威望。而湖广总督握瑞澄是载泽的妹夫，这样的“三角联盟成，必甚有力量”。

摄政王一度想让载泽取代奕劻，很快就听闻“泽势大张，泽遍布私人”，宪政改革的领袖人物张謇、郑孝胥之流“皆为之鹰犬”。同时，载泽秘密同奕劻、袁世凯谈判政治结盟，奕劻出面拥护载泽出任内阁总理，载泽恭推奕劻为元老院领袖，内阁向其咨询，而袁世凯的北洋取代摄政王的弟弟载涛重掌军事，“务欲荆涛于绝地”。摄政王为加强中央集权，削弱北洋的军方势力，令兄弟载涛、载洵掌管陆军和海军，可是载泽一直在军费方面进行掣肘，现在欲联手袁世凯将摄政王兄弟挤出军界，摄政王的枪杆子计划到了流产的边沿。

更让摄政王夜不能寐的是一旦载泽坐上总理位子，势必会进一步同隆裕太后合作来确保自己的位子，载泽同隆裕太后交换的政治筹码就是驱赶摄政王，让隆裕太后垂帘听政。作为帝国最高权力拥有者，摄政王自然不允许隐性威胁的存在，更要考虑其子溥仪将来的皇权独尊问题。1862 年辛酉政变之后，慈禧太后一直通过垂帘听政独柄皇权，甚至一度欲废掉亲政的光绪皇帝，扶持羸弱的君主以利于自己长期掌权，摄政王绝不希望隆裕太后垂帘，导致宣统皇帝重蹈光绪皇帝的悲剧。

摄政王的御史宠臣们占到议员们一边，他们在弹劾军机大臣之时却无法洞悉摄政王的忧虑，奕劻在军机处和总理衙门数年，门生故吏遍天下，无论是北京、地方还是国际上，都已形成一张庞大的权力、外交网络，加之有袁世凯的幕后襄助，“该邸一人之进退，恐致动摇者甚多”。让摄政王失望的是，枢廷没有任何皇亲贵胄可以替代奕劻让整个国家机器正常运转，更为重要的是，防止隆裕太后联合载泽垄断枢廷，只有首席军机大臣奕劻是最好的毒药。

摄政王焦头烂额之时，突然有人推举军机大臣毓朗出任内阁总理。

毓朗进入军机之前同载沣的弟弟、海军大臣载洵结成了政治同盟，在载洵的帮助下进入军机处，成为皇族少壮派在军机处的代言人。奕劻对这位宗室精英很不喜欢，两人经常在办公室争吵，奕劻扬言只要有毓朗参加的决策会议，自己就不参加。最后隆裕太后出面干涉，毓朗只参加每日的早朝晨会，不参与有奕劻在的政治决策会议。摄政王兄弟在军机处的钉子成了废物，毓朗一度建议摄政王“裁撤旧军机，速设责任内阁”。

在没有袁世凯的日子里，庆亲王府通向河南洹上村的驿道上骏马飞驰，衣冠蔽日。一旦成立责任内阁，谁是奕劻的朋友，谁是奕劻的敌人？袁世凯垂钓洹上村，遥持枢廷，他留给奕劻的盟友是军机大臣徐世昌，以及邮传部一干掌握经济命脉的北洋精英。奕劻希望在一个新的权力框架之下推动责任内阁，他向摄政王提出在保留军机处和政务处的前提下增设责任内阁。奕劻的设计将资政院、内阁置于军机处和政务处之下，同宪政制度相背离，毓朗立即站出来反对："国是要题不可私断，既有责任内阁，即不能再有多数同一性质之衙门。"

毓朗热切地希望自己坐上内阁总理的位子，一旦毓朗梦想成真，意味着摄政王兄弟站到了奕劻、载泽、善耆、隆裕太后为首的皇族精英对面，整个执政集团内部的分裂将进一步加剧。摄政王对军方的兄弟们语重心长地说了一番话："毓朗虽敏锐有为，然求进心太速，恐多贻误，且于政治阅历尚浅，非再经验三五年断难倚任。"谁出任内阁总理呢？摄政王要保住自己的权力，很无奈地说："新内阁仍要庆亲王。"摄政王对奕劻"欲倚之以防隆裕，倍加优礼"，遇到重大问题，"监国仍多商诸该邸而后决"。

1910 年 12 月 18 日，摄政王连发两道谕旨进行公开抉择。

摄政王拒绝批准军机大臣的辞职，"该大臣等尽心辅弼，朝廷自能洞鉴，既属受恩深重，不应渎请所请，开去军机大臣之处，著不准性"。对资政院的答复则是："朕维设官制禄及黜陟百司之权，为朝廷大权载在先朝钦定宪法大纲，是军机大臣负责任与不负责任，暨设立责任内阁事宜，朝廷自有权衡，非该院总裁等所得擅预，所请毋庸议。"谕旨一到资政院，宪政改革精英们期待"一旨取消当日崩腾澎湃之怒涛"，没想到"转瞬即烟消云散"。

谕旨一宣读，军机大臣毓朗第一个站出来，"自陈才力菲薄，阅历尚浅，恐不免于贻误，仍力推庆邸"。载泽、善耆为首的皇族亲贵一看奕劻在枢廷的地位无法撼动，连摄政王的心腹都推荐奕劻，自己再一意孤行，到时候落得个助长议员"气焰嚣张"的谋乱罪名，那可是诛灭九族的大罪。那些"回蒙各王被选入院者"，"大都呆若木鸡"，以汪荣宝为首的一批曾经赞成弹劾的钦选议员开始默不出声，"亲贵柄权专擅如故，洊壬充塞饕冒如故"。

摄政王犯下了一个致命的错误。

光绪皇帝昭告天下宣布"大权统于朝廷，庶政公诸舆论"的预备立宪，资政院成为日益高涨的宪政改革“舆论之冲”。摄政王的谕旨无视资政院的立法、弹劾之权，将全国最高的立法机关当成了自己的咨询顾问御用机关，宪政改革只是皇族少壮派们集权的工具，资政院只是皇权专制的仆从。摄政王为了巩固自己的权力，以奕劻“受贿尚循资格，更变多持重，不敢生事”为由，用皇权袒护了议员们弹劾的对象，违背了光绪皇帝预备立宪诏书承诺，践踏了民主权利，破坏了君主立宪的游戏规则。

君主立宪的原则是君主神圣不可侵犯，但是君主必须在宪法的约束之下，超然于政府和议会至上，国家庶政由内阁负责，直接对民意机关和舆论。资政院作为大清全国民意机关，拥有立法和监督政府的权力。当内阁和资政院发生冲突时，要么是内阁下台，要么是内阁解散议会。当议员们听闻摄政王的谕旨，“皆有忧愤之色”，不少议员提出“请旨解散资政院”。图谋集权的摄政王不谙政治规则，直接袒护军机大臣，将自己推到了舆论的对面，无异于昭告天下，宪政改革只是权贵收揽民心的把戏，决不可能削弱君上大权。

摄政王的上谕一出，舆论哗然，整个国家“旧贯丛挫，散漫之弊，皆在不免起天下猜狙之心，疑政府之有心保持专制”，民众“为资政院诸公羞而深恨，吾民当日选举议员，不能为吾民推翻此腐朽之政府，不惟失信于国民，亦见轻于军机诸老”。议员们担心摄政王这种“弃绝于人民”的愚蠢行为给革命党、哥老会煽惑民心鼓噪暴动的机会，一味地用皇权私庇尸位素餐的枢廷亲贵，“恐有不能保宪政成立者”，议员们决定再次弹劾军机大臣。

弹劾军机案（五）

“昨日朱谕想俱已见过，请议长今日不必开议，请旨解散资政院就是了。”1910 年 12 月 19 日，议员们刚一落座，议长还没有发话，对摄政王谴责资政院相当愤怒的山西籍议员李素突然登台演说，“现在内政、外交种种失败，都是军机大臣不负责任之故，而军机大臣中握权最久者，孰逾过庆亲王（奕劻）、那中堂（那桐）。”李素情绪激动：“看昨天朱谕的意思，似乎以本院不知大体，擅行干预，我们何必自取其辱。况此谕一出，外洋各国愈知我国立宪是假的，反与国体有碍。还是请议长咨询本院，请旨解散，倒觉痛快。”

议长溥伦一听李素的话吓坏了，马上制止李素的演说：“此案重大，不可仓促付议。”易宗夔发现摄政王两道上谕背后的问题，弹劾军机大臣的奏折和军机大臣辞职报告是同日送到摄政王案头的，“摄政王看了这个事情，不好判断，对于我们弹劾不得不敷衍，对于全体要挟辞职的不能不慰留。”在易宗夔看来，既不许军机辞职，又不将资政院解散，是个相当危险的问题，因为将来资政院以后关于立法、预算一类的决议，只要各省督抚、各部行政大臣向摄政王提交一份辞职报告，朱谕出来说不行，资政院就可以不用说话了。

易宗夔提议再次弹劾首席军机大臣奕劻：“我们现在不要再对于机关说话，要对于他个人说话。种种不负责任，种种误国殃民，以致东三省为祖宗发祥之地差不多都不能保守了，我们把这个种种事实据实弹劾他。”于邦华附议继续弹劾军机大臣，只是第一回是法律上的弹劾，“这回是政治上的弹劾”。不过汪光龙议员担心，“现军机大臣一经责难，对于上则以辞职为要挟，对于下则挟天子以令诸侯”，议员们谁敢跟皇上相对？资政院将来必至无事敢议，无口可开，“势必由立宪复返于专制，宪政前途非常危险”。

末代状元刘春霖看到摄政王的朱谕“非常惶恐”，没想到摄政王以“君王大权”私庇不负责任的军机大臣，“是与预备立宪很不合的”。刘春霖的话还没说完，官二代钦选议员陈懋鼎就突然打断刘春霖的话，警告状元公“对于朱谕说话稍为留意”。两人开始打口水战，刘春霖很是愤怒，如果议员们都敷衍，“于资政院前途非常危险的”，军机大臣辅弼“真无状已极”却断不理睬资政院，“这就不得不归咎我们议员说话之无价值”，因为很多议员实在“不能为国民的代表”。

刘春霖谴责部分议员“纯以趋附政府为宗旨”，“会场之上发出议论不敢公然反对，每每用调停主义，出了会场之外，昏夜叩权贵之门”。刘春霖情绪越来越激动，他羞辱趋附权贵的议员“奴颜婢膝”，在枢廷亲贵眼中是瞧不起资政院议员的，“觉得这一般人就可以拿着势力压倒他的，并可以拿着利禄羁縻他的”。刘春霖的话音一落，会场叱声四起，爱新觉罗宗室、镇国公载锴突然站起来大声喊道：“请议长维持秩序，现在秩序太乱。”

载锴的一嗓子，骚乱的会场瞬间沉寂。

短暂沉寂之后，立即有议员反对继续弹劾：“虽再弹劾仍为效力，惟须将设立责任内阁期限，公同详慎议决，明白宣谕，俾息群椽，而安重心。”当部分民选议员觉得责任内阁不久应可以成立，继续弹劾军机大臣反而可能影响资政院其他事情的进展时，严复议员突然冒出一句阴阳怪气的话：“大家讨论的意思，无非与要求变法的意思一样，从前军机大臣本是对皇上负责任的，现在大家要变法，使军机大臣对于资政院负责任，这个问题无非是要求皇上规定该大臣等实在的责任，并无所谓弹劾。”

刘春霖毫不客气地反驳严复：“昨日朱谕于将来君主地位非常危险”，“似摄政王于立宪政体没有十分研究，而军机大臣宜详为说明，乃军机大臣不为说明，可见军机大臣辅弼无状，不然，何以朱谕不叫军机大臣负责任而自己出来负责任呢？”刘春霖暗讽摄政王不懂宪政，大清帝国是由专制政体改为立宪政体，怎么能说出“军机负责任与不负责任，非资政院所能擅预”的这样愚蠢的话呢？刘春霖建议摄政王收回成命，明定出军机大臣负责任为是。

许鼎霖议员提醒刘春霖，不要在会场说议员奴颜婢膝一类的话。刘春霖是慈禧太后钦点的最后一名状元，在士大夫精英阶层中那是无上的荣耀，在国家命运、宪政改革的大是大非面前，刘春霖犹如一杆火枪，时常有惊人之语。有人私下提醒刘春霖言调过激是危险的，因为“有人在政府献议，说议员胡闹，非照戊戌那年办几个人不可”。严复将弹劾军机与变法等同，枢廷有人扬言要向戊戌变法那样杀议员，刘春霖越发鄙视严复，提醒议员们作为国民代表，“断不敢作谄谀的话贻误全局”。

刘状元话中有话，不少议员奔走于度支部尚书载泽、议长溥伦门下，在六国饭店、石桥别业一带经常听闻枢廷亲贵打赏部分议员京堂差使。历史总是充满黑色幽默，被世人誉为中国近代启蒙思想家、翻译家和教育家的严复正是刘春霖嘲讽的奴颜婢膝之辈。议员们酝酿第二次弹劾军机大臣期间，严复给军机大臣毓朗写密信“上乞煦援”，说家里快揭不开锅了，希望摄政王的政治盟友能够推荐自己到外务部游美留学公所中任职。毓朗还没有回信，急不可待的严复马上又给奕劻的政治盟友、军机大臣那桐写信，希望那桐能够助其一臂之力。

枢廷亲贵们正欲分化瓦解激动的议员们，没想到严复主动写信求赏，那桐同奕劻密商后欲打赏严复，没想到“各报揭载”，将枢廷收买议员的秘密交易公之于众。尽管报纸没有点严复的名字，刘春霖在大庭广众之下的嘲讽令严复颜面扫地，向朋友们抱怨资政院议员们“不容立异，同为言论自己如此，此帮人之尚可与为正论笃言也”？提起资政院的同僚们，严复的愤怒溢于言表：“今岁秋间必将辞职，尽年老气衰，不能复入是非之祸。”

刘春霖的言论让很多议员面有愧色，不少人开始抢着发言，试图证明自己同枢廷交往是清白的，顿时整个会场“声浪错杂”。眼见会场秩序失控，不少议员提出对再次弹劾军机大臣进行表决。当议长溥伦宣布讨论终局表决时，议员们纷纷站起来。正在秘书官清点人数时，律学家崇芳议员突然大声询问，溥伦立即打断崇芳的话，让秘书官继续清点人数。议员们因有人发言，旋即“坐下者甚多”。

诡异的是崇芳没有继续演说，学部衙门官议员顾栋臣突然站起来讨论开会时间问题，一番口水后，溥伦打断议员们的演说，询问秘书官有没有计算刚才起立的人数，具体数据是多少，秘书官没数完，只能重新表决。按照资政院章程，表决由记名和不记名投票，立宪派激进精英们提出站立表决，试图通过舆论压力迫使那些不赞成的议员赞成。当秘书官第二次清点完站立人数时，一百二十七位到场议员只有六十三人起立，议长溥伦宣布：“差一个人，少数。”

当溥伦报出人数之时，会场再次大哗，立宪派精英无法面对表决没通过的现实，尤其是看到“前席王公世爵惟敬子爵（敬昌）与胡男爵（胡祖荫）起立，其余王公或做俯腰欲起状，而终未见其直立”的可悲场景，议员们伤心欲绝。汪龙光、易宗夔、籍忠寅为首的一批议员开始鼓动大家，“如果政府不负责任，资政院就应该有监督的权力，不能缄默不言的”，籍忠寅甚至警告那些首鼠两端的议员们，如果军机大臣们以摄政王的朱谕为借口，“以后更不负责任了，岂不是于将来立宪前途非常之危险吗”？

表决失败的根源还在议员们内部发生了严重的分歧，到底是请旨解散资政院？还是直接弹劾军机大臣个人？抑或是奏请速设责任内阁？在三种选择的情况下，钦选议员站到枢廷一边，拒绝三选一。同时各部行政衙门不断收买、分化民选议员，江苏籍议员、实业家周廷弼就在这个敏感时期被朝廷以兴办实业卓有成效授予四品京堂候补。周廷弼的乌纱坐实了刘春霖的指控，枢廷亲贵们听闻资政院群情激愤后相当不满，担心“隳突叫嚣”的议员“复共迫议长指参政府”。

在易宗夔、籍忠寅一帮人的努力下，弹劾军机大臣奏案最终变成了速设责任内阁案，修改的奏稿获得了通过。经过不断地讨论最终一百二十七人中有八十六人赞成。奕劻为首的枢廷亲贵们预料到第二次弹劾无法避免，在收买、分化议员的同时，饬令宪政编查馆赶紧编制内阁官制，让议员们第二次弹劾计划落空。1910 年 12 月 23 日，也就是周廷弼获得四品京堂候补的当天，溥伦已经呈递了弹劾军机大臣的奏稿，一听枢廷的行动，担心奏稿上去不但弹劾落空，还会开罪奕劻，连夜追回了弹劾奏稿。

1910 年 12 月 25 日，会议刚一开始，溥伦就向议员们说明追回奏稿的原因：“昨日奉了上谕，已饬宪政编查馆赶紧编订内阁官制，具奏既然有这个上谕，就是与这个奏折所说的不符，所以昨晚又将奏折撤回。”吴赐龄议员扼腕长叹：“现在奉天请愿国会四次代表驱逐回籍，军机大臣已经酿成亡国的祸根，有这个上谕下来，中国是非常之危险的。军机大臣越不负责任的，就是责任内阁成立了，这一班军机大臣还是内阁总理大臣，我们现在若不弹劾他，恐亡国的祸胎更不堪设想了。”

议员们同枢廷亲贵对抗之时，奉天组织了第四次速开国会请愿团进京，请愿代表一路鼓动天津、河北等地的宪政改革精英进京请愿。代表们进京后在摄政王府等重地散发传单，高喊口号。摄政王下令驱逐进京请愿团四次代表，民政部的巡警们强行将代表押送出京，勒令不准请愿者再次进京，否则严惩。吴赐龄提醒在场的议员们，“现在东北闹到这个样子，不是军机大臣不负责任的缘故，又是什么缘故呢？”吴赐龄提议继续弹劾军机。

朝廷禁止立宪派进京请愿与资政院弹劾军机有密切关系，枢廷亲贵们“积愤于资政院，而又因该院为先朝所特设，未便任意摧挫，故特于此次冬至人民之请愿痛加侮辱，为鼓瑟使闻之举，杀鸡给猴看，而后乃安得其禄位。”舆论讥笑溥伦连夜追回奏稿“为资政院永不可洗之耻辱。”《公论时报》更是发表“群狗竞争图”讥笑议员们的言论概不能取信于朝廷，又不肯辞职，主要是贪百元之薪旅费，“情愿做政府的走狗，禽兽不如，狗溴之不食”。

《公论时报》的“群狗竞争图”犹如烈火烹油，立即点燃了憋了一肚子火的议员们的愤怒。易宗夔攥着一份《公论时报》登台：“我们资政院是一国的舆论机关，报馆亦是一部分的舆论机关，现在《公论时报》把我们资政院议员二百多人都比作狗”，易宗夔认为资政院是代表民意之最高机关，报馆评论员有言论自由，可以批评，“至于恣意辱骂是万不行的”，“请议长咨询民政部，取缔报馆才好。因为报馆亦是一部分舆论机关，万不能以一部分舆论机关辱骂全国舆论机关”。

在《公论时报》的舆论刺激下，资政院顿时空前团结，一致高喊“赞成”取缔报馆。就在这个时候，川汉铁路的三百多万两白银挪用炒股，遭遇上海橡胶股票崩盘，四川商民三番五次陈请邮传部追责，军机大臣徐世昌一直力保的邮传部铁路局局长梁士诒拒绝负责，案子闹到资政院，议员们指控邮传部“玩视路政、破坏商律”。川汉铁路在德国皇帝威廉二世看来就是个火药桶，一旦中央行政衙门不作为将火药桶点燃，那将是帝国的灾难。议员们觉得这都是军机大臣们不负责任造成的，决定再次弹劾军机大臣。

面对议员们咄咄逼人的弹劾，奕劻再度问计远在河南洹上村的袁世凯，袁世凯建议奕劻再次向摄政王提交辞呈，给资政院一个下马威。在溥伦呈递弹劾奏稿的同时，奕劻给摄政王呈递了辞职报告。摄政王没有收到资政院的弹劾奏稿，却收到了奕劻的辞职报告，奕劻的一再辞职令摄政王惴惴不安，担心奕劻辞职后枢廷动荡，隆裕太后乘机垂帘。1910年12月26日，摄政王拒绝了奕劻的辞职，“当此提前办理宪政，筹设内阁，庶务繁颐，力求进行之时”，身为懿亲的奕劻在非议中“任劳任怨，勉济时艰，毋在辞职”。

听闻摄政王再拒奕劻的辞职，议员们愤怒了：“现在内政、外交种种失败，此等军机大臣岂能辅弼朝廷，实行宪政？”议员们对军机大臣所保用的两江总督张人骏、湖南巡抚杨文鼎是忍无可忍。上海橡胶股票崩盘爆发金融危机，川汉铁路数百万股款在股票崩盘后灰飞烟灭，身为两江总督张人骏应变乖张，一步步激怒了德国皇帝威廉二世都恐惧的四川人。而长沙抢米民乱祸起湖北布政使杨文鼎强运湘米，杨文鼎最终成了湖南巡抚。督抚将“地方弄得太坏”，军机大臣们“记不过问”，“且为袒庇”。议员们担心，军机大臣如神圣不可侵犯，而君主反为军机大臣受过，神圣的皇帝将成为人民的敌人。

摄政王拒绝奕劻辞职的第二天，大学堂监督刘廷琛突然向摄政王提交了一份弹劾资政院的报告。刘廷琛给资政院罗织了一大堆罪名：轻更国体、只为私利、沟通报馆、惑乱人心，弹劾军机大臣更是轻藐执政，议员行专政之实。地方督抚们一看北京城政治风气大变，只要有军机大臣庇护，摄政王削督抚之权的计划将流产。一时间，“枢府接各省督抚枢臣自弹劾案起后，惑乱监国，借施其催压之手段”。立宪派的精英们相当失望，现在“国民已怨朝廷之无能，朝廷犹以国民为无知”。

刘廷琛的弹劾令议员们怒火中烧。

“我们资政院人人都被他辱骂了。”易宗夔对刘廷琛以个人资格弹劾资政院二百多代表感到很奇怪，刘廷琛在弹劾报告中指控资政院有邪恶势力，“持重者不敢异同，无识者随声附和，始而轻蔑执政，继而指斥乘舆，并有包藏祸心”。易宗夔痛斥刘廷琛“是无耻小人，国民公敌”，他的弹劾报告本是可以置之不理的无价值的东西，没想到“居然交旨下来”，“著宪政编查馆知道”，“可见朝廷俨然以宪政编查馆为资政院上级机关”。

“资政院是个立法机关，刘廷琛并未将立法机关的性质弄清楚，朝廷反信任刘廷琛这个无价值的奏折，交宪政编查馆知道，而不信任我们二百人的立法机关。”易宗夔对摄政王失望透顶。极少发言的陈命官议员相当忧虑，此前有枢廷亲贵扬言要照戊戌那年一样杀几个，“刘廷琛果然参的对，则指斥乘舆、公倡邪谋，便是大逆不道，我们二百人参照旧刑律、新刑律都是应拟最重的罪名”，枢廷到时候真的可以杀几个议员以儆效尤，所以“应请皇上明降谕旨办理”，当然，“如果参的不对，也应该请旨处刘廷琛诬告反坐之罪”。

刘廷琛为什么突然弹劾资政院？

甲午海战那一年，刘廷琛考中进士，入翰林院，后来一直在教育系统工作，官至学部副大臣。这位副部级的高级官员在宣统皇帝登基后，经常进入内廷给小皇帝上课，成了士大夫敬仰的帝师。罗杰议员毫不留情地揭了帝师刘廷琛的小人行为：“一种是挟资政院核减大学堂经费八万两银子之嫌；一种是有奸慝在外唆耸泄愤；一种是暗中有权力人指使，不然刘廷琛没有这大的胆子。”因为资政院削减了经费，刘廷琛在权贵的指使下弹劾最高立法机关泄愤，搞得资政院空前团结，再次弹劾军机大臣“众莫敢反对”。

溥伦在向摄政王提交的弹劾报告中批评军机大臣“素工趋避，不知仰体宸衷”，甚至将皇帝“阴恃为保障之资，益驰其辅弼之责”。溥伦“披沥陈之”东西方君主专制与立宪各国的政体，“以君主与人民对待，而君主负责任，凡政治之失败，恒丛怨于君主一人之身，必至酿危亡之结果”。君主立宪国“以内阁与国会相待，而内阁负责任，君主则超然而治，以保持神圣不可侵犯之尊严”。

大清在没有开国会之前，资政院成为全国立法总机关，在副署制度之下的军机大臣应对资政院负责。溥伦弹劾奕劻身为军机大臣领袖，资政院开会以来就没有到资政院“说明大政之方针”，令议员们“至今尚多迷惑”，“而溯诸平日该大臣等入值廷枢则毫无建白，出宣政令，则坐误机宜，以致内政外交着着失败，宗庙社稷息息堪虞，谋国不臧，谁尸其咎”。军机大臣的辅弼制度已经不适宜现在的政治改革了，摄政王“圣谟默运，早已烛照无遗”，在国事艰难内阁未成立之前将朝政托命于不负责任的枢臣，“至险极危”。

资政院的弹劾直指政治体制红线，议员们警告摄政王不要跟资政院对峙，在皇权不能完全独立承担政治责任的情况下，摄政王不愿意将政治权力移交责任内阁，执政集团精英们还不能承担领导责任，摄政王反而通过皇权冒险地庇护不负责任的枢臣，那么皇帝将成为天下人的公敌。在议员们看来，爱新觉罗家族龙兴之地的东三省沦为日俄保护区，是“所有枢臣失职不胜辅弼”，现在执政集团需要团结各派势力的精英阶层共度时艰，速设责任内阁是摄政王守护爱新觉罗江山的最佳选择。

溥伦的弹劾报告呈到摄政王的案头，立即有人再度弹劾资政院，“弹劾军机大臣忽而提议，忽而返销，视朝廷用人之权有如儿戏”。有行政官员开始攻击宪政改革，批评议员们“逞意狂谈，钳制当道”，甚至有议员“借筹款为名，鱼肉乡里，窃自治之号，私树党援”。保守派更是攻击议员们在议场“戟手谩骂，藐视朝廷”。甚至有人警告摄政王，内阁总理“若不得其人，必将植党营私，附和惟议员之名是听”。

摄政王拒绝了奕劻的第二次辞职，对于资政院的再次弹劾干脆留中不发。1911 年 1 月 2 日，李素议员追问议长溥伦摄政王谕旨怎么没有下来？溥伦只是模糊地会回答：“大概就是留中了。”李素愤怒地诅咒道：“如果朝廷以资政院弹劾为是，即须准军机大臣辞职；如果以资政院弹劾为非，即须着资政院解散。若模棱两可，坏议院之基础，恐中国不亡于军机大臣而亡于资政院。”

为了限制资政院扩权，在法律上提高责任内阁的地位，宪政编查馆在制定《新内阁官制折》时规定：“参仿德日两国国务大臣所负责任，用对于君上主义，任免黜陟，君上皆得自由，与英法之注重议院者不同。”一旦议院不信任内阁，内阁可依君主以自固。摄政王的智囊们献策，在法律扩大内阁权力、巩固内阁地位的同时，责任内阁还要掌握在自己人手上，“亲贵重臣贤能大员充之，可以不虑专擅，才智聚亦得互为辅助”。

湖南巡抚杨文鼎做梦都没有想到，长沙城的一场骚乱搅乱了枢廷。摄政王反复调和资政院同军机处的关系，终于于 1911 年 5 月 8 日推行了责任内阁制。大清责任内阁由十三名国务大臣组成，庆亲王奕劻为总理大臣，新内阁中，满洲贵族九人，其中皇族七人，汉族官僚只有四人。曾经激情四溢的立宪派失望了，责任内阁岂容“以行政之地位，亵皇族之尊严”？满清执政集团的预备立宪只是宪政改革的幻影，革命党乘机鼓噪种族革命，“现政府之所谓立宪，伪也，不过欲假之以实现专制者也”，在中国只有武装革命一途才能实现真正的宪政。

礼学馆总裁陈宝琛曾经问策病榻上的张之洞，张之洞只说了一句话：完了。责任内阁一公布，身为宣统皇帝老师的陈宝琛对清执政集团歧视汉族官僚势力深感失望，提笔给摄政王写下了一段泣血文字：“以内阁虽新，尚袭承旨，书谕之日，加以事权歧出，究结无从，星门竟开，各无忌惮，福新贵与政，不独为立宪政体所宜，即征之往史，揆诸祖制亦不常见，督促朝廷改组内阁，以与民更始者，见改革之真心，即以至公无私者，破种族之谬说。”

清流名士陈宝琛乞求摄政王改组责任内阁时却没有发现晚清宪政的制度陷阱。宪政是通过分权以实现权力之间的制约，将国家强制性权力关进法律的笼子里，同垄断性的权力运作是对立的。晚清执政集团希望通过宪政改革拯救垂亡的江山，前提却是稳固皇权，保持皇权的至高无上。一旦救亡的宪政威胁到了垄断的皇权，对于晚清执政集团来说那就是自取灭亡。在专制或者专制余孽存在的政权之中，垄断的权力恣意妄为，所以执政集团不可能通过约束权力进行真正的宪政改革，只是希望借宪政改革收揽民心。

责任内阁成立后，立宪派绝望了，那些曾经饱含激情的改革派心灰意冷，清祖制规定不允许亲贵任军机大臣，更何况宪政制度下的责任内阁？清执政集团的精英们的宪政改革只是对失去权力的恐惧，他们从未真诚地要通过法律来约束权力，将权力关进笼子里只是他们收买人心的口号，他们以皇权独尊的名义破坏了宪政秩序，同他们谈宪政改革无异于与虎谋皮。舆论一片哗然："夫我国今日所谋之新政，固行之东西文明诸国，致治安而著大效也；然移用于我国，则反以速亡而招乱。"

摄政王没有撤换奕劻的总理职务，倒是让曾经的军机大臣世续坐上了资政院议长的位子。世续到了资政院才发现，那帮藐视朝廷的议员们"以辩给为通才，以横议为舆论，蜩螗沸羹，莫可究诘"，惊恐万分的世续给摄政王递交一份辞呈溜之大吉。袁世凯的政治盟友、山东巡抚孙宝琦听闻陈宝琛的泣血上书后摇了摇头："庆内阁不久将辞职，继任必仍属皇族。"辛亥革命的枪炮声中，内阁成员、邮传部大臣盛宣怀出逃美国公使馆，皇族内阁轰然坍塌，袁世凯接替奕劻成为清廷责任内阁最后一任总理。

天朝的预算（上）

“最可笑者莫如绿营、旗营及各省驻防。盖绿营、旗营、各省驻防兵额，俱有定数，必待老死而后出缺，故其兵之老弱残疾者多，此等经费，以社会上之眼光观之，直可谓一种慈善费而已，以一月的钱粮数两，足以为一家之生活也。”度支部候补主事、各部院衙门官钦选议员刘泽熙向资政院预备国会报告预算股审查1911年总预算案，当说明军方提交的预算时情绪突然激动起来：“若以国家眼光观之，此等兵丁既不能捍卫地方，复不能恢张国力，国家岁用千万，岂非糜费？”

1910年12月26日，刘泽熙登台报告1911年总预算案。一登台的刘泽熙就感慨：“这部预算最为繁难，审查之时，将中国政治腐败情形及财政危险情形都已看出。”政府下令推行预算制时，政府提出的预算案总计四十二册八十一本，后来不断追加，预算账册达到三千二百八十多本，资政院预算股组织了四十八人，花费四十天，“逐日钩稽”，才将大清帝国的财政预算“稍稍得其端绪”，令人震惊的是，按照政府提出的预算案，民国收入二点九亿两，大清财政赤字却高达五千四百多万两。军费的可笑只是预算案的冰山一角。

“其表面上之体例，固然与东西各国预算册无甚区别，但精神上不无缺点。”刘泽熙领衔审查了三千二百八十多本政府预算，尽管预算如东西各国那样有收入和支出两门，有国家和地方两部行政经费，但是汗牛充栋的预算案“一则无财政上之计划，一则无政治上之计划”。从预算性质看，“则为全国财政之照相片，故编制预算不可不有财政上之计划”。但是从全体看，“则又为政治之照相片，故编制预算不可不有政治上之计划”。

曾经出任过大清驻日本公使馆参赞的黄遵宪在1895年出版的《日本国志》，系统地介绍了西方的预算制度：“泰西理财之法，预计一岁之入，某物课税若干，某事课税若干，一一普告于众，名曰预算，及其支用已毕，又计一岁之出，某项费若干，某款费若干，亦一一普告于众，名曰决算，其征敛有制，其出纳有程，其支销各有实数，于预计之数无所增，于实用之数不能滥，取之于民，布之于民；既公且明，上下平信。”

日本法政大学留学归来的刘泽熙面对堆积如山的预算账本迷茫了，“今政府所提出之预算案，果有财政上之计划？果有政治上之计划？”预算案中五千万的赤字，各衙门“究无何等弥补之方法”，同各国预算原则、原理大相径庭，国外预算“必审查本国现状、外观各国趋势，以定大政之方针”，可是大清预算案中军事、教育、经济行政，“果注重何事，实不能得其要领”。刘泽熙“推其意，几欲皮貌各国文明政治，于一二年内悉举而推行于我国”。

鸦片战争终结了四夷臣服的天朝上国神话，马背上的鞑靼王朝成了西方国家枪口下的唐僧肉，甚至连蕞尔小国日本都令清廷颜面扫地。1887年，当黄遵宪将皇皇巨著呈递给李鸿章时，希望李鸿章能够向皇帝提出财政预算改革，让国家财税真正“取之于民，布之于民”，“承平则国帑未匮，势不极，法不变故也”，现在中国“值多事之秋，履至艰之会，则不变其何待”？黄遵宪提醒清执政集团的精英们，财政公开透明，才能“君民相亲，上下乐和”，醉心于亚洲第一海军——北洋舰队建设的北洋领袖李鸿章拒绝看《日本国志》。

预算制看上去是财政制度改革，在农耕的专制制度社会，普天之下莫非王土，皇帝的财产、生活收支同国家财政没有严格的区分，国家的财政收支和监督之权全在皇帝手上，皇帝的一道圣旨，或者内阁的一个建议，税赋可能被减免，或者直接划入皇室内库，国家财政的收入和支出没有严格的程序和手续，更没有专门的审批机关。加之农耕社会的商品经济不够发达，货币功能单一，天灾人祸无法控制，国家不可能拿出一个事先制定的财政预算来。

黄遵宪提出的预算制意味着让天下人监督皇帝的钱袋子，李鸿章没有理会黄遵宪。黄遵宪将巨著呈递给两广总督张之洞，以及总理衙门大臣。送出去的巨著没有任何回音。甲午海战前夕，广东儒商郑观应公开呼吁国家仿效东西方国家的预算制，将整个国家的收入、支出“布告天下，以示大众”。枢廷对细化官僚和民间的鼓吹毫无响应，到了 1898 年，康有为为首的士大夫鼓动年轻的光绪皇帝变法改革，预算制成为财政改革关注的焦点。康有为在《日本变政考》中主张仿效西方，实行预算公开，“今吾户部出入，百官无得而知焉”，“是益以愚我百官而已，与民共者生爱力，不与民共者生散力”。

黄遵宪早就提醒清执政集团的精英们，财政一定要“征敛有制，其出纳有程，其支销各有实数，于预计之数无所增，于实用之数不能滥”。康有为的主张同黄遵宪有异曲同工之效。康有为著书立说扬名立万之时，其政治盟友、翰林院庶吉士丁维鲁给光绪皇帝上呈了一份报告，力陈国家推行预算制，“宽筹经费，以备支用”。经过改革士大夫们的再次鼓吹，光绪皇帝决定推行预算制，“着户部将每年出款、入款。分门别类，列为一表，按月刊报，俾天下咸晓，然于国家出入之大计，以期节用丰财，蔚成康阜。”

戊戌变法的短命令预算制夭折，直到 1899 年户部才倒出了执政集团内心的惶恐：“近时泰西各国每年由该国度支大臣将来岁用款开示议政院，以为赋税准则。说者谓其量入为出，颇得周官王制遗愿，而实则泰西之法量出以为入，与中国古先圣王之所谓量入为出者相似乃属相反，中西政体不能强同，颇如是也。”预算制的改革将触及清执政集团的政治体制红线，在没有推行宪政改革的皇权专制体制内，岂能让议会民主监督皇权账本?

1900 年，在瀛台泣血的光绪皇帝听闻噩耗，慈禧太后欲废黜他。当列强派出的法国医生进入紫禁城，一心想将儿子溥儁推向皇帝宝座的端郡王载漪已经跟义和团打得火热。列强拒绝慈禧太后废黜光绪皇帝，南方的商业精英们通电全国反对溥儁登基，整个北京城犹如一个火药桶。载漪急于将阻挡儿子登基的列强赶出京城，于 1900 年 6 月 20 日决定铤而走险，令下属将德国驻华公使克林德枪杀于大街上。6 月 21 日，激动的慈禧太后向万国宣战，八国联军的枪炮令清执政集团犹如惊弓之鸟，慈禧太后携皇帝秘密逃亡西安。

1901 年，慈禧太后终于决定变祖宗之法，在西安昭告天下宣布新政。状元公张謇立即公开力陈户部有十二件事要办，其中最重要的一件就是预算制："日本维新之初，国之贫盖甚矣。大隈重信始仿西法，做会计预算表，人犹未信，及决算表出，款明数核，其为用乃大白。"日本明治维新勋臣大隈重信的预算制改革的成功令以张謇为首的中国改革派激动不已，张謇再次试探清执政集团的政治底牌，公开提议"增入之法，议会筹之，要使聚之官，散之民，与天下共见共闻而已"。

议会问题的提出没有立即引起北京政治中心以及全国的改革派共鸣。到了 1904 年，财政问题已经成为决定清执政集团改革成败的关键问题，"京外各官之所汲汲皇皇者，莫不曰财政、武备、教育、实业，而四者中，尤以财政为最要"，文武百官们突然发现，改革一定要"善理财政，则三则皆可举，不善理财政，则任举其一，亦不能实行"。黄遵宪的巨著一时洛阳纸贵，官员突然意识到，"财政之最要者，莫如预算"，在没有议会的前提下，中国现在"若实行之，则恐不能"，"何以故？以行政机关紊乱故"。

清执政集团的精英们也意识到，行政系统的紊乱导致整个国家机器运作效率低下，官僚集团腐败无能，可是"预算财政不能不委之行政官吏，欲整顿财政，先宜改良行政机关”。改革精英们提出了一整套行政改革方略：“今日中国之行政机关，宜氛围中央政府与地方政府。其中中央政府之制，宜仿日本，内阁以外，分置各省。其地方政府之制，宜尽裁司道府，使州县直接督抚，督抚直接内阁。惟督抚之下，宜多设局所，一如中央政府之制。”

慈禧太后推行的新政对资金的需求越来越大，负责地方自治改革的督抚们发现，政府新政要筹集资金非先行预算不可，国用之收入自民，“故不能不求民之允诺，不能不示以信用”。国用之支出为民，“故不得不邀民之许可，欲民许可，不得不受其监督”。按照日本模式，预算的发案权属于政府，定议权属于议会。在没有实行宪政之前，舆论建议公推民众代表监督政府的财政运作情况。地方精英们提醒清执政集团，立宪之前的第一要务是设立以地方士绅精英为主体的省级财政调查局，对地方公共行政支用款项进行详细调查，为预决算之预备。

1906 年 9 月 1 日，光绪皇帝昭告天下，大清帝国预备仿行宪政。御史赵炳麟提醒皇帝，中国财政散漫，朝廷一定要让“国民知租税为己用，皆乐尽义务；官吏知国用有纠察，皆不敢侵蚀”，才能真正实现君臣共治。赵御史建议度支部遴选精通计学者制定预决算表，“分遣司员，往各省调查各项租税及一切行政经费，上自皇室，下至地方，钩稽综核，巨细无遗”。度支部给皇帝汇报说，各省款目繁多，第一要务是派财政监理官到各省清理，“通盘筹定”。

民众对清执政集团的信用极度不信任，预算之事在民权发达国家是国民委任，可是现在的政府，“恐将掩耳骇汗而却走，非其所乐闻也”。面对民众的不信任，宪政改革的中枢组织机构宪政编查馆立即给皇帝上书，提议在各省设立调查局，专职对各省的商事、民政、财政、行政规章等进行调查。到了 1908 年，度支部和宪政编查馆联手推出了《清理财政章程》，向各省派出财政监理官，对各省收支进行调查编造详细报告册，限至 1909 年底由督抚陆续咨送度支部，预备全国财政预决算之事。

1909年4月4日，摄政王朱笔向各省派出财政监理官。度支部希望财政监理官们到各省“务使官不生忌，民不滋扰”，财政监理官们不得越俎干涉各省财政。不过财政监理官们拥有令督抚们忌惮的特权，他们可以直接将各省财政问题随时秘密向度支部报告，对有意刁难摄政王派出的监理官及玩视要公之人员，可直接报告度支部弹劾处分。监理官们还拥有对各省清理财政局有稽查督催之权。度支部希望监理官们监督开办印花税、整顿盐政、关税等。

度支部尚书载泽图谋通过财政监理官抓天下督抚的小辫子，在财政集权的背后为将来主政责任内阁扫清地方利益集团的障碍。可是，太平军席卷南中国期间，带兵的督抚们乘机获得了地方财政的自主权，度支部的监理官正是清算督抚们钱包的危险分子。时任两江总督端方、陕甘总督升允致电度支部，希望“将此项监理官与省派各员所有权限预先划清，以免遇事龃龉”。端方一度联名各省督抚向摄政王建议，地方财政困难，请缓派监理官。时任湖广总督陈夔龙电询北京，担心监理官常驻辖区。

摄政王的朱谕令督抚们相当失望，财政监理官的下派成了不可更改的事实。不少督抚将目光瞄上了监理官人选上，因为一开始载泽想从度支部派出所有正副监理官，遗憾度支部缺人，决定从各部委抽调，督抚们试图塞进自己信得过的人当上财政监理官。一时间，度支部揭帖四起，已经选定正副监理官们成为攻击的对象，河南正监理官唐瑞铜被攻击“刚愎自用”，安徽副监理官熊正琦“年少气盛”。遭遇最恶毒攻击的莫过于甘肃正监理官刘次源，他被贴上了危险的“主张革命”的反动派政治标签。

汹汹攻击令枢廷震怒，督抚们很快收到军机处的谕令：“谨遵谕旨办理，勿得他图。”

财政监理官们在摄政王的朱谕庇护下分赴各省，无论是一门心思想荣登责任内阁总理的载泽，还是期冀通过削弱督抚财权而加速中央集权的摄政王，他们对财政监理官寄予厚望，在监理官们离京之时殷殷重任，

“国家财政充裕皆诸君是赖”。载泽的财政集权令庆亲王奕劻越来越不安，他一边警告督抚们配合中央清查地方财政，一边以宪政改革总机构会议政务处的名义提醒度支部和摄政王应该“内外上下相通而不相隔，相信而不相疑”，枢廷应该同地方督抚疆臣开诚布公通力合作。

北洋势力为首的督抚疆臣有议会政务处的背书，在财政监理官清查地方财政之时因循敷衍、观望阻挠。舆论对中央清理财政推行预算制越来越担忧，“各省财政之权在督抚，督抚以下之官吏不过仰承上意，任其调迁。一旦以外来之官而欲调查其财政窥测其内容，虽爵位如何尊崇、才识如何深远亦不能出其范围”。财政监理官在受到督抚们掣肘之时，还会受到属官们的蒙混。一直在北京坐等财政监理官密电，试图抓住督抚疆臣之短的载泽万万没有想到，财政监理官们在地方正面临各种威逼利诱，督抚们徇情营私如故。

督抚们的对抗令载泽恼羞成怒，他在给摄政王的报告中提出要让地方督抚按照季度、年度向中央提交预算、决算报告。对拖延一个月者，督抚罚俸三个月，造册的盐、粮道台、藩司、运司罚俸六个月；对拖延两个月者，督抚罚俸六个月，造册司道罚俸九个月；拖延三个月以上，督抚罚俸九个月，造册司道罚俸一年。如果拖延四五个月，督抚罚俸一年，司道降级留任；拖延半年以上者，司道降级调用，督抚降级留用，俱公罪。对欺饰弊混者，无论是司道属官，还是督抚疆臣，一律严惩不贷。摄政王在载泽的报告上朱批“依议”。

载泽的报告呈递给摄政王时，刚获得地方公共政务管理核议权的咨议局议员们正热血喷涌，权力的滋味让地方精英们兴奋不已，他们以民众代表的身份，在朝廷提出的“庶政公诸舆论”的口号下，谨慎地审议督抚们提交的每一项财政、行政、司法、教育等议案。广西巡抚张鸣岐因为财政窘困在禁烟问题上同议员们势同水火，江西巡抚冯汝骙面对财政监理官清理出来的二百七十多万两窟窿叫苦不停。载泽拒绝让度支部为地方财政窟窿买单，凡是地方呈请削减上缴中央税款，度支部一律驳回。

冯汝骙就不信邪，他给度支部致电希望能够每年调度他省的协饷额度。冯汝骙同北洋领袖袁世凯是政治盟友，在袁世凯遭遇罢黜前，袁世凯已经成功将冯汝骙推荐给奕劻。收到冯汝骙的电报，载泽想起奕劻在会议政务处的提醒，意识度支部不给疆臣一点颜色，自己将来坐上内阁总理的位置，一样受制于京城亲贵同疆臣的政治联盟。度支部立即拒绝了冯汝骙的陈请：倘以该省预算不敷之故，骤准减免，则各省纷纷踵效，应协者必争，请减缓受协者必呼吁频来，无补盈亏，徒增紊乱。

度支部的财政清理高压政策在摄政王的支持下得以有序地推进。资政院开院后，各地预算案陆续送抵，一开始总册只有四十二本，分册有八十一本，随着财政监理官们的不断催促，最终全国中央和地方的财政预算案总计三千二百八十多本。刘泽熙在同预算股的同仁们在小组审议各种预算案时发现，宪政改革已经如火如荼，可是“旧日腐败之政治”，无论是枢廷亲贵还是督抚疆臣，他们总是“不忍涤荡而廓清之”，“于是新的、旧的，文明的、腐败的，纷然杂陈于预算案内，毫无损益缓急之区别”。

刘泽熙在审查政府预算案时意识到，无论是中央各部衙门还是地方督抚，在编制预算时并非政府不愿为财政、政治上之计划，在清朝的现实制度之下，“其势有不能为财政上之计划者也”，主要是财政与政权皆不统一。因为“我国财务行政本仍袭封建遗意，中央虽有一财政机关，不过拥一稽核之虚名而已”，无论田赋、盐茶，以及其他课厘一切征榷事项，“皆归各省督抚管理”，因此乃生出一个现象，“中央政府与地方政府恍为民法关系，互立于债权者与债务者之地位也”。

议员们在拿到政府预算案时，发现清朝中央政府所需之款必向地方政府索取，地方督抚需要分别向民政部、学部、度支部、陆军部等中央部委解款，地方政府向中央借款犹如封建时代诸侯的一种贡品而已，中央政府立于债权者地位，地方政府立于债务者地位。有时地方政府出现贫窘时，就会向中央政府索取，当然有奏请中央直接拨款，也有奏请截留向北京解送款项，抑或截留协饷，这种关系立即变成了民间的交易，欲反债务者为债权者而已。

太平军一度让晚清的督抚们有了财政自主权，晚清执政集团的精英们一直在设法削弱督抚们的财权，可是由湘军和淮军两大军事武装集团转型的文官集团形成一张庞大的政治网络，他们牢牢地掌握着地方的人事、财政、治安和军事大权。清执政集团的精英们试图通过立宪将“大权统于朝廷”，让督抚疆臣们置于舆论监督之下，没想到督抚们依附亲贵，各种势力结成政治同盟，他们捍卫地方利益集团权益同时，试图通过重组政治格局遥持朝政。

财权是督抚疆臣们捍卫地方利益重要筹码，他们岂能将辖区的真实财政实力告知枢廷？不少地方财政“蓄积有款”，度支部的财政监理官下去后，督抚们“惟恐中央政府所知”，“设法以弥其隙”。有一位大胆的总督在咨议局同议员们沟通时，公开提醒议员们，“此款若不作为公债抵款，恐为部所提拔”。在整个交流过程中，总督没有将财政视为一省的财政，简直就归为总督自己的财政，总督对中央索取财政款项，“以盗行相防者也”。

资政院的议员们在设差预算册时，发现督抚疆臣们在编制预算时，“视为某税应增若干，某款应减若干”。面对督抚们只想增收，却不想支出用之于民的怪象，议员们一一电询督抚，有的督抚回答很干脆，“以为可加也，则加之；以为可减也，则减之”，有的督抚则很无奈地回复不加就不加，不减就不减。有的督抚干错就不理会议员们的询问，于是就出现预算册内悬而未决的问题，真是“各国预算案内所无，而中国所独有者也”。

在刘泽熙看来，预算案就是一个滑天下之大稽的笑话，度支部和摄政王在强推预算案时，“欲骤令数十个分离之财政为一个系统之财政”，这是枢廷为解决宪政改革的资金问题进行的“移缓就急”策略，但是国内督抚疆臣垄断的地方和暗流汹涌的枢廷行政向无系统，“内而各部各立一割据之状态，政见既不相谋”，“人人有一部分的观念，而无全局的观念”，中央“谋收支适合”的理想主义，在复杂的中央弱地方强的政治格局之下是不可能实现的。刘泽熙提醒议员们，国家财政权不统一的情况下，是不能真正推出科学的财政计划的。

晚清糟糕的政治局势在呈送资政院的预算册中跃然纸上，管军事者，“以为军事外无他立国之图”，教育、实业各个领域都一如军方之想法，“各就所管事务，极力谋其扩张，而不顾国家之现状究应采用何种政策，国民之负担力究竟能否胜任？彼此对立，互相矛盾”。各省督抚“握国家行政权，举军事、财政、司法及其他各项重要政务，督抚以一身兼而有之”，所以摄政王的政令不出紫禁城。更为要命的是，北京各部衙门直接向督抚发号施令，督抚经常“以其政令之冲突”推宕，以财力不足拒绝，即便勉强照办，“亦不过敷衍新政门面”。

清执政集团意在通过宪政改革削弱督抚疆臣们的权力，为了巩固自己在地方的利益，甚至为了影响枢廷的决策，督抚们经常以地方计划为首，毫不在意中央政策。议员们在审查预算案是发现一个问题，“督抚个人之势力大，所处之省份财力大，则所划之政策亦大，所用之经费亦大”。中央担心督抚们的地方行政权力过大，经常想法掣肘，“致令地方政策亦不能行矣”。皇帝一声令下，各省督抚们忙着地方自治，曾经的道德士绅成了自治精英，文化、经济、习俗等等系列问题导致“各省政策各不相谋”。

中央各衙门的各自为政，地方督抚们的各不相谋，“中央与地方不相联”，最终呈现在预算案中就是“贫富多寡绝无权衡”，送到资政院的三万万财政经费就成了“数十个地方主义之政府瓜分之，而非国家主义之政府支配之”的国家财富瓜分游戏，更是枢臣督抚们扩张权力的机会。更让议员们失望的是，东西各国皇室经费都在国家预算范围之内，可是翻遍了3280多本预算册，议员们没有发现皇室经费的预算，全部混在国家经费之中。皇室预算的糟糕表现更令野心勃勃的军方势力和各省督抚们肆意妄为，摄政王只能一声叹息。

天朝的预算（下）

皇室经费是一个极度敏感的问题。

叔嫂共和曾经是晚清执政集团最美妙的一段时光，恭亲王奕訢以议政王身份总摄朝政，慈禧太后以皇帝生母之贵垂帘听政。剿灭太平军后，慈禧太后对奕訢把持朝政日益不满，叔嫂猜忌日深，两人终于在 1865 年的春天闹翻，慈禧亲笔诏书，斥责奕訢骄盈溺职、召对不检，褫夺了奕訢的议政王、军机大臣之职，在百官的求情下，慈禧太后才命其在内廷行走。独柄皇权的慈禧太后开始整顿内廷，明文户部每年向内务府拨款白银三十万两，粤海关每年向内务府拨款三十万两，杀虎口、张家口和淮安三关口每年给内务府上缴税收若干。

清廷内务府主要负责管理宫廷事务，设置的七司三院负责内廷的衣食住行，包括皇族的刑狱。内务府人事编制超过三千人，是户部的十倍之多。慈禧太后掀起内廷财务整肃不久就发现，庞大的内务府只有几十万两银子是无法维持正常运转的，于是下令户部每年除了给内务府划拨固定银两外，还要以“交进银”的名义给慈禧和皇帝零花钱。户部每年端午给慈禧拨款五万两，中秋五万两，年终八万两，皇帝每年一次性拨款二十万两。

皇室经费经常令户部头疼不已。同治皇帝有了户部的零花钱后花钱更是如流水，曾经多次“手批至户部取银”，户部的官员一看皇帝批的条子，只能“见条付银，不敢覆也”。鸦片税曾经是清朝财政进项大宗，每年有一百四十多万两，慈禧太后突然要建颐和园，鸦片税一项“归户部拨款者仅三十余万，余均归颐和园”。慈禧太后搬进颐和园后，“每日须用一万两”都由户部买单。光绪皇帝年间，皇帝的亲生父亲醇亲王薨，“修祠、造坟诸费”五百多万两均由户部划拨，甚至连祠堂中的九莲灯桐油钱九万两，“户部接内务府咨，即付，不敢驳诘”。

皇室经费就是一个无底洞，内廷贪腐横行。戊戌变法那一年，光绪皇帝计划到天津检阅新军，“南苑亦预备大阅，造营房若干，报销一百六十万，而李莲英得七十万”。内务府也有“异类”。有一次，慈禧太后命一位内务府大臣“购灯数百盏”，这位官员“恃有慈眷，未纳贿”。异类官员让同僚们没有机会贪腐，大家暗中决定合伙收拾这位“异类”。等百盏灯运到内廷，“内监故污之”，然后到慈禧太后跟前告状，慈禧太后大怒：“命毁之，实时数百盏灯狼藉满地。宣某入，令其拾碎玻璃，拾尽始已。”

廉洁的“异类”官员被清除后，整个内廷陷入了贪腐的狂欢盛宴中。终于有一天，内廷的贪腐令户部堂官终于忍无可忍，向慈禧太后和光绪皇帝公开弹劾内务府大臣福锟“不能撙节”。户部的弹劾捅了马蜂窝，福锟是慈禧太后一手提拔的皇族大学士，在内务府大臣的位置上坐了十年，为了打通内务府与户部的绿色通道，在任命福锟为内务府大臣不久，慈禧太后任命福锟兼任户部尚书。弹劾案发，福锟“照例回避”，为了给天下人一个交代，只能让福锟退休。正当户部官员弹冠相庆时，“忽降旨，以后每年再添五十万两”。

皇室的乌烟瘴气让百官纷纷仿效。“凡京师大工程，必先派勘估大臣，勘估大臣必带随员；既勘估后，然后派承修大臣，承修大臣又派监督。其木厂由承修大臣指派，领价时，承修大臣得三成，监督得一成，勘估大臣得一成，其随员得半成，两大臣衙门之书吏合得一成，经手又得一成，实到木厂者只二成半。”地方官们更是有恃无恐，直隶涞水县每年收牛羊税有六百两银子，县令、知府、道台、布政使层层扒皮，最终进入省级府库的只有十三两。

没有预算制度，国家的财税流入官员的腰包里。北京一度欲调查涞水县的贪腐问题，身为上司的直隶总督裕禄站出来替属官们说话："以津地之冲繁，公私各费皆取给于此，庤若悉归官，将以何给费？"皇室和官员们的贪腐让清朝极速坠落，光绪皇帝时"度支竭蹶，户部当时不过存银二百万两，每月须放八旗兵饷四十八万两，虎神营等一百余万两，而所存之银，仅足发三月兵饷"，主管财政的"司计之臣"只能"时时仰屋兴嗟"。

预算制改革势必要管住皇帝的钱袋子。错综复杂的内廷皇族们抬出了尚方宝剑《钦定宪法大纲》。《钦定宪法大纲》是光绪皇帝在位时昭告天下的国家基本大法。宪法规定："在议院闭会时，遇有紧急之事，得发代法律之诏令，并得以诏令筹措必需之财用。惟至次年会期，须交议院协议。"宪法赋予议员们审议国家一切费用，令议员们很失望的是，宪法对皇室经费进行了特殊规定："皇室经费，应由君上制定常额，自国库提支，议院不得置议。"

宪法对皇室经费的特别规定给国家预算带来了一系列的问题。负责审查预算案的刘泽熙议员在向全体议员做报告的时候提出："宫中、府中，经费之未分也。质言之，即国家经费与皇室经费之混合也。"预算案中没有的皇室经费隐现在各衙门和地方行政费中，"与皇室经费性质相近者，大概包括于行政费中，其分类似为不伦。在编制预算者固属无可如何之计，且解内务府款、解宗人府款及所谓缎匹、颜料、例贡等名目，散见于各省预算册内不一而足"。

皇室经费令本已凌乱的各省协拨款项更是一团糟。在刘泽熙看来，中国制度只有行省财政，而无国家财政，清执政集团只能采取恤邻主义，彼此互相协拨。在天下承平国泰民安之时，各地督抚们会按照中央的命令协拨各项行政款，可是鸦片战争后国家财政日益糟糕，各地财政支绌，"无论受协省份、应协省份，同一处于艰窘，故往往解不足数，或竟拖欠数年不解”，导致受协者不断让北京催拨，应协者不断给北京上书希望截留，成为“财政界上一大轇轕之现象，为各国所无，而我中国独有之特色也”。

光绪皇帝死后，慈禧太后命醇亲王载沣摄政监国，摄政王的两位弟弟载洵、载涛执掌兵权，意欲从北洋及天下督抚手中将军队抓到皇室手上。陆军的扩军计划和海军的新建计划陆续出台，从度支部无法获得资金的军方只能向银行贷款。预算制度的推行给军方获得预算资金的绝佳机会。在整个预算案中，军费占到总额的三分之一，令议员们头大的是各省督抚压根儿就不想将让摄政王兄弟收走军权，他们在预算册中“欲以浮报，故露其亏窘之象”，拒绝向军方多提交一文银子。

清八旗入关，执政集团规定绿营兵丁可以营业自由，但是驻防北京的卫戍部队不能做生意。在议员们看来，那些可笑的绿营兵丁在国家拿着军饷的同时，有不可胜数的兵丁还干着其他产业，这样的军队裁撤后是可以自谋生路的。军方为了扩张权力，以京畿卫戍部队当挡箭牌，“京旗驻防除服当兵之义务外，别无他项营业所恃以养家赡眷者，惟月得之数金而已，不先为之谋一生活，遽行裁撤，使数百万旗丁流离失所，其心忍乎？”

卫戍部队拱卫者爱新觉罗皇族两百多年的京畿安全，摄政王岂能大笔一挥将其裁撤？国家的三分之一收入都用于军费开支，数千万白银用于那些“既不能捍卫地方，复不能恢张国力”的老弱残疾兵丁，令议员们愤恨。当预算册送抵资政院后，议员们立即提出抗议：“预算审查原系国家政治上全体利益，不宜以社会眼光为一部分人留此糜费，至于财政有损，然而国家者，集社会而成者，苟社会上不得其所者太多，亦非国家仁政之所忍出。”

旗兵是满洲立国根基，解决旗兵制度成为一个政治问题，议员们希望将京畿卫戍部队问题进行专项议案。但是各省的防务军费成了焦点问题，督抚们以“保卫地方之必要事”做大军费预算。预算审查股在审查时觉得“各省消耗此款未免太巨”，提议裁减四成，“改为巡警薪饷，亦与保卫地方本意无背”。至于新军办理者们扩张军事，在国家没有统一部署的情况下“遽行成立多镇”，“演出种种奇象”，甚至图谋充裕的军饷，但是新军为国家军事精神之所在，为国家命脉所系，议员们只是建议将部分费用划出来用于军事教育、武器装备制造。

排在军费之后的是行政、财政费，议员们发现督抚们送到京城的预算册简直就是一奇观，各省除了督抚各一官署，司道县的领导班子同督抚一样，整个国家官署林立，经费膨胀。财政费用居高背后，出现十里一卡，百里一局，局卡林立的奇观，经费自然居高不下。刘泽熙在审查预算册时跟同僚们感叹："他日新官制实行，若能聚数官厅同一官署办事，则一切衙署费用可省，改良征收机关，废除重复局所，则一切经征费用可省。”不过官制问题事关国家政治体制问题，预算股的议员们不能越俎代庖，只能空发感叹。

整个预算案中，无论是教育、民政、司法、交通、实业，“此数项者结为立国之要图，既与宪政有密切之关系”，各衙门费用膨胀总是振振有词，他们提醒激进的议员们，“断不可持节约主义，以瑟缩其政务也”。议员们要“削其浮滥之费”，立即就有行政官僚出来警告，新政“必赖财力以为后盾，若不顾后盾如何，徒奋往前进，一举百举，设一旦财力竭蹶，必至已办者隳于半途，未办者不能举办，波及政治前途，危险何堪设想”？

易宗夔议员认真阅读了教育系统的预算案，发现北京大学堂分科学生不够六百人，可是整个大学堂职员、教员、书记人等一百二十多人，更离谱的是还有杂役一百九十多人，整个大学堂教职员工高达三百一十七人，差不多两个学生配一个员役。易宗夔提议削减大学堂六万六千五百万两银子。刘景烈议员觉得易宗夔的提议太过仁慈，应该减他十万两，因为殖边学堂有三百多学生，整个学堂费用才两万两银子，大学堂六百多学生预算高达二十二万两，“实在是糜费”。

大学堂监督刘廷琛同议员们简直就是水火不容。大学堂的预算册送到预算股后，预算股审查期间欲裁减大学堂的费用，期间正值资政院弹劾军机大臣，刘廷琛听闻预算股要裁减大学堂经费，立即站到军机大臣一边弹劾资政院“轻更国体，只为私利，沟通报馆，惑乱人心”。刘廷琛在给摄政王的弹劾报告中，提醒摄政王资政院弹劾军机大臣是“轻藐执政，议员行专政之实”。刘廷琛的弹劾送抵摄政王之手后，对议员们削减财政经费早已牢骚满腹的各地督抚们对资政院群起而攻之，给议员们贴上了“惑乱监国”的奸佞政治标签。

于邦华议员一听是刘廷琛主导的大学堂，顿时拍案而起：“大学分科人数甚少，縻费甚多，用的监督是什么人？那样的人如何能办得好？如何能办的分科大学？这个我们是不能承认的。”预算股负责教育经费审查的章宗元议员立即站出来调和：“大会上可以不通过，再付审查，审查之后如果还有縻费的地方，再付表决。”章宗元提醒议员们：“大学分科要请外国教习，这个教习经费是万不可减的，若将专门教习开除，单用那些无用的人，恐大有损害于学务。”

章宗元的话音未落，整个议场骚然，声浪错杂，主持会议的副议长沈家本不得不出来维持秩序，希望情绪激动的议员们依次发言，“不可杂乱”。学部特派员范源濂向议员们就大学堂预算进行说明，强调大学堂虽属学部，但行政运作上是个独立机关，刘廷琛呈报资政院的预算案是大学堂总监督和学部开会商量核减后的结果，如果再要核减，得由学部商量总监督才行。学部多次就大学堂节省縻费问题进行开会，大学堂屡次答应核减，如果这一次要再减十万两，范源濂担心刘廷琛不答应。

刘廷琛同资政院成了敌人，章宗元非常理解同事们对刘廷琛的愤怒，他相当清楚议员们削减大学堂经费，一半是因为縻费太重，一半是用人不当。章宗元希望议员们不要感情用事：“因为办大学堂不得其人就核减经费，恐怕学生中亦受影响，我们对不起学生。”许鼎霖议员提醒章宗元：“每一个学生每年合银五百多两，在东洋留学也不过合洋三百多元。”大学堂一共分七科，有一科只有两三个学生，许鼎霖很是不解：“如果办得好，何以中国人不远千万里到外国留学，于本国大学堂分科只有几个学生呢？”

最后一位状元刘春霖议员建议将大学堂的分科、教职员工的人事问题调查清楚，对于很多学科可以合班上课，那样就能裁减冗员的教职工。立即有学部衙门议员顾栋臣反驳刘春霖的提议，因为各科教育不一样，不能简单归并，也不能因为学生少就简单裁减教职员工。留学日本早稻田大学的陆宗舆提议，对于刘廷琛可以另行质问，但是对于兴办大学堂以及经费问题，事关预算一定要核实，“不能随便说减少，就是减三五个钱”。陆宗舆提醒，资政院“不能因为办得不好就要裁减他的经费，若全国教育不见进步，则将全国教育进行裁去”？

经过激烈的辩论后，大学堂的经费减去了八万两银子，削减幅度高达百分之三十六。议员们的大刀阔斧和对刘廷琛能力的嘲讽，也为刘廷琛不断弹劾资政院埋下了仇恨的种子。随后，议员们对京师法政学堂、顺天官立高等学堂、八旗学务处、官立简易识字学塾及学部衙门费用都进行了裁减。京师法政学堂六万五千四百两银子减去了一万三千九百两，削减幅度高达百分之二十一。在对教育系统的预算审查过程中，削减幅度最大的是图书局，十七万五千两的预算直接削减了十二万两，削减幅度高达百分之六十八。同时，议员们提议将没有收入的图书局机构进行商办。

学部系统的行政费用让议员们发现了一个可怕的问题，“我国虽号称三万万入款，然内而各部院各拥一财政主权，外而各行省亦各拥一财政主权”，乃至江北提督、热河都统、察哈尔都统都拥有财政主权，整个帝国凡是“官厅所设置之地，即财政所分割之地”，“不过预算册内聚合数十个小财团，为一个大财团之名词而已”。议员们担心，各小财团自为收支，“又何能收一个大财团之效力”？

各部衙门和地方督抚在分割财权同时，各部院衙门和地方督抚的公费预算让议员们大开眼界。预算股负责审查公费的章宗元向议员们进行专题报告，解释公费跟朝廷规定的廉俸完全是两回事，廉俸是正当的官员工资，公费是一个新定的名目，“是一种津贴的样子”，京城的各大部院衙门都是自己定的，各省也没有一个统一标准，但是外官比京官的公费高，不少人“作了几年京官，都要运动作外官”。章宗元发现，外官“进款多些，多挣得几个钱”，那些运动外放的京官们“到了外边之后，往往操守不定，都是贪财的”。

公费在雍正年间就出现过，勤奋的雍正皇帝最恨官员贪腐，他连最信任的大将军年羹尧都杀了，最终与天下官吏成了敌人。整个国家机器要运转，皇帝还需要文武百官们工作，可是官员们的薪水很低，官场上有太多的应酬，最终雍正皇帝向臣工们做出了一个妥协的决定，对官员们发津贴，不过“如奉差离署，其应得公费按日扣除”。苛刻的皇帝的公费策略没能让官员们勤勉，经年日久百弊丛生，贪婪的更贪婪，廉洁的家徒四壁。1860 年署理福建布政使张集馨辞职的理由之一竟然是“署中用度，无处设法”，需质衣借账、同僚接济。

清执政集团一度推出各种津贴形式的养廉银，可是到了光绪年间，“道府州县之养廉，因公费繁多，往往为藩署扣尽。于是道府不得不借资于州县，谓之津贴。州县费用尤繁，则于征收钱粮正额外，亦另有所谓津贴。”一时间，整个官场“上下相蒙，各为弥缝徇隐之计，而吏治遂不可问”。到了 1907 年各地进行自治改革，督抚衙署因分科治事变成实体，体制外运行已久的各类局所也随司道改制而逐渐整合进入行政体系，地方政务的范围扩大，人员成倍扩充，不稳定的规费津贴难以维持地方政府运转。

1909 年，度支部向各省派出财政监理官之前，为了消减督抚疆臣们对财政清理的对抗，提出用公费来统一既往京外司道以下乃至体制内外所有机构的各种行政收支，将各省名目繁多的陋规纳入政府的财务监督。度支部在给摄政王的报告中提出：“除督抚公费业由会议政务处议筹外，其余文武大小各署及局所等处，应由清理财政局调查各处情形，一面禀承督抚及臣部酌定公费，一面提出各款项规费，除津贴各署公费外，概归入正项收款。”

摄政王朱笔下派的财政监理官们的重要任务就是清查地方官们的钱袋子，督抚疆臣们在同北京周旋之际，度支部再给摄政王提交一份措词更为严厉的报告：“嗣后凡有新添之款，必须事前奏咨立案，事后方准报销。”意味着地方官们的糊涂账北京不再认账了。地方官们一门心思想的就是在确保自身利益的前提下通过朝廷公议，至少要通过资政院那一帮挑剔的议员们的法眼。湖北的巡抚衙门灯火通明，司道州府的各色官员坐在一起讨论公费，“迭开会议三次，始经议决”，送到北京的数目在原来的基础上陡增数倍。

议员们在审查预算案时，巡警厅正将激进的东北速开国会请愿团代表塞进车里，强行将他们押送回东三省。请愿代表们在摄政王府前的割股血书深深地刺痛了议员们的心，他们鄙视那些“贪微末膏火”之辈的八股文士，嘲笑他们难当宪政改革大任。预算案中巨额的公费一旦昭告天下，民众对官员的恶感将进一步增加。在外务部工作的蒙古进士、各部院衙门议员文溥就谴责各部衙门和地方政府，为了多谋得公费，以前每个司只有十数人，“近来添的人多至四五十人”。

“这回预算恐怕不能成立，因为度支部预算据财政监理官报告编成，而财政监理官系据藩司的册子模模糊糊报告进来，度支部交到资政院来议，而资政院就凭一个册子删删减减所列各项，于事实上靠得住靠不住？”身在北京的衙门里，文溥相当了解“贪微末膏火”的官场同仁们，担心议员们凭借预算册上的数字审核，“将来各衙门行去，有无窒碍”？议员们在审核预算案期间，“各省纷纷来电，都是在行政里头说话”，觉得一年几千两银子的公费“未免太寒苦了”，政府没有存余，新政搞不去下去了。

山东巡抚孙宝琦是袁世凯的铁杆盟友，在给摄政王的秘密报告中说，光绪皇帝昭告天下预备立宪，可是现在部院衙门“各不相谋，财政力挫，情势日彰”，尤其是“财政监理官与咨议局同时并对峙，对付已属不易，用人用财之权，渐渐无效果”。湖南巡抚杨文鼎在给朋友的信函中抱怨面对地方新政任务深感劳累，不堪重负，“往往对客未终，即昏然睡去，神志恍惚”。杨文鼎初到湖南巡抚任上，同咨议局的地方士绅精英势同水火，新政主张均遭遇刁难，一笔公债最终都闹到北京，杨文鼎向摄政王递交辞呈以获权限。

直隶总督陈夔龙另辟蹊径，他致电度支部，希望度支部明确解释公费的范围。陈夔龙在度支部尚书载泽的眼中是个顽固分子，他同两江总督张人骏告诫摄政王，骤开国会将“政党从违”，出现“势倾主人，萧墙之祸”。度支部接到电报立即回电：“以公费二字本兼有办公经费各义。惟近来京外应支官员公费多与养廉津贴无殊，向不造报。现在官俸章程尚未颁行，骤议正名恐多窒碍。至因公费用范围甚廓，令分别据实开列，俟查明各项规费，由局酌定。”

度支部的回电令陈夔龙欣喜若狂：“伏查奏定原章，系因规费盈余既须一律开报，又值官俸未经议定以前，不得不暂给公费以资津贴。是此次所定之公费，本与经费有殊。惟各署所用员司，及因公支款，如果不为核定，是在官之糈禄虽有常经，而因公之开支仍无限制，殊非清理财政实事求是之意。”陈夔龙将公费预算问题按照有利于自己的方向，轻描淡写地归为过渡性的财政措施。

令资政院议员们哭笑不得的是陈夔龙居然拿着度支部的回电浑水摸鱼。陈夔龙提交给资政院的公费预算册分为两项：“一曰公费，凡本官服食仆从车马及一切私用应酬杂支属之；一曰经费，凡该衙门因公费用与署内幕僚员司弁勇夫役修理房屋等项皆属之，海关道交涉上寻常接待赠答经费亦在其内。”按照度支部的要求，官吏的私人用度是不用造报的，因公支出的经费则需要每月详细造册送财政清理局，最终归入决算。陈夔龙将津贴公费与衙门办公费混在一起，将规费化为公费，公务经费还须另拨，又多了一重官员操弄的空间。

陈夔龙的偷梁换柱立即得到江苏巡抚程德全的响应，在给摄政王的报告中扛出了保体制的政治大旗："官俸之设，所以保体制上必需之费用，亦即对职事上相当之报酬。今于官俸未定之先，酌定公费，以立始基。固当有因势利导之方，始克收称物平施之效。"程德全在陈夔龙的基础上，更是将"各署幕员薪膳、勇役工食，及一切因公用项属"化为行政费。载泽的政治盟友、湖广总督瑞澄胃口更大，将"本官经费"变为"本署经费"。如此一来，督抚疆臣们将化公为私的黑钱越洗越白，越洗金额越大。

督抚疆臣们的贪婪激怒了舆论："明诏煌煌命速定外官经费者，为奖贪乎？为恤官乎？"舆论谴责地方官员们将陋规为首的见不光的收入堂而皇之地纳入财政预算："监司大员竟置诏旨于不顾，而公然开列，视为入款之大宗，是摊捐非惟不免，且将增加负担也。其贪黩无艺之情固可恶，而其弁髦诏旨之罪尤可诛。乃大府竟不以为非，将如其数以予之，而前此仅得之于暧昧者，后此直可得之于法定。是愈贪则获利愈多，而清廉者徒自苦矣。岂朝廷之饬定公费固为奖贪起见乎？"

度支部派出财政监理官遭遇种种刁难之后，公费预算最终全是地方政府自定，舆论谴责这种不科学的程序"使之各自报告，俾得大开狮口"。刘泽熙议员看出了问题的症结："今者电争政费，其在各主管衙门亦挟一滥费地步，以相揣测也，故对于督抚秦越肥瘠，漠不相关如是，此弊坐在中央各部不能确定主管事务经费，而必须督抚确定之。"一个离奇的现象就出现了，"督抚既能确定经费，而不能与闻预算，且又须执行事务，故必以电相争"。刘泽熙担心长此以往，"财政权终归督抚，揆之法理、事实，固属无一而可"。

预算案前亏空甚巨，预算上报亏空更甚，有议员感叹：真不知何术可以挽救。

预算案的怪象背后皆因晚清政权出现了不可调和的分裂，中央徒具统一之名，地方行割据之实。议员们敬告摄政王，“假令政治统一，则一切政策皆有系统，何者宜因，何者宜革，何者宜缓，何者宜急，必能权衡至当，无所牵掣于其间，内而各部也不能各自为谋，外而各省也不能各为风气”，三万万的财政收入“伏处于一个政策之下”，一定可以合理地支配。议员们感叹：“以财政论，何至有捉襟见肘之虞；以政事论，何至有用焉不当之处？”

摄政王的统一财权之法是削弱督抚疆臣们对财政的控制权，没想到督抚疆臣们在对抗的同时，设法将地方财政的黑钱通过预算进行洗白，数省致电摄政王不能核减上报预算，摄政王只能将糊涂的财政账本送到资政院。议员们给摄政王献策：“今欲吸收财权，当速颁布官制，必使财务行政为统一的组织，间接官治一变而为直接官治，而后足以收指臂相联之效果。”官制改革的根本是政治组织问题，责任内阁是议员们公推的改良政治之根本国策，以责任内阁为财务权力的唯一驱使机关，财政才能聚江河之力为宪政改革护航。

参考文献

一、中文部分

（一）书籍

《碑传集补》，闵尔昌著，燕京大学国学研究所 1932 年版。

《宾退随笔》，罗惇曧著，中华书局 1982 年版。

《沧趣楼文存》，陈宝琛著，福建省图书馆 1959 年版。

《长沙抢米风潮资料汇编》，饶怀民编，岳麓书社 2001 年版。

《陈侍御奏稿》，陈善同著，文海出版社 1968 年版。

《乘槎笔记》，（清）斌椿著，湖南人民出版社 1981 年出版。

《澄斋日记》，（清）恽毓鼎著，浙江古籍出版社 2004 年版。

《澄斋奏稿》，（清）恽毓鼎著，浙江古籍出版社 2007 年版。

《筹办夷务始末》，（清）宝鋆等编，中华书局 2008 年版。

《大清光绪新法令》，韩君玲点校，商务印书馆 1910 年版。

《大清教育新法令》续编，政学社石印本 1911 年版。

《道咸宦海见闻录》，（清）张集馨著，中华书局 1981 年版。

《德国外交文件有关中国交涉史料选译》，孙瑞芹译，商务印书馆 1960 年版。

《东华录》，（清）蒋良骐著，中华书局 1980 年版。

《度支部清理财政处档案》清末铅印本，中国社科院近代史图书馆藏。

《公车上书记》，沪上哀时老人未还氏著，上海石印书局 1895 年版。

《龚自珍全集》，（清）龚自珍著，上海人民出版社 1975 年版。

《光绪朝东华录》，朱寿朋编，中华书局 1984 年版。

《光绪宣统两朝上谕档》，中国第一历史档案馆编，广西师范大学出版社 1996 年版。

《光绪政要》，（清）沈桐生辑，江苏广陵古籍刻印社 1991 年版。

《广西禁烟案会钞》，广西咨议局编，1910 年排印本。

《国会请愿代表第二次呈都察院代奏书汇录》，中国社会科学院近代史研究所图书馆藏刊本。

《国闻备乘》，（清）胡思敬著，上海书店出版社 1997 年版。

《航海述奇》，张德彝著，湖南人民出版社 1981 年版。

《魂南记》，（清）易顺鼎、罗香林撰，台湾文献委员会 1993 年版。

《甲午中日战争》，陈旭麓等编，上海人民出版社 1980 年版。

《剑桥中国晚清史》，[美]费正清等编，中国社会科学院历史研究所编译室译，中国社会科学出版社 1985 年版。

《谏书稀庵笔记》，（清）陈恒庆著，台湾文海出版社 1969 年版。

《江苏咨议局第二年度报告》清末铅印本。

《江阴城守纪》，（清）韩菼著，上海古籍出版社 2007 年版。

《叫魂：1768 年的中国妖术大恐慌》，[美]孔飞力著，陈兼、刘昶译，上海三联书店 1999 年版。

《杰斐逊选集》，[美]托马斯·杰斐逊著，朱曾汶译，商务印书馆 1999 年版。

《近代稗海》，近代史资料编译室编，四川人民出版社 1985 年版。

《近代中国社会文化变迁录》，李长莉等著，浙江人民出版社 1998 年版。

《近现代出版新闻法规汇编》，刘哲民编，学林出版社 1992 年版。

《经元善集》，（清）经元善著，华中师范大学出版社 1988 年版。

《居东集》，蒋智由著，文明书局 1910 年铅印本。

《康南海先生诗集》，康有为著，长沙商务印书馆 1941 年版。

《康南海自编年谱》，康有为著，江苏人民出版社 1999 年版。

《康有为政论集》，汤志钧编，中华书局 1981 年版。

《葵园四种》，王先谦著，岳麓书社 1986 年版。

《莱阳文史资料》第二辑，山东莱阳政协文史委员会编，1989 年内部印刷。

《李鸿章全集》，（清）李鸿章著，安徽教育出版社 2008 年版。

《李平书七十自述·藕初五十自述·王晓赖述录》，李平书等著，上海古籍出版社 1989 年版。

《李文忠公全集》，（清）李鸿章著，台湾文海出版社 1968 年版。

《梁任公先生年谱长编初稿》，丁文江、赵丰田编，中华书局 2010 年版。

《凌霄一士随笔》，徐凌霄、徐一士著，山西古籍出版社 1997 年版。

《六君子传》，陶菊隐著，中华书局 1946 年版。

《论铁路之统一》，张嘉璈著，台湾文海出版社 1987 年版。

《马克思恩格斯全集》，中共中央马克思恩格斯列宁斯大林著作编译局编译，人民出版社 1956 年版。

《马相伯集》，朱维铮主编，复旦大学出版社 1996 年版。

《满老文档》，广禄、李学智译注，中华书局 1990 年版。

《孟森政论文集刊》，孟森著，中华书局 2008 年版。

《梦蕉亭杂记》，陈夔龙著，上海古籍书店 1983 年版。

《内黄县志》，内黄县志编纂委员会编，中州古籍出版社 1987 年版。

《那桐日记》，北京档案馆编，新华出版社 2006 年版。

《宁调元集》，宁调元著，湖南人民出版社 2008 年版。

《欧阳修集》,（宋）欧阳修著，中州古籍出版社 2010 年版。

《清稗类钞》,（清）徐珂编撰，中华书局 2010 年版。

《清朝续文献通考》，刘锦藻著，浙江古籍出版社 2000 年版。

《清代碑传全集》,（清）钱仪吉等编，上海古籍出版社 1987 年版。

《清代军机处电报档汇编》第三册，中国第一历史档案馆编，中国人民大学出版社 2004 年版。

《清代外债史论》，许毅等著，中国时政经济出版社 1996 年版。

《清帝逊位与列强》，[美] 李约翰著，孙瑞芹、陈泽宪译，江苏教育出版社 2006 年版。

《清末筹备立宪档案史料》，故宫博物院明清档案部汇编，中华书局 1979 年版。

《清末民初的政情内幕 :〈泰晤士报〉驻北京记者莫里逊书信集》，[澳] 骆惠敏编，刘桂梁等译，知识出版社 1986 年版。

《清实录》，中华书局 1986 年影印本。

《清实录广西资料辑录》，广西壮族自治区通志馆、广西壮族自治区图书馆编，广西人民出版社 1988 年版。

《清史稿》，赵尔巽总撰，中华书局 1976 年版。

《清史纪事本末》,（清）黄鸿寿编，北京图书馆出版社 2003 年版。

《清世祖实录》，中华书局 1985 年版。

《日本国志》,（清）黄遵宪著，天津人民出版社 2005 年版。

《日俄战争档案史料》，辽宁省档案馆编，辽宁古籍出版社 1995 年版。

《三水梁燕孙先生年谱》，沈云龙编，台湾文海出版社 1966 年版。

《山东近代史资料》第二册，中国史学会济南分会编，山东人民出版社 1959 年版。

《上海钱庄史料》，人民银行上海分行编，上海人民出版社 1978 年版。

《上海文史资料存稿汇编》金融卷，上海市政协文史资料委员会编，上海古籍出版社 2001 年版。

《上海轶事大观》，陈伯熙编著，上海书店出版社 2000 年版。

《尚书古文疏证》，（清）阎若璩撰，上海古籍出版社 2010 年版。

《盛世危言》，郑观应著，中州古籍出版社 1998 年版。

《盛宣怀档案资料选辑之一——辛亥革命前后》，陈旭麓、顾廷龙、汪熙主编，上海人民出版社 1979 年版。

《盛宣怀实业朋僚函稿》，王尔敏、吴伦霓霞编，台湾中研院近代史研究所 1997 年版。

《述德笔记》，爱新觉罗·毓盈著，民族出版社 2009 年版。

《思文大纪》，（明）陈燕翼著，上海古籍出版社 1995 年版。

《四川保路运动史料》，戴执礼著，科学出版社 1959 年版。

《四川保路运动史料汇纂》，戴执礼著，台湾中研院进代史研究所 1994 年版。

《四川文史资料选辑》，四川省成都市委员会文史资料研究委员会编，四川人民出版社 1983 年版。

《苏舆集》，（清）苏舆著，湖南人民出版社 2008 年版。

《孙中山年谱长编》，陈锡祺编，中华书局 1991 年版。

《台湾外纪》，江日升编，世界书局 1979 年版。

《太平天国史料丛编简辑》，太平天国历史博物馆编，中华书局 1963 年版。

《太平天国文书汇编》，太平天国历史博物馆编，中华书局 1979 年版。

《太平天国印书》，太平天国历史博物馆编，江苏人民出版社 1979 年版。

《谭嗣同全集》，（清）谭嗣同著，生活·读书·新知三联书店 1977 年版。

《天津商会档案汇编 1903—1911》，天津市档案馆编，天津人民出版社 1989 年版。

《晚清国际会议档案》，中国第一历史档案馆编，江苏广陵书社 2008 年版。

《晚清政治革命新论》，郭世佑著，湖南人民出版社 1997 年版。

《汪康年师友书札》，汪康年著，上海古籍出版社 1986 年版。

《汪荣宝日记》，汪荣宝著，西北大学出版社 1986 年版。

《忘山庐记》，孙宝暄著，上海古籍出版社 1983 年版。

《文廷式集》，（清）文廷式著，汪叔子编，中华书局 1993 年版。

《翁同龢日记》，（清）翁同龢著，中华书局 2006 年版。

《戊戌变法》，翦伯赞等编，上海人民出版社 1957 年版。

《戊戌变法人物传稿》，汤志钧著，中华书局 1961 年版。

《锡良遗稿》，锡良著，中华书局 1959 年版。

《湘鄂米案电存》铅印本，中国社会科学院近代史研究所图书馆藏 1910 年版。

《湘难杂录》长沙铅印本，湖南省图书馆藏 1910 年版。

《湘省要电汇录》长沙铅印本，湖南省图书馆藏 1910 年版。

《湘潭县志 · 卷三十五 · 人物卷——易宗夔小传》，湘潭县地方志编纂委会员主编，湖南出版社 1995 年版。

《心太平室集》，张一麐著，上海书店 1991 年版。

《辛亥革命》，中国史学会主编，上海人民出版社 1957 年版。

《辛亥革命回忆录》，中国人民政治协商会议全国委员会文史资料研究委员会编，文史资料出版社 1982 年版。

《辛亥革命前莱海招抗捐运动》，刘同钧编，社会科学文献出版社 1989 年版。

《辛亥革命前十年间民变档案史料》，中国第一历史档案馆、北京师范大学历史系编，中华书局 1985 年版。

《辛亥革命前十年间时论选集》，梁枬、王忍之编，生活·读书·新知三联书店 1977 年版。

《辛亥革命资料新编》，章开沅编，湖北人民出版社 2006 年版。

《新世说》，易宗夔著，上海古籍书店 1986 年影印本。

《新语林》，陈赣一著，上海书店出版社 1997 年版。

《熊希龄集》，周秋光编，湖南出版社 1996 年版。

《徐锡麟评传》，谢一彪著，人民出版社 2011 年版。

《宣统政纪》，张朝墉著，辽海书社 1932 年版。

《严复年谱新编》，罗耀九主编，鹭江出版社 2004 年版。

《研堂见闻杂记》，（明）谢国桢著，大通书局 1987 年版。

《颜惠庆自传》，颜惠庆著，台湾传记文学出版社 1982 年版。

《杨度集》，刘晴波主编，湖南人民出版社 1986 年版。

《洋务运动》，牟安世著，上海人民出版社 1957 年版。

《饮冰室合集》，梁启超著，中华书局 1989 年版。

《饮冰室文集》，梁启超著，台湾中华书局 1981 年版。

《愚斋存稿》，盛宣怀著，台湾文海出版社 1975 年版。

《远生遗著》，黄远庸著，商务印书馆 1920 年版。

《张謇全集》，张謇研究中心编，江苏古籍出版社 1994 年版。

《张人骏家书日记》，张守中编，中国文史出版社 1993 年版。

《张文襄公年谱》，许同莘编著，商务印书馆 1944 年版。

《章太炎政论选集》，章太炎著，中华书局 1977 年版。

《赵柏岩集》，（清）赵炳麟著，广西人民出版社 2001 年版。

《郑观应集》，郑观应著，夏东元编，海人民出版社 1982 年版。

《郑孝胥日记》，郑孝胥著，中华书局 1993 年版。

《中国财政史》，陈光焱等编，中国财政经济出版社 2001 年版。

《中国近百年政治史》，李剑农著，蓝天书报合作社 1943 年版。

《中国近代教育史教学参考资料》，陈学恂著，人民教育出版社 1986

年版。
《中国近代教育史资料》，舒新城著，人民教育出版社 1961 年版。
《中国近代经济思想资料选辑》，赵靖、易梦虹著，中华书局 1982 年版。
《中国近代启蒙思潮》，丁守和编，中国社会科学文献出版社 1999 年版。
《中国近代史词典》，陈旭麓编，上海辞书出版社 1983 年版。
《中国近代史通鉴》，戴逸著，红旗出版社 1997 年版。
《中国近代铁路史资料》，宓汝成著，中华书局 1963 年版。
《中国清代外债史资料》，中国人民银行参事室编，中国金融出版社 1991 年版。
《中国书院史》，李国均著，湖南教育出版社 1994 年版。
《中国铁路史》，曾鲲化著，燕京印刷局 1944 年版。
《中国早期工业化：盛宣怀和官督商办企业》，[美]费维恺著，虞和平译，中国社会科学出版社 1990 年版。
《中日战争》，中国史学会编，新知识出版社 1956 年版。
《资政院议场会议速记录》，李启成点校，上海三联书店 2011 年版。

（二）报刊

《北京日报》1910 年 11 月 12 日、1910 年 12 月 21 日。
《长沙日报》1910 年 11 月 2 日。
《大公报》1905 年 6 月 24 日、1908 年 3 月 3 日、1909 年 4 月 3 日、1909 年 5 月 3 日、1909 年 10 月 15 日、1909 年 11 月 26 日、1910 年 5 月 15 日、1910 年 6 月 4 日、1910 年 8 月 21 日、1910 年 9 月 4 日、1910 年 9 月 16 日、17 日、1910 年 9 月 22 日、1910 年 10 月 12 日、1910 年 10 月 13 日、1910 年 10 月 15 日、1910 年 10 月 19 日、1910 年 11 月 8 日、1910 年 11 月 12 日、1910 年 12 月 19 日、1911 年 1 月 12 日、

1911 年 5 月 2 日、1911 年 8 月 16 日、1911 年 8 月 18 日。

《大中华》1915 年 8 月 31 日。

《帝国日报》1910 年 9 月 12 日。

《东方报》1906 年 11 月 20 日。

《东方杂志》1904 年第 7 期、1905 年第 12 期、1906 年第 13 期、1907 年第 5 期、1909 年第 9 期、1910 年第 4 期、1910 年第 5 期、1910 年第 10 期、1910 年第 12 期。

《国风报》1910 年 6 月 17 日、1910 年 7 月 7 日、1910 年 7 月 27 日、1910 年 10 月 23 日、1910 年 12 月 21 日。

《民立报》1910 年 11 月 3 日、1910 年 11 月 11 日、1910 年 11 月 13 日、1910 年 11 月 18 日、1911 年 8 月 17 日。

《纽约时报》1908 年 11 月 14 日、1908 年 11 月 15 日、1908 年 11 月 22 日。

《申报》1895 年 7 月 10 日、1909 年 7 月 14 日、1909 年 12 月 11、12 日、1910 年 2 月 14 日、1910 年 3 月 9 日、1910 年 4 月 12 日、1910 年 4 月 24 日、1910 年 5 月 7 日、1910 年 5 月 9 日、1910 年 6 月 22 日、1910 年 7 月 20 日、1910 年 7 月 25 日、1910 年 7 月 27 日、1910 年 7 月 28 日、1910 年 7 月 29 日、1910 年 8 月 1 日、1910 年 8 月 3 日、1910 年 8 月 4 日、1910 年 8 月 5 日、1910 年 8 月 7 日、1910 年 9 月 6 日、1910 年 9 月 10 日、1910 年 9 月 16 日、1910 年 9 月 22 日、1910 年 10 月 11 日、1910 年 10 月 14 日、1910 年 10 月 18 日、1910 年 10 月 21 日、1910 年 10 月 22 日、1910 年 10 月 28 日、1910 年 11 月 1 日、1910 年 11 月 5 日、1910 年 11 月 7 日、1910 年 11 月 9 日、1910 年 11 月 10 日、1910 年 11 月 11 日、1910 年 11 月 14 日、1910 年 11 月 17 日、1910 年 12 月 3 日、1910 年 12 月 4 日、1910 年 12 月 22 日、1910 年 12 月 29 日、1911 年 1 月 9 日、1911 年 2 月 27 日。

《神州日报》1907 年 9 月 20 日、1910 年 2 月 17 日、1910 年 8 月 8

日、1910年9月13日、1910年10月10日、1910年10月15日、1910年10月19日、1910年10月23日、1910年11月6日、1910年11月28日、1910年12月5日、1910年12月29日、1911年1月7日、1911年1月14日、1911年5月30日、1911年8月1日、1911年9月1日、1911年10月3日。

《时报》1904年12月29日、1910年1月31日、1910年8月1日、1910年8月8日、1910年8月31日、1910年9月2日、1910年10月16日、1910年11月4日、1910年11月5日、1910年11月7日、1910年12月29日、1910年12月30日、1911年1月8日、1911年1月9日、1911年1月12日。

《蜀报》第6册，本省记事栏。

《顺天时报》1908年12月22日。

《四川官报》第15册，1905年6月。

《泰晤士报》1908年10月30日。

《外交报》1906年11月1日。

《星洲日报》1910年2月18日。

《政治官报》1910年8月4日、1910年9月7日、1910年10月31日、1910年11月7日。

《直隶教育杂志》1905年9月23日。

《中国新报》1907年1月号。

《中外报》1911年3月24日。

《中外日报》1904年1月31日。

《中外实报》1910年6月22日、1910年9月21日。

《中央银行月报》第9卷第1期。

《字林西报》1898年11月7日。

（三）文献、档案

《前河南补用知县应秉钧为呈进印花税条议事致度支部堂上禀文》，载于《清代两次试办印花税史料》，中国第一历史档案馆藏。

《1894年孙中山谒见李鸿章一事的新资料》，载于《辛亥革命史丛刊》第一辑，中华书局1980年版。

《电报档》军机处汉文档册，第2042盒，中国第一历史档案馆藏。

《赵尔巽档案全宗》，载于《度支部来电》第81卷，中国第一历史档案馆藏。

《度支部清理财政处档案》，中国社科院近代史图书馆藏，清末铅印本。

《光绪帝被囚瀛台医案》，《奉宸苑值宿档》，载于《历史档案》2003年第2期，中国第一历史档案馆馆藏。

《富尔逊奏为变法自强设立内阁总理制敬陈管见事》，清史编撰委员会资料库，档案号：04-01-01-1106-040。

《诡谋直记》，载于《各国内政关系杂纂·支那之部·光绪二十四年政变》第一卷一门六类一项四二二号内，日本外务省档案。

《胡思敬奏为特参民政部尚书善耆勾通议员易宗夔等堕坏国纪请惩责事》，清史编撰委员会资料库，档案号：04-01-12-0689-037。

《近代史资料》总第71号，中国社会科学出版社1988年版。

《军机处全宗·随手登记》，胶片169号，中国第一历史档案馆藏。

《清民政部档案》，卷号1509-376，中国第一历史档案馆馆藏。

《清末经济恐慌与辛亥革命之联系》，菊池贵晴著，载于《国外中国近代史研究》第二辑，中国社会科学出版社1981年版。

《外交部遵议变通外交官服装及宴会章服以示级别品级》，《军机处录副奏折·外交类》胶片，第582卷002049号，中国第一历史档案馆藏。

《辛亥革命时期有关孙文的资料——森恪关于“满洲问题”的书信》，[日]藤井升三撰，载于《中山大学学报论丛·孙中山研究论丛》第7集，中山大学学报编辑部 1990 年版。

《政务处议度支部奏试办宣统三年预算请饬交资政院照章办理折》，会议政务处档案·财政卷，982 卷，中国第一历史档案馆。

《中国的形势及秘密结社》，山口昇著、赵金钰译，载于《近代史资料》总 57 期，中国社会科学出版社 1989 年版。

《周震鳞的家世和生平简述》，周世贤著，载于《长沙文史资料》1991 年第 11 辑。

《资政院总裁、资政院副总裁法部右侍郎沈家本奏为沥陈军机大臣失职不胜辅弼之任事》，清史编撰委员会资料库，档案号：04-01-01-1107-035。

《资政院奏为据实沥陈大臣责任不明难资辅弼事》，清史编撰委员会资料库，档案号：04-01-02-0112-006。

《奏为谨拟大元帅典礼请旨饬议事》，《宫中全宗·朱批奏折》，中国第一历史档案馆藏，档案号：04-01-01-1095-062。

《奏为敬陈预备宪政变法维新管见事》，《宫中全宗·奏折》，中国第一历史档案馆藏，档案号：04-01-02-0112-007。

《奏为统筹洋员汉纳根呈递练兵购船各节费巨事艰拟就京旗闲散子弟先行试练以免后患折》，载于《翁同龢文献》，转引于《广东社会科学》杂志 2003 年第 1 期。

《军机处录副奏折》，档号 03—7514—035，缩微号 559—0193 ，中国第一历史档案馆藏。

二、英文著作及文献

British Documents on the Origins of the War, 1898-1914, Harold William Vazeille Temperley, Great Britain Foreign Office H.M. Stationery Office, 1932.

Remnants of Ch'in Law: An Annotated Translation of the Ch'in Legal and Administrative Rules of the 3rd Century B.C. Discovered in Yün-meng Prefecture, Hu-pei Province, in 1975, A.F.P.Hulsewe, E.J.Brill 1985.

Records of the United States Legation in China, 1843—1945, microfilm, Roll No. 11.

Kang Yuwei to President Roosevelt, November 14, 1908, Ibid.

Division of Far Eastern Affairs to Mr. Bacon, November17, 1908, RDS, 1906—1910, microfilm, Roll No. 171.

Mr. Rockhill to the Secretary of State, November 25, 1908, Ibid.

Kang Yuwei to President Roosevelt, November 30, 1908, Telegram, Ibid.

Mr. Root to Mr. Rockhill, December 3, 1908, Telegram; Rockhill to Secretary of State, December 12, 1908; Rockhillto Prince of Ch'ing, December 5, 1908, Ibid.

Memorandum Left by Mr. Rockhill with the Prince of Ch'ing, January 15, 1909; Records of the Department of State Relating to Internal Affairs of China, 1906—1910.